빠른시작

빠작

중학 국어 **비문학 독해**

2

▌중학 국어 빠작 시리즈

비문학 독해 0, 1, 2, 3 ┃ 독해력과 어휘력을 함께 키우는 독해 기본서
문학 독해 1, 2, 3 ┃ 필수 작품을 통해 문학 독해력을 기르는 독해 기본서
문학x비문학 독해 1, 2, 3 ┃ 문학 독해력과 비문학 독해력을 함께 키우는 독해 기본서
고전 문학 독해 ┃ 필수 작품을 통해 고전 문학 독해력을 기르는 독해 기본서
어휘 1, 2, 3 ┃ 내신과 수능의 기초를 마련하는 중학 어휘 기본서
한자 어휘 ┃ 한자를 통해 중학 국어 필수 어휘를 배우는 한자 어휘 기본서
첫 문법 ┃ 중학 국어 문법을 쉽게 익히는 문법 입문서
문법 ┃ 풍부한 문제로 문법 개념을 정리하는 문법서
서술형 쓰기 ┃ 유형으로 익히는 실전 TIP 중심의 서술형 실전서

▌이 책을 쓰신 선생님

최두호(오산고) 권미득(덕소고) 정문경(상명사대부여중) 송정윤(장안중) 배지은(창동고)

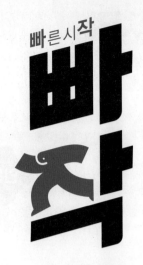

빠른시작 빠작

중학 국어
비문학 독해

2

차례
CONTENTS

구성과 특징
STRUCTURES

**교과 학습과 연계된 다양한
주제의 지문**

인문, 사회, 과학, 기술, 예술 등 5개 분
야에 걸쳐 다양한 주제의 지문을 수록
했습니다. 교과 학습과 연계된 유익한
지문, 최신 이슈를 반영한 흥미로운 지
문은 읽는 것만으로도 학생들에게 큰
도움이 될 것입니다.

빠작ON⁺

빠른 채점, 지문 해제, 배경 지식
영상 자료, 추가 어휘 퀴즈를
온라인으로 이용 가능합니다.

TIP 다양한 영역의 지문을 읽는
것이 왜 필요한가요?

수능 국어 영역은 인문, 사회, 과학,
기술, 예술 등 다양한 분야에 걸쳐
고르게 출제됩니다. 학생들은 평소
에 접하지 못한 낯선 분야의 지문이
출제되면 당황하기 때문에, 미리미
리 다양한 영역의 지문을 읽어 보며
훈련을 해 두는 것이 좋습니다.

인문 04

문제 풀이
지문 해제
관련 영상
어휘 퀴즈

긴장과 이완의 연속인 줄타기

현대 서커스 공연을 가면 빠지지 않고 등장하는 것이 줄타기이다. 줄타기는 삼국
시대 이전부터 행해졌던 우리의 전통 연희로, 줄광대가 줄에 올라가 여러 가지 동작
을 하며 대사를 하는 방식을 취한다. 줄타기에서는 시간과 공간, 사회적 상황, 관중
등의 조건을 고려하여 연희의 내용을 최대한 효과적으로 전달하고자 극적 구성 방식
을 취한다. 극적 구성 방식 중 가장 일반적인 방법은 극적 긴장의 지속적인 압박과   5
이완의 반복이다. 줄타기는 자칫하면 위험한 상황이 ⓐ일어날 수 있기 때문에 다른
연희 종목들과는 비교할 수 없는 극적 긴장을 줄광대와 관중 모두에게 제공한다. 그
러나 이러한 고도의 극적 긴장감은 줄판에서 끝까지 지속시킬 수도 없고, 지속시켜
서도 안 된다. 왜냐하면 관중이 공연에 집중할 수 있는 시간은 한계가 있고 지속적인
긴장의 압박은 관중에게 쾌감을 주는 것이 아니라 정서적 불안감을 가져다줄 수 있   10
기 때문이다. 따라서 극적 긴장의 이완을 통해 피로감을 극복하고 앞으로 전개될 연
행에 대한 강한 기대감을 고조시킬 필요가 있다.

줄타기의 초반부에서는 줄광대가 처음 줄 위에 올라가서 묘기를 부릴 때, 줄 위를
걸어가다 갑자기 뒤로 떨어지는 동작을 취하거나 의외의 동작을 펼치며 관중의 허를
찌른다. 이로 인해 관중은 극적 긴장감을 처음 맛보게 된다. 뛰어난 줄광대는 일부러   15
미숙한 척하며 떨어질 듯 연기를 하는데 여기에서 줄타기의 진면목이 나타난다고 할
수 있다. 줄을 잘 못 타는 흉내를 내는 대목이 용의주도하게 계산되었다는 사실을 관
중은 바로 눈치채고 줄광대와 교감을 하게 된다. 따라서 줄을 못 타는 흉내를 자연스
럽게 할 수 있는 줄광대가 뛰어난 줄광대라고 할 수 있다.

이후 줄광대는 흥미 있는 재담을 통해 이러한 극적 긴장감을 해소한다. 통상 줄타   20
기의 전반부에는 난도가 낮은 개별 동작과 재담을 반복하며 극적 긴장을 지속적으로
압박하였다가 이완시킨다. 이러한 긴장의 이완은 이어서 펼쳐질 묘기로 인해 다시
급속하게 긴장의 압박 국면으로 전환된다. 하지만 묘기가 펼쳐지는 중간중간에 줄광
대는 현장 상황에 맞는 흥미로운 재담을 구사하고 동물이나 사람의 행위, 사물의 형
태를 표현하는 모방 동작 등을 통해 극적 긴장을 이완시킨다. 그리고 묘기의 끝부분   25
에서는 관중의 느슨해진 극적 긴장감을 움직임이 큰 동작을 통해 최대화한다.

극적 긴장감이 최대화된 부분에서 줄광대는 줄을 받치는 나무에 부채를 놓고 호흡
을 몇 번이고 가다듬는다. 이때 관중과 줄광대는 줄타기 연행 중 가장 크게 극적 긴
장을 느끼게 된다. 절정 부분이 끝나면 비로소 줄타기의 모든 긴장감은 해소되고 관
중과 줄광대는 안식을 맛보게 되며, 줄광대가 줄에서 내려오면 줄타기가 종료된다.   30

◆ **연희** 말과 동작으로 여러 사
람 앞에서 재주를 부림.
이완 바짝 조였던 정신이 풀
려 늦추어짐.
연행 ① 배우가 연기를 함.
② 연출하여 행함.
진면목 본디부터 지니고 있
는 그대로의 상태.
교감 서로 접촉하여 따라 움
직이는 느낌.
재담 익살과 재치를 부리며
재미있게 이야기함. 또는 그
런 말.

1

■ 정답과 해설 4쪽

윗글의 내용을 다음과 같이 정리할 때, 적절한 것만을 골라 바르게 묶은 것은?

- 줄타기는 삼국 시대 이후부터 행해졌던 전통 연희 종목 중 하나에 해당한다. ········· ㄱ
- 줄광대는 줄을 타는 중간중간에 흥미로운 재담을 구사하며 극적 긴장감을 형성한다. ········· ㄴ
- 줄타기에서 극적 구성 방식을 취하는 이유는 연희의 내용을 최대한 효과적으로 전달하기 위함이다. ········· ㄷ
- 줄타기의 진면목은 줄광대가 일부러 미숙한 척하며 떨어질 듯한 동작을 하는 데에서 나타난다. ········· ㄹ

---

① ㄱ, ㄴ   ② ㄴ, ㄷ   ③ ㄷ, ㄹ
④ ㄱ, ㄴ, ㄹ   ⑤ ㄱ, ㄷ, ㄹ

2

윗글을 읽고 〈보기〉에 제시된 '줄광대'에 대해 보인 반응으로 적절하지 <u>않은</u> 것은?

> **보기**
>
> 줄광대는 줄 위를 걸어가다가 갑자기 뒤로 떨어질 듯한 동작을 취하였다. 그뿐만 아니라 줄 위에서 공중제비를 돌며 위태위태하게 연기를 펼쳤다.

① 줄 위에서 공중제비를 돌 때에는 관중뿐만 아니라 줄광대에게도 극적 긴장감이 형성되었겠군.
② 줄광대가 줄 위에서 뒤로 떨어질 듯한 동작을 취한 것은 관중의 극적 긴장감을 형성하기 위해서였겠군.
③ 줄광대는 관중의 극적 긴장감을 이완시키기 위해 동물이나 사람의 행위를 표현하는 모방 동작을 할 수 있겠군.
④ 줄광대의 뒤로 떨어질 듯한 동작이나 공중제비를 도는 동작이 지속된다면 관중은 정서적 불안감을 느낄 수 있겠군.
⑤ 줄광대가 일부러 움직임이 큰 동작을 한 것은 계산된 묘기라는 것을 관중이 눈치채게 하기 위함이라고 할 수 있겠군.

3 어휘

문맥상 ⓐ와 바꾸어 쓸 수 있는 말로 가장 적절한 것은?

① 발전(發展)할   ② 발병(發病)할   ③ 발생(發生)할
④ 도발(挑發)할   ⑤ 도취(陶醉)할

실전 문제

지문을 읽은 후 문제를 풀며 자신이 지문을 올바르게 읽었는지 확인해 볼 수 있습니다. 지문의 내용과 일치하는지를 묻는 문제, 지문의 내용을 구체적인 사례에 적용하는 문제 등 독해력을 키우는 데 도움이 되는 문제들로만 구성했습니다.

어휘 문제

실제 수능 비문학 시험에서는 독해 외에 어휘 문제도 출제되는 점을 감안하여 실전 형태의 어휘 문제를 추가했습니다.

구성과 특징
STRUCTURES

둘!
독해력과 어휘력을 함께 키우는
특별한 구성

독해의 기초를 다져 주는
'지문 분석'

빈칸을 채워 나가는 과정을 통해 독해의 기본 원리인 지문 분석 방법을 자연스럽게 익힐 수 있습니다. '지문 분석'은 단답형·서술형 문항으로 되어 있어 학교에서 치르는 서술형 평가에 대비하기에도 좋습니다.

지문 분석

문단 요약

1 각 문단의 중심 내용을 다음과 같이 정리할 때, 맞으면 ○, 틀리면 ×를 표시해 보자.

1문단	줄타기는 연희의 내용을 최대한 효과적으로 전달하고자 긴장의 지속적인 압박과 이완을 반복하는 극적 구성 방식을 취한다.	( )
2문단	줄타기의 초반부에서는 줄광대가 줄 위를 걸어가다 갑자기 뒤로 떨어지는 동작을 취하거나 의외의 동작을 펼치며 관중에게 극적 긴장감을 형성한다.	( )
3문단	줄광대는 난도가 높은 동작을 통해 관중의 극적 긴장감을 해소한 후, 움직임이 큰 동작을 통해 관중의 느슨해진 극적 긴장감을 다시 압박한다.	( )
4문단	절정 부분이 끝나면 줄타기의 모든 긴장감은 해소되고, 줄광대가 줄에서 내려오면 줄타기가 종료된다.	( )

정보 확인

2 '줄타기'의 진면목은 어디에서 드러나는지 30자 내외로 정리해 보자.

( )

글의 구조

3 다음 표를 바탕으로 '줄타기' 연희의 과정을 정리해 보자.

줄광대가 줄 위에 올라가서 묘기를 부릴 때, 줄 위를 걸어가다 갑자기 뒤로 떨어지는 동작을 취하거나 의외의 동작을 펼침.	▶	( ) 형성

줄광대가 난도가 낮은 개별 동작과 ( )을 반복하다가 절정 부분에서 움직임이 ( ) 동작을 함.	▶	극적 긴장감 해소와 형성 반복

절정 부분이 끝나면 관중과 줄광대는 안식을 느끼며, 줄광대가 줄에서 내려옴으로써 줄타기가 종료됨.	▶	극적 긴장감 ( )

TIP 국어 독해에서 왜 지문 분석이 중요한가요?

실제 독해 강의에서 가장 중요하게 다루는 것이 지문 분석입니다. 각 문단의 중심 내용을 정리한 후 이를 바탕으로 글의 구조를 파악하고 주제를 찾아내는 것이 독해의 기본 원리이기 때문입니다. 이 책에서는 '지문 분석'을 통해 독해의 기본 원리를 수월하게 익힐 수 있습니다.

배경지식

우리나라의 줄타기가 유네스코 세계 유산이라고?

인문
04

우리나라의 줄타기는 2011년에 유네스코 세계 무형 유산으로 지정되었어요. 다른 나라의 줄타기는 곡예 기술에만 초점을 두지만, 우리나라의 줄타기는 음악 반주에 맞추어 줄 위의 줄광대와 땅 위의 어릿광대가 재담을 서로 주고받는 점이 특징이지요. 줄타기는 줄 위에서 이루어지는 줄광대의 묘기뿐 아니라, 노래·춤·재담까지 곁들인 종합 예술인 것입니다.

줄타기 공연은 몇 시간 동안이나 이어지므로 관객들이 지루해하지 않도록 다채롭게 구성해요. 공연에서 줄광대는 줄 위에서 앉고, 뛰고, 구르고, 재주넘는 등 약 40가지의 줄타기 기술을 펼침으로써 관객에게 극적 긴장과 이완을 반복해서 제공하지요. 또 연행자들은 관객에게 일방적으로 재미와 즐거움을 주는 것이 아니라, 그들과 끊임없이 소통하며 상호 작용한답니다.

#줄타기   #유네스코 세계 유산   #종합 예술

> ### 지문 이해를 도와주는 '배경지식'
>
> 지문 내용과 관련된 배경지식을 수록하여 지문 내용을 보다 쉽게 이해할 수 있습니다. 배경지식을 꼼꼼하게 읽다 보면 독해나 논술에 도움이 되는 기초 교양을 차곡차곡 쌓아 나갈 수 있습니다.

어휘·어법

1~4

다음 밑줄 친 부분과 바꿔 쓸 수 있는 말을 〈보기〉의 단어를 활용하여 써 보자.

> 보기
>
> 압박하다   고조되다   이완하다   용의주도하다

1 명상을 할 때에는 온몸을 푼 채로 호흡에 집중해야 합니다. (   )
2 역전의 기미가 보이자 관중석의 열기가 점차 높아져 갔다. (   )
3 교실 안의 무거운 분위기가 우리들을 내리눌러 아무 말도 할 수 없었다. (   )
4 그들이 눈치채지 않도록 꼼꼼히 마음을 써서 빈틈없는 계획을 세웠다. (   )

5~7

다음 뜻풀이에 해당하는 단어를 〈보기〉에서 찾아 빈칸에 써 보자.

> 보기
>
> 교감   난도   연희

5 어려움의 정도. → 예 이번 시험은 (   )이/가 높았다.
6 서로 접촉하여 따라 움직이는 느낌. → 예 강아지와 (   )을/를 나누면 마음이 편안해진다.
7 말과 동작으로 여러 사람 앞에서 재주를 부림. → 예 장터에서 남사당패가 각종 (   )을/를 선보였다.

Tip 허를 찌르다 약하거나 허술한 곳을 치다. 예 상대편의 허를 찌르는 공격이 이어졌다.

> ### 지문과 연계해 익히는 '어휘·어법'
>
> '어휘·어법'을 통해 지문에 나온 어휘의 의미와 쓰임을 바로 확인할 수 있어서 독해력과 어휘력을 함께 키울 수 있습니다. 특히 〈 Tip 〉에서는 서로 혼동하기 쉬운 어휘나 시험에 자주 출제되는 어법 등 꼭 기억해야 할 어휘들을 모아 소개했습니다.

빠른시작 빠작

독해 실력
다지기

인문

'인문'은 인간의 사상 및 문화를 대상으로 하는 학문 분야로, 철학, 심리학, 역사학, 윤리학, 종교학, 인류학, 논리학 등이 이에 속한다. 이러한 인문 영역의 독해는 제시된 사상의 개념과 특징이 무엇인지 확인하는 읽기가 중요하다.

사회

'사회'란 인간 사회와 인간의 사회적 행위를 연구하는 학문 분야로, 정치, 경제, 법·제도, 미디어, 언론, 사회 문화 등을 주로 다룬다. 이러한 사회 영역의 독해에는 교과서에 제시되어 있는 사회 용어와 제도 등의 배경지식이 도움이 된다.

과학

'과학'은 자연의 진리와 법칙을 발견하려는 체계적인 학문 분야로, 생명 과학, 물리학, 화학, 지구 과학, 수학 등이 이에 속한다. 이러한 과학 영역은 설명하고 있는 원리를 이해하는 읽기가 중요하다.

예술

'예술'은 상상력을 바탕으로 새로운 아름다움을 창조하는 활동을 다루는 학문 분야로, 음악, 미술, 디자인, 건축, 연극·영화, 만화 등을 주로 다룬다. 이러한 예술 영역은 지문이나 문제에 제시된 내용이 시각 자료에 어떻게 적용되는지 잘 살펴 읽도록 한다.

기술

'기술'은 과학 이론을 실제로 적용하여 사물을 인간 생활에 유용하도록 가공한 것을 다루는 학문 분야이다. 이러한 기술 영역은 실생활에서 접하는 다양한 기계의 구조나 작동 원리에 관한 세부 정보를 이해하는 읽기가 중요하다.

착각 속에 사는 우리

문제 풀이
지문 해제
관련 영상
어휘 퀴즈

인간은 자유로운 존재라고 생각하지만 실제로는 생각만큼 자유롭지 못하다. 사회가 인간의 마음에 영향을 주고, 그 영향에 따라 틀이 형성된 인간의 마음이 행동에 영향을 주기 때문이다. 그 대표적인 예가 바로 사회적 착각이다. 그렇다면 인간은 사회적 착각에 얼마나 깊이 영향을 받을까?

연구팀은 사회적 착각과 관련된 간단한 실험을 설계했다. 실험에 쓰인 도구는 오른쪽 그림과 같이 화장실에서 쉽게 볼 수 있는 '숙녀용', '신사용' 팻말이다. 이 팻말을 대학 강의실 출입문 양쪽에 각각 하나씩 붙인 뒤 이곳을 통과 5

하는 학생들의 반응을 살펴보았다. 화장실과는 아무런 상관이 없으며 붙여졌다고 해 10 도 아무런 의미가 없는 이 팻말에 학생들은 어떤 반응을 보였을까?

놀랍게도 여학생들은 숙녀용 팻말이 붙은 문을 통해, 그리고 남학생들은 신사용 팻말이 붙은 문을 통해 건물 안으로 들어왔다. 심지어 어떤 남학생은 팻말이 붙은 문을 보고 잠시 멈칫하더니 신사용 팻말이 붙어 있는 것을 확인하고 그쪽의 손잡이를 잡아 문을 열기도 했다. 무의식적으로 신사용 팻말이 붙어 있는 문의 손잡이를 잡은 15 여학생의 경우, 그 사실을 알아차리고 나서 반대쪽에 있는 숙녀용 문을 열고 들어가는 모습도 확인할 수 있었다.

학생들은 이 문에 붙어 있는 팻말이 사실상 아무런 의미도 없고, 또 문에 붙어 있는 팻말과는 상관없이 어느 쪽 문을 열어도 건물 안으로 들어갈 수 있다는 사실을 모르지 않았을 것이다. 하지만 팻말을 인식하는 순간, 학생들은 자신도 모르게 팻말이 20 지시하는 대로 저절로 몸을 움직였다. 팻말이 붙어 있을 필요가 없는 곳에 붙어 있다는 사실 자체에 의아함을 느끼기보다 이때까지 교육과 생활을 통해 만들어진 고정 관념이 반사적으로 작용해서 문을 여는 행동에 영향을 준 것이다. 이런 상황에서는 다들 왜 그래야 하는지, 지금 무슨 일이 벌어지고 있는 것인지도 의심하지 않는다.

이처럼 사회적 착각은 고정 관념에 의해서 형성되고, 이 고정 관념이 인간의 의식 25 체계를 형성하는 요소로 들어오면 행동에까지 영향을 미치게 된다. 어떤 사물이나 사건에 대해 항상 의심하거나 새로운 각도에서 바라보는 것은 인간이 받아들이는 방대한 정보의 양을 생각할 때 불합리하다. 그래서 뇌는 받아들이는 많은 정보들을 기존에 가지고 있는 선입관이나 확신을 통해 재빨리 처리해 버린다. 대학생들이 팻말을 보고 반사적으로 자신의 성별에 해당하는 문을 연 것은 뇌가 이미 확립되어 있는 30 남녀 구분의 고정 관념을 통해 이 팻말의 정보를 처리했기 때문이다.

◆ **착각** 어떤 사물이나 사실을 실제와 다르게 지각하거나 생각함.
의아 의심스럽고 이상함.
고정 관념 ① 잘 변하지 아니하는, 행동을 주로 결정하는 확고한 의식이나 관념. ② 어떤 집단의 사람들에 대한 단순하고 지나치게 일반화된 생각들.
반사적 어떤 자극에 순간적으로 무의식적 반응을 보이는 것.
선입관 어떤 대상에 대하여 이미 마음속에 가지고 있는 고정적인 관념이나 관점. 선입견.
확립 체계나 견해, 조직 따위가 굳게 섬. 또는 그렇게 함.

다음은 윗글에 제시된 실험의 내용을 정리한 것이다. 적절하지 않은 것은?

실험 주제	사회적 착각이 인간의 행동에 미치는 영향
실험 가설	고정 관념은 인간의 행동에 영향을 미칠 것이다. ─────── ①
실험 과정과 결과	• 대학 강의실 출입문 양쪽에 '숙녀용', '신사용' 팻말을 붙여 이곳을 통과하는 학생들의 반응을 살핀다. ─────── ② • 여학생들은 숙녀용 팻말이 붙은 문으로, 남학생들은 신사용 팻말이 붙은 문으로 출입하였다. ─────── ③
실험 결과 해석	대학생들이 강의실의 출입문을 여는 행위가 남녀 구분의 고정 관념에 영향을 주었다. ─────── ④
결론	고정 관념은 인간의 행동에 영향을 미친다. ─────── ⑤

2

윗글을 참고할 때, 〈보기〉의 '학생'의 말에 대해 보인 반응으로 가장 적절한 것은?

> **보기**
>
> **선생님:** 이 사진 속 인물을 보고 자유롭게 의견을 말해 볼까요?
> **학생:** 이 사진 속 인물은 부유한 것 같아요. 화려한 새 옷을 입었으니까요.
>
> 1시간 뒤에 선생님은 학생에게 아까의 사진 속 인물이 다른 옷차림을 한 사진을 보여 준다.
>
> **선생님:** 이 사진 속 인물에 대해서도 자유롭게 의견을 말해 보세요.
> **학생:** 이 사진 속 인물은 가난한 것 같아요. 낡은 옷을 입었으니까요.

① 부유한 것과 가난한 것을 구분할 때 남녀에 대한 고정 관념이 작용했다고 볼 수 있군.

② 어떤 사물이나 사건을 받아들일 때 새로운 각도에서 바라보는 노력을 하였다고 볼 수 있군.

③ 화려한 새 옷을 입으면 부유하고, 낡은 옷을 입으면 가난하다는 고정 관념을 가졌다고 볼 수 있군.

④ 의도적으로 자신이 생각한 것과 반대로 말을 하여 반사적으로 고정 관념을 나타내었다고 볼 수 있군.

⑤ 특정 상황에 대해 의심한다는 점에서 교육과 생활을 통해 만들어진 고정 관념에서 벗어났다고 볼 수 있군.

지문 분석

1 각 문단의 중심 내용을 알맞게 연결해 보자.

1문단 •

2문단 •

3문단 •

4문단 •

5문단 •

• 강의실에 들어갈 때 학생들은 각자의 성별과 일치하는 팻말이 붙은 문을 열고 들어갔다.

• 학생들이 남녀 구분 팻말에 따라 강의실에 들어가는 행동은 고정 관념이 작용한 결과이다.

• 사회는 인간의 마음에 영향을 주고 그 마음은 행동에 영향을 주는데 그 대표적인 예가 사회적 착각이다.

• 사회적 착각과 관련된 실험을 위해 대학 강의실 출입문 양쪽에 남녀를 구분하는 팻말을 붙였다.

• 사회적 착각은 고정 관념에 의해 형성되고, 이 고정 관념이 의식 체계의 한 요소가 되면 행동에도 영향을 미친다.

2 다음 빈칸을 채워 가며 이 글에 제시된 실험의 내용을 정리해 보자.

'숙녀용', '신사용' 팻말을 대학 강의실 출입문 양쪽에 각각 하나씩 붙임.

▼

 여학생들은 (   ) 팻말이 붙은 문을 통해 건물 안으로 들어옴.

 남학생들은 (   ) 팻말이 붙은 문을 통해 건물 안으로 들어옴.

▼

학생들이 팻말을 보고 반사적으로 자신의 성별에 해당하는 문을 연 것은 뇌가 이미 확립되어 있는 남녀 구분의 (   )을 통해 이 팻말의 정보를 처리했기 때문임.

배 경 지 식

성별에 따른 역할이 정해져 있다고 생각하나요?

성 역할이라는 말을 들어 본 적이 있나요? 성 역할은 사회가 그 구성원들인 남성과 여성에게 각자의 성별에 맞는 사고, 정서, 행동 등을 요구하는 기대를 말합니다. 이러한 성 역할은 태어날 때부터 정해진 것이 아닌데 사회의 관습과 교육을 통해 지속적으로 재생산되고 있어요. 그러다 보니 남녀 간의 성별 차이를 그대로 인정하는 것이 아니라, 남녀를 차별하는 성차별 현상이 나타나기도 하지요.

물론 성 역할은 시대와 사회, 그리고 문화에 따라 다르게 나타날 수 있어요. 하지만 성 역할은 고정된 것이 아니므로, 이를 변화시킴으로써 우리 사회에 긍정적인 변화를 가져올 수도 있답니다. 그러므로 우리에게는 남성과 여성의 역할을 구분 짓기보다 **성 역할에 대한 편견에서 벗어나 양성평등**을 실현하려는 마음가짐과 노력이 필요하답니다.

#성 역할   #성차별   #양성평등

어 휘 · 어 법

1~4

다음 뜻풀이에 해당하는 단어를 괄호 안의 초성을 참고하여 빈칸에 써 보자.

1 체계나 견해, 조직 따위가 굳게 섬. 또는 그렇게 함. (   )
   예 통치 체제가 (ㅎ ㄹ)되었다.

2 의심스럽고 이상하다. (   )
   예 그가 여기 다시 온 사실이 (ㅇ ㅇ ㅎ ㄷ).

3 잘 변하지 아니하는, 행동을 주로 결정하는 확고한 의식이나 관념. (   )
   예 이 강의를 듣고 내가 가진 (ㄱ ㅈ ㄱ ㄴ)에서 벗어났다.

4 자각이나 인식이 없는 의식 상태에서 일어나는 것. (   )
   예 개가 다가오자 나는 (ㅁ ㅇ ㅅ ㅈ)으로 몸을 움찔했다.

5~8

다음 빈칸에 알맞은 단어를 〈보기〉에서 찾아 써 보자.

보기			
착각	선입관	반사적	불합리

5 사람을 대할 때에는 (   )을/를 갖고 바라보지 말아야 한다.

6 아까 지하철에서 내렸어야 했는데 (   )하는 바람에 목적지보다 멀리 왔다.

7 회사 복지 제도의 (   )을/를 개선하자는 의견이 여기저기서 들려오고 있다.

8 그는 싫은 티를 안 내려고 했지만 (   )(으)로 눈길을 피하게 되는 것은 어쩔 수 없었다.

Tip 편견(치우칠 偏, 볼 見) 공정하지 못하고 한쪽으로 치우친 생각. 예 편견을 가지다. 편견을 버리다.

삼인삼색, 세 가지 사회 계약론

오랜 세월 동안 인간은 신분 차별을 자연스럽게 받아들이며 살아왔다. 특히 왕은 하늘에서 신이 정해 주는 것이라는 '왕권신수설'을 진리처럼 받아들였다. 그러던 중 왕의 권력이 사람들의 계약, 즉 합의에 의해서 생긴 것이라고 생각하는 사람들이 등 장했다. 사람들은 불완전한 자연 상태에서 살아남고, 나아가 더 나은 삶을 살기 위해 사회를 이루었으며, 그 사회를 이끌어 갈 왕을 뽑아 그에게 권력을 맡겼다는 것이다. 5 이것이 바로 '사회 계약론'이다. 사회 계약론을 주장한 학자에는 루소 외에도 영국의 홉스와 로크가 있다. 이들은 ⊙사회 계약이라는 공통된 의견을 갖고 있었지만, 이들 이 펼친 사회 계약론에는 각각 차이가 있다.

홉스는 자연 상태를 '만인의 만인에 대한 투쟁 상태'라고 주장했다. 이는 인간은 자 연 속에서 서로 싸워 위험하고 불안하다는 것이다. 그래서 그는 강한 지도자, 즉 군 10 주에게 사람들이 가진 권력을 몰아주어야 한다고 믿었다. 홉스가 절대 주권을 확립 함으로써 국민의 안전과 평화를 달성할 것을 기원하며 1651년에 저술한 책인 『리바 이어던』의 표지에는 수많은 인간으로 이루어진 괴물 모양의 군주가 칼과 지팡이를 둘 다 가지고 있는 모습이 그려져 있다. 이는 강력한 군주를 중심으로 사람들이 그의 지 배를 받으며 안정적으로 살아가는 사회를 추구한 홉스의 생각을 표현한 것이다. 15

사회를 이룰 때 사람들의 모든 권력을 군주에게 넘겨야 한다고 주장한 홉스와 달리, 로크는 법을 만드는 입법권과 그 법을 집행하는 집행권만 넘겨야 한다고 주장했다. 홉스가 절대 군주를 인정하는 입장이었다면, 로크는 사람들의 권리를 사회의 대표자 인 군주에게 빌려준다는 입장이었다. 그는 더 나아가 군주가 국민들의 의견을 듣지 않을 때 국민들이 군주에 대해 저항할 수 있는 '저항권'을 주장했다. 이는 '왕이 곧 국 20 가'라고 주장하던 당대의 절대 왕정 사회에 비추어 볼 때 매우 파격적인 주장이었다.

루소는 가장 이상적인 시각과 목표를 가지고 있었다. 그는 자연 상태를 투쟁 상태 로만 봤던 홉스와는 달리, 오히려 자유롭고 평화로운 상태라고 주장했다. 다만 세월 이 지나면 불안정해지기 때문에, 사람들이 더 나은 삶을 살기 위해 사회 계약을 맺었 다는 것이 루소의 사회 계약론이다. 여기서 그는 주권은 국민에게 있고 그것은 절대 25 빌려줄 수 없다는 점을 강조했다. 또 그는 모든 시민들이 정치인으로서 직접 정치에 참여하는 직접 민주주의를 추구했다. 이 점에서 루소가 홉스나 로크에 비해 훨씬 이 상적인 사회를 꿈꾸었다고 볼 수 있다.

세 사람의 사회 계약론은 이처럼 저마다 다른 내용을 담고 있지만, 왕의 권력은 사 람들의 합의에서 나온 것이라는 데 동의하고 있다. 이는 왕을 절대적인 권력자로 바 30 라보는 당시의 시선을 바꾸었고, 프랑스 대혁명의 사상적 기반이 되었으며, 오늘날 민주주의의 (⊙   )이 되었다.

문제 풀이
지문 해제
관련 영상
어휘 퀴즈

◆ **왕권신수설** 국왕의 권리는 신에게서 받은 절대적인 것 이므로 인민이나 의회에 의 하여 제한되지 않는다는 설.
합의 서로 의견이 일치함. 또는 그 의견.
투쟁 어떤 대상을 이기거나 극복하기 위한 싸움.
군주 세습적으로 나라를 다 스리는 최고 지위에 있는 사 람.

14 · 중학 국어 비문학 독해 2

1

윗글을 읽고 〈보기〉에 제시된 '로빈 후드'의 행동에 대해 보인 반응으로 가장 적절한 것은?

> 보기
>
>   '로빈 후드'는 영국에서 전설로 내려오는 영웅적 인물이다. '로빈 후드'는 포악하고 욕심 많은 관리나 귀족, 타락한 성직자들의 재산을 빼앗고 그들의 횡포를 응징하여 가난한 사람들을 도운 의적◆으로 알려져 있다.

◆
의적 탐관오리들의 재물을 훔쳐다가 가난한 사람을 도와주는 의로운 도적.

① '로빈 후드'가 가난한 이들을 도운 것은 '직접 민주주의'를 실현하기 위한 것이었다고 볼 수 있겠군.

② '로빈 후드'가 못된 이들을 응징한 것은 '왕권신수설'을 진리처럼 받아들였기 때문이라고 볼 수 있겠군.

③ '로빈 후드'가 권력을 가진 이들의 횡포를 응징한 것은 로크가 주장한 '저항권'과 관련된다고 볼 수 있겠군.

④ '로빈 후드'가 의적으로 활동한 것은 '왕이 곧 국가'라는 절대 군주 지배 체제를 옹호하기 위한 의도로 볼 수 있겠군.

⑤ '로빈 후드'가 횡포를 부리는 관리, 귀족, 성직자의 재산을 빼앗은 것은 '입법권'과 '집행권'이 분리된 현실과 관련된다고 볼 수 있겠군.

2

㉠에 대한 학자들의 견해로 적절하지 <u>않은</u> 것은?

① 로크는 사람들의 모든 권력을 군주에게 넘겨야 한다는 것에 반대하였다.

② 로크는 홉스와 달리 사람들의 권리를 군주에게 빌려준다는 입장을 취하였다.

③ 루소는 홉스와 마찬가지로 자연 상태를 자유롭고 평화로운 상태로 인식하였다.

④ 루소는 주권은 국민에게 있고 그것은 절대 빌려줄 수 없다는 점을 강조하였다.

⑤ 홉스, 로크, 루소는 모두 왕의 권력은 사람들의 합의에서 나온 것으로 보았다.

3 어휘

〈보기〉를 참고할 때, ㉡에 들어갈 비유적 표현으로 가장 적절한 것은?

> 보기
>
>   기둥 밑에 기초로 받쳐 놓은 돌.

① 누름돌   ② 고인돌   ③ 걸림돌

④ 주춧돌   ⑤ 조약돌

1

문단 요약

각 문단의 중심 내용과 관련 있는 것을 연결해 보자.

1문단 •   • 사회 계약론의 개념과 등장 배경

2문단 •   • 홉스, 로크, 루소의 사회 계약론의 공통점과 의의

3문단 •   • 홉스의 사회 계약론

4문단 •   • 로크의 사회 계약론

5문단 •   • 루소의 사회 계약론

2

정보 확인

다음에서 설명하고 있는 개념어를 5음절로 써 보자.

사람들은 불완전한 자연 상태에서 살아남고, 나아가 더 나은 삶을 살기 위해 사회를 이루었으며, 그 사회를 이끌어 갈 왕을 뽑아 그에게 권력을 맡겼다.

(   )

3

글의 구조

다음 빈칸을 채워 가며 이 글의 중심 내용을 정리해 보자.

홉스	로크	루소
• 자연 상태는 '만인의 만인에 대한 투쟁 상태'라고 주장함. • ( )에게 사람들이 가진 권력을 몰아주어야 한다고 믿음.	• 군주에게 입법권과 집행권만 넘겨야 한다고 주장함. • 군주가 국민들의 의견을 듣지 않을 때 국민들이 군주에게 저항할 수 있는 ( )을 주장함.	• 자연 상태를 자유롭고 평화로운 상태라고 주장함. • 주권은 국민에게 있고 그것은 절대로 빌려줄 수 없다는 점을 강조함. • ( )를 추구함.

▼

왕의 권력은 사람들의 합의에서 나온 것이라는 공통된 의견을 가지고 있으며, 이들이 주장한 사회 계약론은 (   )의 사상적 기반이 되었음.

배경지식

프랑스에서는 무슨 일이 있었던 걸까?

1789년, 프랑스 왕 루이 16세는 나라의 바닥난 재정을 메꾸기 위해 그동안 면세 혜택을 누렸던 성직자와 귀족 계층에게 세금을 부과하는 법안을 마련하려고 했어요. 그래서 성직자, 귀족, 평민을 대표하는 표결 의원들을 불러 모았지요. 그런데 투표한 사람 수대로 표결하는 방식이 채택되지 않자 평민 대표들은 '국민 의회'를 새로 구성한 후에 새로운 헌법 제정을 도모하려고 했어요. 그러자 왕정에서는 이를 무력으로 진압하기 위해 군대를 불러들였고, 파리 시민들은 이 소식을 듣고 분노하여 구체제의 상징이었던 바스티유 감옥을 습격했지요. 그리고 이러한 흐름은 지방 곳곳으로 퍼져 각지에서 폭동이 발생했어요. 그리고 드디어 국민 의회에서는 봉건제를 폐지하고 「인간과 시민의 권리 선언」(프랑스 인권 선언)을 발표했어요. 이 선언에서는 "인간은 자유롭고 평등한 권리를 지니"(제조)며 "모든 주권의 원리는 본질적으로 국민에게 있다."(제3조)라는 사실을 천명하고 있답니다.

#루이 16세   #국민 의회   #봉건제 폐지   #프랑스 인권 선언

「인간과 시민의 권리 선언」

어휘·어법

1~3

다음 문장에 들어갈 올바른 단어를 찾아 ○를 표시해 보자.

1 정책을 실제로 (집행 / 운행)할 때에는 생각하지도 못한 어려움이 따를 수 있다.
2 인류 문명사는 인간이 자연과 (투과 / 투쟁)해 온 역사이다.
3 그 사람들이 우리의 형편을 봐 주어 (합의 / 건의)가 비교적 쉽게 이루어졌다.

4~8

다음 뜻풀이에 알맞은 단어를 〈보기〉에서 찾아 빈칸에 써 보자.

> **보기**
>
> 계약   절대   저항   응징   파격적

4 아무런 조건이나 제약이 붙지 아니함. 또는 비교되거나 맞설 만한 것이 없음. (   )
5 잘못을 깨우쳐 뉘우치도록 징계함. (   )
6 어떤 힘이나 조건에 굽히지 아니하고 거역하거나 버팀. (   )
7 일정한 격식을 깨뜨리는. 또는 그런 것. (   )
8 관련되는 사람이나 조직체 사이에서 서로 지켜야 할 의무에 대하여 글이나 말로 정하여 둠. 또는 그런 약속. (   )

Tip • 면세(면할 免, 세금 稅) 세금을 면제함.
• 징세(부를 徵, 세금 稅) 세금을 거두어들임.

내일 아침에도 동쪽에서 해가 뜰 것이다

문제 풀이
지문 해제
관련 영상
어휘 퀴즈

　㉠귀납 추리란 개별적인 특수한 사실이나 원리를 전제로 하여 일반적인 사실이나 원리로서의 결론을 이끌어 내는 방법을 말한다. 이는 인과 관계를 ⓐ확정하는 데에 주로 사용되는데, 귀납 추리에 의해 내려진 결론은 확실한 지식을 의미하는 것은 아니지만 개연적이면서 확률적이라는 점에서 의미가 있다. 인간은 지금까지 계속 ⓑ반복되어 온 현상에 대해서 으레 앞으로도 같은 방법으로 계속되리라는 기대를 갖게 된다. 이러한 인간의 기대가 어떤 근거에 의한 것인가를 물어본다면 그것은 일종의 귀납 추리에 의한 것임을 알 수 있다. 예컨대, 내일 아침에도 동쪽에서 해가 뜨리라는 것을 믿지 않는 사람은 없을 것이다. 그것은 여태껏 매일 동쪽에서 해가 떴기 때문이다. 이것은 거의 확실한 믿음이라 할 수 있다. 그러나 언젠가는 자연의 질서가 바뀔 수 있다는 것을 생각한다면 내일 아침에 해가 동쪽에서 뜨지 않을 수 있는 가능성도 ⓒ인정해야 할 것이다.

　이처럼 귀납 추리에 의한 결론이 확실한 진리가 될 수는 없지만, 그 결론을 뒷받침해 주는 사실들이 ⓓ변화함에 따라서 그 결론은 더 확실하게 될 수도 있고 덜 확실하게 될 수도 있다. 따라서 귀납 추리에서는 전제의 사실들이 그 결론을 얼마나 강하게 뒷받침해 주느냐 하는 것이 문제가 된다. 귀납 추리는 건축물에 비유한다면 여러 개의 기둥들이 받치고 있는 누각과 같다고 할 수 있다. 기둥이 많을수록 더 튼튼한 누각이 된다고 할 수 있지만, 기둥 수만 많다고 무조건 좋은 것은 아니다. 기둥의 위치도 중요하며 어떤 종류의 기둥인가도 중요하다. 귀납 추리의 결론을 뒷받침하는 전제의 사실들도 그러하다. 기둥들 중에 한두 개가 쓰러졌다고 해서 그 누각이 완전히 내려앉지는 않는다. 그 누각이 전체적으로 내려앉기 전에 우선 그것을 ⓔ지탱하는 기둥이 쓰러진 만큼 약화된다고 볼 수 있다. 말하자면 귀납적인 결론은 그것을 반증하는 예가 늘어난다든지 그것을 입증해 주던 예가 하나씩 부정됨에 따라서 그 결론의 확실성이 점차 약화된다는 뜻이다.

　이러한 측면에서 귀납 추리는 불확실하고 불완전한 방법이라고 생각될 수도 있지만, 그럼에도 불구하고 귀납 추리는 새로운 사실을 발견하고 지식을 확장하는 데에 큰 도움을 주었다. 심지어 자연 현상에서의 인과 관계를 발견하는 것이 과학의 목적이라고 생각한 사람들 중 일부는 귀납 추리가 곧 과학적인 방법의 전부라고 생각하기도 했었다. 그들은 새로운 사실의 발견을 중요한 목표 중 하나로 삼는 과학의 방법은 귀납 추리여야 한다고 주장하였는데, 이를 통해 상당수의 과학 지식이 축적되며 발전을 거듭할 수 있었다.

추리 어떠한 판단을 근거로 삼아 다른 판단을 이끌어 냄. 추론.
전제 추리를 할 때, 결론의 기초가 되는 판단.
개연적 그럴 법한 것.
반증 어떤 사실이나 주장이 옳지 아니함을 그에 반대되는 근거를 들어 증명함. 또는 그런 증거.
입증 어떤 증거 따위를 내세워 증명함.

1

윗글에 대한 설명으로 가장 적절한 것은?

① 통계 자료를 활용하여 주장의 타당성을 확보하고 있다.

② 특정 이론에 대한 비판들을 시대순으로 제시하고 있다.

③ 핵심 개념을 다른 대상에 빗대어 표현하며 설명하고 있다.

④ 서로 다른 이론의 차이점을 부각하며 내용을 전개하고 있다.

⑤ 통념에 대한 의문을 제기한 후 새로운 관점을 제시하고 있다.

◆
통념 일반적으로 널리 통하
는 개념.

2

〈보기〉의 a~d 중에서 ㉠의 예에 해당하는 것을 모두 골라 바르게 묶은 것은?

> **보기**
> a. 미인은 잠꾸러기이다. 누나는 잠꾸러기가 아니다. 따라서 누나는 미인이 아니다.
> b. 연필을 던지면 떨어진다. 지우개를 던져도 떨어진다. 따라서 물체는 던지면 떨어진다.
> c. 염소는 허파로 숨을 쉰다. 토끼도 허파로 숨을 쉰다. 따라서 사람도 허파로 숨을 쉰다.
> d. 사람은 모두 죽을 존재이다. 소크라테스는 사람이다. 따라서 소크라테스는 죽을 존재이다.

① a, d   ② b, c   ③ c, d

④ a, b, c   ⑤ a, b, d

3

ⓐ~ⓔ의 사전적 의미로 적절하지 않은 것은?

① ⓐ: 일을 확실하게 정함.

② ⓑ: 같은 일을 되풀이함.

③ ⓒ: 확실히 그렇다고 여김.

④ ⓓ: 빛깔이 변하여 달라짐.

⑤ ⓔ: 오래 버티거나 배겨 냄.

1

각 문단의 중심 내용을 다음과 같이 정리할 때, 맞으면 ○, 틀리면 ×를 표시해 보자.

1문단 | 귀납 추리는 일반적인 사실이나 원리로서의 결론을 전제로 하여 개별적인 특수한 사실이나 원리를 이끌어 내는 방법으로, 인과 관계를 확정하는 데에 사용된다. | ( )

2문단 | 귀납 추리에 의한 결론은 확실한 진리가 될 수는 없지만, 그 결론을 뒷받침해 주는 사실들의 변화에 따라서 그 결론은 더 확실하게 될 수도 있고 덜 확실하게 될 수도 있다. | ( )

3문단 | 귀납 추리는 새로운 사실을 발견하고 지식을 확장하는 데에 큰 도움을 주었으며, 이를 통해 상당수의 과학 지식이 축적되며 발전을 거듭할 수 있었다. | ( )

2

다음 빈칸을 채워 가며 귀납 추리의 특징에 대해 정리해 보자.

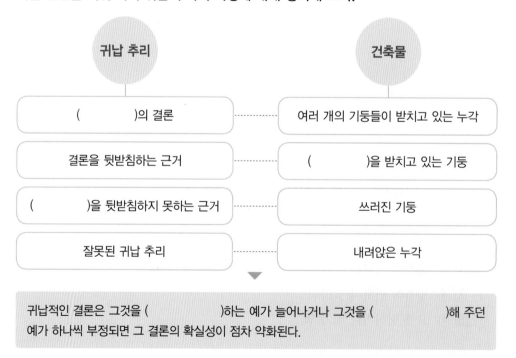

귀납 추리   건축물

( )의 결론	┈┈┈	여러 개의 기둥들이 받치고 있는 누각
결론을 뒷받침하는 근거	┈┈┈	( )을 받치고 있는 기둥
( )을 뒷받침하지 못하는 근거	┈┈┈	쓰러진 기둥
잘못된 귀납 추리	┈┈┈	내려앉은 누각

▼

귀납적인 결론은 그것을 ( )하는 예가 늘어나거나 그것을 ( )해 주던 예가 하나씩 부정되면 그 결론의 확실성이 점차 약화된다.

배경지식

연역 추리는 귀납 추리와 어떤 차이가 있을까요?

추리는 크게 연역 추리와 귀납 추리로 나뉘어요. **연역 추리는 일반적인 사실이나 원리를 전제로 하여 개별적인 사실이나 보다 특수한 다른 원리를 이끌어 내는 추리**를 이르지요. 이는 경험을 필요로 하지 않는 순수한 사유에 의하여 이루어지며 그 전형은 **삼단 논법**으로 나타난답니다. 귀납 추리에서 도출되는 결론이 개연적이고 확률적이라면 연역 추리에서 도출되는 결론은 결정적이에요. 연역 추리에서는 전제들이 참이면 결론은 참이 되어야 해요. 바꾸어 말하면 연역 추리에서는 전제들이 모두 참인데 **결론이 참이 아닌 것은 불가능**하며, 추리 과정에서 잘못이 발생한 것을 **오류**라고 하지요.

삼단 논법은 다음의 예처럼 대전제와 소전제, 하나의 결론으로 이루어진답니다.

예	대전제	모든 개는 동물이다.
	소전제	푸들은 개이다.
	결론	푸들은 동물이다.

#연역 추리   #귀납 추리   #오류   #삼단 논법

어휘·어법

1~6

〈보기〉를 참고하여 다음 빈칸에 들어갈 단어에 해당하는 기호를 써 보자.

보기
㉠ 통념: 일반적으로 널리 통하는 개념.
㉡ 확률: 일정한 조건 아래에서 어떤 사건이나 사상이 일어날 가능성의 정도. 또는 그런 수치.
㉢ 누각: 사방을 바라볼 수 있도록 문과 벽이 없이 다락처럼 높이 지은 집.
㉣ 입증: 어떤 증거 따위를 내세워 증명함.
㉤ 전제: 추리를 할 때, 결론의 기초가 되는 판단.
㉥ 지탱: 오래 버티거나 배겨 냄.

1 동굴 안엔 먹을 것이 없어서 빵과 물로 3일을 (   )할 수밖에 없다.
2 내가 응원하는 팀이 우승할 (   )이/가 크다.
3 의료 사고의 책임을 피해자인 환자가 (   )하는 것은 쉽지 않다.
4 경복궁 서북쪽 연못 안에 있는 (   )은/는 경회루이다.
5 그가 내세운 (   ) 자체가 사실이 아니므로 결론도 의심해야 한다.
6 대부분의 사람들은 사회적 (   )에 따르는 사고나 행동을 한다.

Tip 으레 ① 두말할 것 없이 당연히. **예** 그녀는 선비는 으레 가난하려니 하고 생각했다.
② 틀림없이 언제나. **예** 그는 학교를 마치면 으레 친구들과 떡볶이를 먹으러 갔다.

긴장과 이완의 연속인 줄타기

문제 풀이
지문 해제
관련 영상
어휘 퀴즈

현대 서커스 공연을 가면 빠지지 않고 등장하는 것이 줄타기이다. 줄타기는 삼국 시대 이전부터 행해졌던 우리의 전통 연희로, 줄광대가 줄에 올라가 여러 가지 동작을 하며 대사를 하는 방식을 취한다. 줄타기에서는 시간과 공간, 사회적 상황, 관중 등의 조건을 고려하여 연희의 내용을 최대한 효과적으로 전달하고자 극적 구성 방식을 취한다. 극적 구성 방식 중 가장 일반적인 방법은 극적 긴장의 지속적인 압박과 5 이완의 반복이다. 줄타기는 자칫하면 위험한 상황이 ⓐ일어날 수 있기 때문에 다른 연희 종목들과는 비교할 수 없는 극적 긴장을 줄광대와 관중 모두에게 제공한다. 그러나 이러한 고도의 극적 긴장감은 줄판에서 끝까지 지속시킬 수도 없고, 지속시켜서도 안 된다. 왜냐하면 관중이 공연에 집중할 수 있는 시간은 한계가 있고 지속적인 긴장의 압박은 관중에게 쾌감을 주는 것이 아니라 정서적 불안감을 가져다줄 수 있 10 기 때문이다. 따라서 극적 긴장의 이완을 통해 피로감을 극복하고 앞으로 전개될 연행에 대한 강한 기대감을 고조시킬 필요가 있다.

줄타기의 초반부에서는 줄광대가 처음 줄 위에 올라가서 묘기를 부릴 때, 줄 위를 걸어가다 갑자기 뒤로 떨어지는 동작을 취하거나 의외의 동작을 펼치며 관중의 허를 찌른다. 이로 인해 관중은 극적 긴장감을 처음 맛보게 된다. 뛰어난 줄광대는 일부러 15 미숙한 척하며 떨어질 듯 연기를 하는데 여기에서 줄타기의 진면목이 나타난다고 할 수 있다. 줄을 잘 못 타는 흉내를 내는 대목이 용의주도하게 계산되었다는 사실을 관중은 바로 눈치채고 줄광대와 교감을 하게 된다. 따라서 줄을 못 타는 흉내를 자연스럽게 할 수 있는 줄광대가 뛰어난 줄광대라고 할 수 있다.

이후 줄광대는 흥미 있는 재담을 통해 이러한 극적 긴장감을 해소한다. 통상 줄타 20 기의 전반부에는 난도가 낮은 개별 동작과 재담을 반복하며 극적 긴장을 지속적으로 압박하였다가 이완시킨다. 이러한 긴장의 이완은 이어서 펼쳐질 묘기로 인해 다시 급속하게 긴장의 압박 국면으로 전환된다. 하지만 묘기가 펼쳐지는 중간중간에 줄광대는 현장 상황에 맞는 흥미로운 재담을 구사하고 동물이나 사람의 행위, 사물의 형태를 표현하는 모방 동작 등을 통해 극적 긴장을 이완시킨다. 그리고 묘기의 끝부분 25 에서는 관중의 느슨해진 극적 긴장감을 움직임이 큰 동작을 통해 최대화한다.

극적 긴장감이 최대화된 부분에서 줄광대는 줄을 받치는 나무에 부채를 놓고 호흡을 몇 번이고 가다듬는다. 이때 관중과 줄광대는 줄타기 연행 중 가장 크게 극적 긴장을 느끼게 된다. 절정 부분이 끝나면 비로소 줄타기의 모든 긴장감은 해소되고 관중과 줄광대는 안식을 맛보게 되며, 줄광대가 줄에서 내려오면 줄타기가 종료된다. 30

◆ **연희** 말과 동작으로 여러 사람 앞에서 재주를 부림.
이완 바짝 조였던 정신이 풀려 늦추어짐.
연행 ① 배우가 연기를 함. ② 연출하여 행함.
진면목 본디부터 지니고 있는 그대로의 상태.
교감 서로 접촉하여 따라 움직이는 느낌.
재담 익살과 재치를 부리며 재미있게 이야기함. 또는 그런 말.

1

윗글의 내용을 다음과 같이 정리할 때, 적절한 것만을 골라 바르게 묶은 것은?

> • 줄타기는 삼국 시대 이후부터 행해졌던 전통 연희 종목 중 하나에 해당한다. ┄┄┄┄ ㄱ
> • 줄광대는 줄을 타는 중간중간에 흥미로운 재담을 구사하며 극적 긴장감을 형성한다. ┄┄ ㄴ
> • 줄타기에서 극적 구성 방식을 취하는 이유는 연희의 내용을 최대한 효과적으로 전달하기 위함이다. ┄┄┄┄ ㄷ
> • 줄타기의 진면목은 줄광대가 일부러 미숙한 척하며 떨어질 듯한 동작을 하는 데에서 나타난다. ┄┄┄┄ ㄹ

① ㄱ, ㄴ   ② ㄴ, ㄷ   ③ ㄷ, ㄹ

④ ㄱ, ㄴ, ㄹ   ⑤ ㄱ, ㄷ, ㄹ

2

윗글을 읽고 〈보기〉에 제시된 '줄광대'에 대해 보인 반응으로 적절하지 <u>않은</u> 것은?

> 보기
> 줄광대는 줄 위를 걸어가다가 갑자기 뒤로 떨어질 듯한 동작을 취하였다. 그뿐만 아니라 줄 위에서 공중제비를 돌며 위태위태하게 연기를 펼쳤다.

① 줄 위에서 공중제비를 돌 때에는 관중뿐만 아니라 줄광대에게도 극적 긴장감이 형성되었겠군.

② 줄광대가 줄 위에서 뒤로 떨어질 듯한 동작을 취한 것은 관중의 극적 긴장감을 형성하기 위해서였겠군.

③ 줄광대는 관중의 극적 긴장감을 이완시키기 위해 동물이나 사람의 행위를 표현하는 모방 동작을 할 수 있겠군.

④ 줄광대의 뒤로 떨어질 듯한 동작이나 공중제비를 도는 동작이 지속된다면 관중은 정서적 불안감을 느낄 수 있겠군.

⑤ 줄광대가 일부러 움직임이 큰 동작을 한 것은 계산된 묘기라는 것을 관중이 눈치채게 하기 위함이라고 할 수 있겠군.

3 어휘

문맥상 ⓐ와 바꾸어 쓸 수 있는 말로 가장 적절한 것은?

① 발전(發展)할   ② 발병(發病)할   ③ 발생(發生)할

④ 도발(挑發)할   ⑤ 도취(陶醉)할

1 각 문단의 중심 내용을 다음과 같이 정리할 때, 맞으면 ○, 틀리면 ×를 표시해 보자.

1문단 줄타기는 연희의 내용을 최대한 효과적으로 전달하고자 긴장의 지속적인 압박과 이완을 반복하는 극적 구성 방식을 취한다. ( )

2문단 줄타기의 초반부에서는 줄광대가 줄 위를 걸어가다 갑자기 뒤로 떨어지는 동작을 취하거나 의외의 동작을 펼치며 관중에게 극적 긴장감을 형성한다. ( )

3문단 줄광대는 난도가 높은 동작을 통해 관중의 극적 긴장감을 해소한 후, 움직임이 큰 동작을 통해 관중의 느슨해진 극적 긴장감을 다시 압박한다. ( )

4문단 절정 부분이 끝나면 줄타기의 모든 긴장감은 해소되고, 줄광대가 줄에서 내려오면 줄타기가 종료된다. ( )

2 '줄타기'의 진면목은 어디에서 드러나는지 30자 내외로 정리해 보자.

( )

3 다음 표를 바탕으로 '줄타기' 연희의 과정을 정리해 보자.

줄광대가 줄 위에 올라가서 묘기를 부릴 때, 줄 위를 걸어가다 갑자기 뒤로 떨어지는 동작을 취하거나 의외의 동작을 펼침.	▶	( ) 형성

▼

줄광대가 난도가 낮은 개별 동작과 ( )을 반복하다가 절정 부분에서 움직임이 ( ) 동작을 함.	▶	극적 긴장감 해소와 형성 반복

▼

절정 부분이 끝나면 관중과 줄광대는 안식을 느끼며, 줄광대가 줄에서 내려옴으로써 줄타기가 종료됨.	▶	극적 긴장감 ( )

배경지식

우리나라의 줄타기가 유네스코 세계 유산이라고?

우리나라의 줄타기는 2011년에 유네스코 세계 무형 유산으로 지정되었어요. 다른 나라의 줄타기는 곡예 기술에만 초점을 두지만, 우리나라의 줄타기는 음악 반주에 맞추어 줄 위의 줄광대와 땅 위의 어릿광대가 재담을 서로 주고받는 점이 특징이지요. 줄타기는 줄 위에서 이루어지는 줄광대의 묘기뿐 아니라, 노래·춤·재담까지 곁들인 종합 예술인 것입니다.

줄타기 공연은 몇 시간 동안이나 이어지므로 관객들이 지루해하지 않도록 다채롭게 구성해요. 공연에서 줄광대는 줄 위에서 앉고, 뛰고, 구르고, 재주넘는 등 약 40가지의 줄타기 기술을 펼침으로써 관객에게 극적 긴장과 이완을 반복해서 제공하지요. 또 연행자들은 관객에게 일방적으로 재미와 즐거움을 주는 것이 아니라, 그들과 끊임없이 소통하며 상호 작용한답니다.

#줄타기   #유네스코 세계 유산   #종합 예술

어휘·어법

1~4

다음 밑줄 친 부분과 바꿔 쓸 수 있는 말을 〈보기〉의 단어를 활용하여 써 보자.

> **보기**
>
> 압박하다   고조되다   이완하다   용의주도하다

1 명상을 할 때에는 온몸을 푼 채로 호흡에 집중해야 합니다. (   )
2 역전의 기미가 보이자 관중석의 열기가 점차 높아져 갔다. (   )
3 교실 안의 무거운 분위기가 우리들을 내리눌러 아무 말도 할 수 없었다. (   )
4 그들이 눈치채지 않도록 꼼꼼히 마음을 써서 빈틈없는 계획을 세웠다. (   )

5~7

다음 뜻풀이에 해당하는 단어를 〈보기〉에서 찾아 빈칸에 써 보자.

> **보기**
>
> 교감   난도   연희

5 어려움의 정도. → 예 이번 시험은 (   )이/가 높았다.
6 서로 접촉하여 따라 움직이는 느낌. → 예 강아지와 (   )을/를 나누면 마음이 편안해진다.
7 말과 동작으로 여러 사람 앞에서 재주를 부림. → 예 장터에서 남사당패가 각종 (   )을/를 선보였다.

Tip 허를 찌르다 약하거나 허술한 곳을 치다. 예 상대편의 허를 찌르는 공격이 이어졌다.

'내일'에 해당하는 고유어는 없을까

문제 풀이
지문 해제
관련 영상
어휘 퀴즈

‘그제’, ‘어제’, ‘오늘’, ‘내일’, ‘모레’ 이 말들은 모두 ‘날’과 관련된 시간 표현이다. 그런데 흥미로운 사실은 다른 단어들은 모두 고유어인데 유독 ‘내일(來日)’만 한자어라는 점이다. 왜 ‘내일’만 한자어일까? ‘내일’의 고유어는 존재했을까?

어떤 사람들은 우리말에는 원래 ‘내일’에 해당하는 말이 없다고 주장한다. 심지어 이런 상황을 좀 더 악의적으로 해석하는 사람들은 우리 민족은 ‘내일’은 생각하지 않고 당장 지금만을 즐기는 민족성을 가지고 있다고 말하기까지 한다. 우리 민족이 현실만을 중시하는 민족성을 갖고 있다고 말하는 이러한 사람들은 언어학적 경향을 과대 해석하여 비하적인 발언의 근거로 삼는 것이다.

하지만 ‘내일’이라는 단어가 없다고 해서 ‘내일’이라는 개념이 없을 수는 없다. 언어와 정신을 관련시켜 탐구하는 언어학적 연구에서는 민족어와 민족정신의 관련성을 그 민족어의 어휘 체계에서 찾고자 했다. 실제로 고려어에는 ‘내일’에 대응하는 고유어가 있었던 것으로 보인다. 고려 시대 자료 중에 송나라 사람 손목이 한자음을 이용하여 고려어를 기록한 『계림유사(鷄林類事)』라는 책이 있는데, 이 책은 훈민정음 창제 이전의 우리말 모습을 보여 주는 아주 귀중한 자료이다. 그런데 이 책에 한자어와 고려어를 대응시켜 ‘날’과 관련된 시간 표현을 기록한 부분이 있어 흥미를 끈다. ‘전일(前日)’은 ‘기재(記載)’, ‘금일(今日)’은 ‘오날(烏捺)’, ‘명일(明日)’은 ‘할재(轄載)’, ‘후일(後日)’은 ‘모로(母魯)’라고 기록되어 있다. ‘기재’, ‘오날’, ‘할재’, ‘모로’는 책 속의 한자를 현대 한자음으로 읽은 것이다. 이는 ‘그제’, ‘오늘’, ‘내일’, ‘모레’와 비교할 때, ‘내일’에 대응하는 ‘할재’를 제외하고는 지금의 말과 그 소리가 얼추 비슷하다. 여기서 ‘내일’에 해당되는 ‘할재’가 고려 시대에 실제 어떻게 읽혔으며 왜 한자어 ‘내일’로 대치되었는가는 더 따져 보아야 할 문제이지만, 확실한 것은 ‘내일’에 해당하는 고려어가 분명히 존재했다는 사실이다.

이처럼 말은 사라지면서도 흔적을 남겨 놓는다. 그 흔적은 문헌뿐만 아니라 방언 속에 남아 있기도 하고, 단어의 일부분으로 모습을 바꾸어 남아 있기도 한다. 언어학자는 그러한 흔적을 근거로 옛말을 재현해 보고자 한다. 화석을 통해 현재 생물의 조상을 유추해 나가는 생물학자처럼 말이다.

◆문헌 ① 옛날의 제도나 문물을 아는 데 증거가 되는 자료나 기록. ② 연구의 자료가 되는 서적이나 문서.
방언 한 언어에서, 사용 지역 또는 사회 계층에 따라 분화된 말의 체계.
재현 다시 나타남. 또는 다시 나타냄.
유추 같은 종류의 것 또는 비슷한 것에 기초하여 다른 사물을 미루어 추측하는 일.

1

윗글의 내용과 일치하지 <u>않는</u> 것은?

① 어떤 말은 사라지면서 그 말의 흔적을 방언에 남기기도 한다.

② 『계림유사』는 한자음을 이용하여 고려어를 기록한 자료에 해당한다.

③ '그제', '어제', '오늘', '내일', '모레'는 모두 '날'과 관련된 고유어이다.

④ '내일'이라는 단어가 없다고 해서 '내일'이라는 개념이 없을 수는 없다.

⑤ 우리말에는 원래 '내일'에 해당하는 말이 없다고 주장하는 사람도 있다.

2

〈보기〉의 빈칸에 들어갈 말로 가장 적절한 것은?

> **보기**
>
> 현대 국어에서 '그제', '오늘', '내일', '모레'라고 불리는 말이 고려에서는 '기재(記載)', '오날(烏捺)', '할재(轄載)', '모로(母魯)'라는 한자음으로 표기되어 있어. 이렇게 언어가 변천되었다는 점에 주목해 보면, 언어는 _____ 특성이 있음을 알 수 있구나.

① 연속적인 자연의 세계를 불연속적인 것으로 인식하는

② 고정불변˙의 것이 아니라 시대의 흐름에 따라 바뀌어 가는

③ 유한한 음운과 어휘를 가지고 무한한 문장을 생성할 수 있는

④ 사회적 약속으로서 한 개인의 힘으로 마음대로 바꾸지 못하는

⑤ 발음이나 형태소의 결합, 문장 배열 등에 일정한 법칙이 존재하는

◆
고정불변 고정되어 변함이 없음.

각 문단의 중심 내용과 관련 있는 것을 연결해 보자.

1문단 •   • '내일'에 해당하는 고유어의 존재 유무에 대한 의문 제기

2문단 •   • 고려 시대 자료를 통해 '내일'에 해당하는 고유어 추론

3문단 •   • '내일'에 해당하는 고유어가 없다는 일부 사람들의 주장

4문단 •   • 언어의 흔적을 근거로 옛말을 재현할 것임을 강조

'그제', '어제', '오늘', '내일', '모레'는 의미상 어떤 공통점이 있는지 써 보자.

(   )

다음 빈칸을 채워 가며 이 글의 내용을 정리해 보자.

'그제', '어제', '오늘', '모레'는 모두 고유어인데, 유독 '(   )'만 왜 한자어일까?
'(   )'의 고유어는 존재했을까?

▼

	한자어	고려어	현대어
『계림유사』의 기록	전일(前日)	기재(記載)	그제
	금일(今日)	( )	오늘
	명일(明日)	할재(轄載)	내일
	후일(後日)	모로(母魯)	( )

▼

'내일'에 해당되는 '할재'가 고려 시대에 실제 어떻게 읽혔으며 왜 한자어 '내일'로 대치되었는가는 더 따져 봐야 할 문제이지만, 확실한 것은 '내일'에 해당하는 (   )가 분명히 존재했다는 사실이다.

배 경 지 식

우리말 어휘에는 어떤 것이 있을까?

우리말의 어휘는 말의 기원을 기준으로 할 때 고유어, 한자어, 외래어로 분류돼요. 우선 **고유어**는 해당 언어에 본디부터 있던 말이나 그것에 기초하여 새로 만들어진 말이에요. '아버지', '어머니', '하늘', '땅' 등이 그 예지요.

다음으로 **한자어**는 한자에 기초하여 만들어진 말입니다. 한자어는 한자에 기초하고 있지만 우리말의 소리 체계에 따라 발음되며 역사적으로 오랫동안 일상생활에서 사용되어 왔고, 중국과 일본에는 없지만 우리가 만들어 낸 단어도 많기 때문에 우리말이라고 볼 수 있는 것이지요.

마지막으로 **외래어**는 다른 나라와 교류하는 과정에서 들어온 말입니다. '버스', '컴퓨터', '피아노', '빵' 등과 같이 우리 사회에서 널리 사용된다는 점에서 외국어와 구별된다는 점 기억해 두세요.

#어휘 체계   #고유어   #한자어   #외래어

어 휘 · 어 법

1~5 다음 문장에 들어갈 올바른 단어를 찾아 ○를 표시해 보자.

1 '나쁜 마음.' 또는 '좋지 않은 뜻.'은 (선의 / 악의)(이)다.

2 '자기 자신을 낮춤.' 또는 '업신여겨 낮춤.'은 (비하 / 비상)(이)다.

3 '어지간한 정도로 대충.' 또는 '어떤 기준에 거의 가깝게.'는 (얼른 / 얼추)(이)다.

4 '한 언어에서, 사용 지역 또는 사회 계층에 따라 분화된 말의 체계.'는 (표준어 / 방언)(이)다.

5 '같은 종류의 것 또는 비슷한 것에 기초하여 다른 사물을 미루어 추측하는 일.'은 (유추 / 반추) (이)다.

6~9 다음 대화의 빈칸에 들어갈 알맞은 단어를 〈보기〉에서 찾아 써 보자.

> **보기**
>
> 변천   문헌   재현   고정불변

> 기훈: 박물관에 별로 기대하지 않고 갔는데 옛날 사람들과 그들이 살던 모습을 6 (   )
> 한 공간이 인상 깊었어.
> 누리: 당시의 7 (   )에 따라 고증을 철저하게 해서 만들었다고 해.
> 기훈: 주거 공간과 도구의 8 (   )을 확실하게 이해할 수 있는 좋은 시간이었어.
> 누리: 나는 세상에 9 (   )하는 것은 없다는 점을 깨달았어.

Tip • **변천** 세월의 흐름에 따라 바뀌고 변함. **예** 시대의 변천, 문화의 변천
• **변동** 바뀌어 달라짐. **예** 가격 변동, 물가 변동

조선 시대의 공무원 시험, 과거

문제 풀이
지문 해제
관련 영상
어휘 퀴즈

조선 시대 양반이 관료가 되는 방법은 과거(科擧), 음서(蔭敍), 천거(薦擧)의 세 가지였다. 그중 학문을 중시했던 조선 왕조에서는 과거를 가장 중시하였다. 과거는 3년마다 실시되는 정기 시험인 식년시(式年試)와 부정기 시험인 별시(別試)로 나뉘어 있었다. 별시는 임금의 즉위나 왕세자의 탄생 등 나라에 경사가 있을 때 수시로 시행되었기 때문에 아무래도 서울, 경기 지역 선비들에게 유리하였다.

조선의 양반들이 주로 응시했던 과거는 생원시(生員試), 진사시(進士試)와 문과(文科)였다. 흔히 소과(小科) 또는 사마시(司馬試)라 불리는 생원시와 진사시는 문과에 대한 일종의 예비 시험으로 합격 정원은 각 100명이었다. 다만 정식 과거가 아니었기에 등수 안에 들어도 합격(合格)이라 하지 않고 입격(入格)이라 하여 차등을 두었다. 생원시는 유교 경전을 얼마나 잘 이해하고 있는지를, 진사시는 문장을 얼마나 잘 작성할 수 있는지를 시험하였다. 따라서 한정된 교재에서 출제되는 생원시는 시골 양반들에게 유리하였고, 풍부한 견해와 안목, 화려한 문장력이 요구되었던 진사시는 아무래도 서울 양반들에게 유리하였다. 생원시와 진사시는 예비 시험일 뿐 입격해도 바로 관직에 나아가는 것은 아니었다. 하지만 유교 사회에서 양반 지식인으로서의 신분을 유지하는 데에는 더없이 효과적이었고, 가문 어른의 공로로 얻는 벼슬이었던 음직(蔭職)에 나아가는 데에도 용이했던 까닭에 심한 경우에는 50대 1의 경쟁률을 보이기도 했다.

물론 조선 시대 과거의 백미(白眉)는 대과(大科)에 속하는 문과였다. 최고의 엘리트 선발 시험인 문과는 804회에 걸쳐 1만 5,000여 명의 합격자를 배출하였다. 식년시의 합격 정원은 33명이고, 조선의 고을 수는 대략 360개였다. 조선의 선비들은 결국 10개 고을에 1명도 배당되기 어려운 확률에 도전하며 때로는 평생을 바치기도 한 것이다. 그나마 합격자의 반수 이상을 서울의 대갓집 자제들이 차지했으니, 시골 선비들에게 과거 합격이란 낙타가 바늘구멍 지나기보다 어려웠을 것이다.

과거의 높은 경쟁률도 문제였지만 그 절차도 까다로웠다. 문과에 응시하기 위해서는 촉박한 일정으로 진행되는 각종 예비 시험을 우선 통과해야 했다. 또한 인적 사항을 증명할 호적 등본, 신원 보증서 등 갖추어야 할 행정 서류도 적지 않았다. 답안지도 종이를 파는 가게인 지물포에 가서 직접 마련해야 했고, 과거를 보기 위해 시험장으로 가는 동안 여비도 적지 않게 들어 경제적 부담도 만만치 않았다. 특히 과거를 보는 장소에서의 규율도 엄격하여 답안지에 인적 사항을 기재함에 있어 한 점 오류가 없어야 했고, 왕의 이름이나 불교, 도교 등의 문자는 사용하지 말아야 했다. 과거 응시생의 기본 수칙을 실수로 어겨 규정에 따라 낙방하는 사례도 적지 않았다.

음서 고려·조선 시대에, 공신이나 전·현직 고관의 자제를 과거에 의하지 않고 관리로 채용하던 일.
천거 어떤 일을 맡아 할 수 있는 사람을 그 자리에 쓰도록 소개하거나 추천함.
공로 일을 마치거나 목적을 이루는 데 들인 노력과 수고. 또는 일을 마치거나 그 목적을 이룬 결과로서의 공적.
백미 흰 눈썹이라는 뜻으로, 여럿 가운데에서 가장 뛰어난 사람이나 훌륭한 물건을 비유적으로 이르는 말.
대과 과거(科擧)의 문과와 무과를 소과(小科)에 상대하여 이르던 말.

1

윗글의 내용과 일치하지 <u>않는</u> 것은?

① 생원시는 유교 경전을 얼마나 잘 이해하고 있는지를 시험하였다.

② 음직은 과거 참가자 본인의 공로를 인정받아 얻는 벼슬을 말한다.

③ 시골의 선비들이 과거 시험에 합격을 하는 것은 쉽지 않은 일이었다.

④ 식년시는 3년마다 실시되는 정기 시험으로, 합격 정원이 33명이었다.

⑤ 생원시나 진사시는 합격 정원 안에 들더라도 합격이라고 하지 않았다.

2

〈보기〉의 ㄱ~ㄹ 중, 과거의 규정에 따라 낙방 처리가 될 수 있는 것을 <u>모두</u> 골라 바르게 묶은 것은?

> 보기
> ㄱ. '갑'은 왕의 이름을 거론하며 답안을 작성하였다.
> ㄴ. '을'은 시험장에 자신의 답안을 작성할 종이를 가져오지 않았다.
> ㄷ. '병'은 자신이 공부한 유교 경전의 내용을 떠올리며 답안을 작성하였다.
> ㄹ. '정'은 자신의 인적 사항을 증명할 호적 등본을 시험장에 제출하지 않았다.

① ㄱ, ㄴ   ② ㄱ, ㄷ   ③ ㄷ, ㄹ

④ ㄱ, ㄴ, ㄹ   ⑤ ㄴ, ㄷ, ㄹ

1 다음에 제시된 질문의 답을 찾을 수 있는 문단을 찾아 연결해 보자.

| 과거 응시자가 과거를 볼 때 지켜야 할 규율은 없었는가? | • | • | 1문단 |

| 조선 시대에 문과에 합격한 사람들은 몇 명이나 되었는가? | • | • | 2문단 |

| 소과에 입격할 경우 바로 관직에 나아갈 수 있었는가? | • | • | 3문단 |

| 조선 시대에 별시는 어떤 일이 있을 때에 시행되었는가? | • | • | 4문단 |

정보 확인

2 조선의 양반들이 관료가 될 수 있었던 세 가지 방법을 찾아 써 보자.

( )

글의 구조

3 다음 빈칸을 채워 가며 조선 시대 양반들이 주로 응시했던 과거 시험의 종류와 특징을 정리해 보자.

| 생원시 | • ( )을 얼마나 잘 이해하고 있는지를 시험함.
• 한정된 교재에서 출제되었던 시험으로 시골 양반들에게 유리하였음. | 소과 또는 ( ) 로 불림. |
| ( ) | • 문장을 얼마나 잘 작성할 수 있는지를 시험함.
• 풍부한 견해와 안목, 화려한 문장력이 요구되었던 시험으로 ( )에게 유리하였음. | |

| ( ) | • 문관을 뽑는 시험으로 응시 자격은 원칙적으로 소과 합격생들이어야 함.
• ( )의 합격 정원은 33명이었음.
• 과거 응시생의 기본 수칙을 실수로 어겨 규정에 따라 ( )하는 사례도 적지 않았음. | 대과(大科)에 속함. |

배 경 지 식

과거 제도는 언제부터 시작되었을까?

관리 등용 시험인 과거 제도의 시초는 신라 원성왕 때(788년)로 거슬러 올라갑니다. 이때의 시험은 신라의 관리 양성 교육 기관인 국학에 다니는 학생들의 시험 성적을 세 등급으로 매긴다 하여 독서삼품과라고 하였지요. 그러나 이는 귀족들의 반대로 널리 확대되지는 못했답니다.

이후 고려 광종 때(958년), 중국에서 귀화한 쌍기의 건의를 받아들이며 과거 제도가 본격 시행되었어요. 과거의 응시 자격은 원칙적으로 양인 이상이면 가능했지만, 문과 응시자의 대부분은 중류층의 향리나 귀족들이었다고 해요.

조선 시대에도 과거 시험 제도가 이어져 내려왔어요. 그런데 19세기 말, 개항한 이후부터는 서양의 새로운 문물과 문화가 쏟아져 들어와 그에 걸맞은 교양과 전문 지식을 지닌 관리들이 필요하게 되었지요. 그리하여 1894년, 정치·경제·사회 전반에 걸쳐 혁신적인 정책들이 발표된 갑오개혁을 계기로 과거 제도는 폐지되고 말았답니다.

과거 제도   #독서삼품과   #갑오개혁

어 휘 · 어 법

1~4 다음 빈칸에 들어갈 알맞은 단어를 〈보기〉에서 찾아 써 보자.

> 보기
>
> 즉위   기재   공로   용이

1 지원서에 (   )한 내용이 사실과 다를 경우에는 합격이 취소됩니다.
2 선왕이 돌아가시고 세자가 (   )하였다.
3 시에서는 그가 지역 발전에 기여한 높은 (   )를 인정하여 감사패를 수여했다.
4 그곳은 접근이 (   )하지 않아 드론을 띄워 살펴보기로 했다.

5~7 다음 밑줄 친 단어의 뜻풀이에 해당하는 것을 〈보기〉에서 찾아 기호를 써 보자.

> 보기
>
> ㉠ 고르거나 가지런하지 않고 차별이 있음. 또는 그렇게 대함.
> ㉡ 여행하는 데에 드는 비용.
> ㉢ 시험, 모집, 선거 따위에 응하였다가 떨어짐.

5 그는 시험에 연거푸 낙방한 뒤로 부쩍 말수가 줄었다. (   )
6 여행 중에 광장에서 소매치기를 당해 여비가 떨어졌다. (   )
7 사람은 귀하고 천한 차등이 있을 수 없다. (   )

Tip '-율'과 '-률'은 법칙 혹은 비율의 뜻을 더하는 접미사이다.
┌ -율: 모음으로 끝나거나 'ㄴ' 받침을 가진 일부 명사 뒤에 붙음. 예 원주율, 할인율
└ -률: 'ㄴ' 받침을 제외한 받침 있는 일부 명사 뒤에 붙음. 예 도덕률, 경쟁률, 취업률

생쥐 한 마리는 어디에 있었는가

우리는 어떤 문장을 보고 그 내용을 어떻게 기억할까? 브랜스포드, 바클리, 프랭크는 우리가 기억을 할 때에 맥락을 활용할 것이라는 가설을 세우고, 이를 증명하기 위해 실험을 설계했다. 실험에서 그들은 우선 짝지어진 문장들을 각각 피험자들에게 읽히고 시간이 흐른 후에 문장을 떠올려 보게 하는 실험을 실시하였다.

문제 풀이
지문 해제
관련 영상
어휘 퀴즈

(1a) 그녀는 의자 <u>위에</u> 서 있었고, 생쥐 한 마리가 마루 위 <u>의자</u> 밑에 있었다.　　5
(1b) 그녀는 의자 <u>위에</u> 서 있었고, 생쥐 한 마리가 마루 위 <u>그녀</u> 밑에 있었다.
(2a) 그녀는 의자 <u>옆에</u> 서 있었고, 생쥐 한 마리가 마루 위 <u>의자</u> 밑에 있었다.
(2b) 그녀는 의자 <u>옆에</u> 서 있었고, 생쥐 한 마리가 마루 위 <u>그녀</u> 밑에 있었다.

(1a)와 (1b)는 문장의 구조 측면에서 차이가 없고, 밑줄 친 '의자'와 '그녀'만 다르다. '의자'와 '그녀'는 모두 명사이고 문장에서 동일한 위치에 놓여 있다는 점에서 볼　10
때 두 문장의 구조는 동일하다고 판단할 수 있다. 그렇다면 (2a)와 (2b)는 어떨까? 이 문장 역시 (1a)와 (1b)에서처럼 문장의 구조 측면에서 차이가 없고, 문장의 동일한 자리에서 '의자'와 '그녀'만 다르게 나타나 있다.

실험 결과는 어떠했을까? (1a)와 (1b) 중 어느 하나를 읽은 피험자들은 (1a)와 (1b) 중 어느 것이 그들이 읽은 것인지를 제대로 찾아내지 못하였다. '의자'와 '그녀'의 차　15
이가 분명하게 있었지만 그것을 알아차리지 못한 것이다. 그러나 (2a)와 (2b) 중 어느 하나를 읽은 피험자들은 (2a)와 (2b) 중 어느 것이 그들이 읽은 문장인지 혼동하지 않고 확실히 찾아내었다. (1a)와 (1b)에서처럼 '의자'와 '그녀'가 다르게 나타나 있었는데 실험 결과에 차이가 나타난 것이다. 그렇다면 ⓔ<u>어떻게 해서 (2a)와 (2b)를 읽은 피험자들은 두 문장의 차이를 알아낼 수 있었을까?</u>　20

브랜스포드, 바클리, 프랭크는 그 답을 문장의 맥락에서 찾았다. (1a)와 (1b)가 나타내는 상황을 머릿속에 떠올려 보면 생쥐 한 마리가 마루 위 의자 밑에 있으나 마루 위 그녀 밑에 있으나 동일함을 알 수 있다. 그녀가 의자 위에 서 있기 때문에 두 문장의 맥락에 차이가 없는 것이다. 그러나 (2a)와 (2b)가 나타내는 상황을 떠올려 보면 차이가 있다. 즉 (2a)는 생쥐가 의자 밑에 있는 상황이고, (2b)는 여자가 생쥐를 밟　25
고 있는 상황이다. 이 결과를 통해 우리가 어떤 문장을 보고 그 내용을 기억할 때 우리의 머릿속에 기억되는 것은 맥락을 통해 형성되는 전체적인 인상임을 증명할 수 있었다.

맥락 사물 따위가 서로 이어져 있는 관계나 연관.
가설 어떤 사실을 설명하거나 어떤 이론 체계를 연역하기 위하여 설정한 가정.
증명 어떤 사항이나 판단 따위에 대하여 그것이 진실인지 아닌지 증거를 들어서 밝힘.
혼동 ① 구별하지 못하고 뒤섞어서 생각함. ② 서로 뒤섞이어 하나가 됨.

1

문맥을 통해 볼 때, ⊙에 대한 답으로 가장 적절한 것은?

① 실험에 활용된 각 문장들의 구조가 거의 차이가 없었기 때문이다.

② 피험자가 주어진 문장 전체를 완전하게 암기하고 있었기 때문이다.

③ 문장의 구조가 간단한 문장을 실험 문장으로 활용하였기 때문이다.

④ 문장의 맥락을 바탕으로 형성되는 전체적 인상이 달랐기 때문이다.

⑤ 실험에서 피험자가 (2a)와 (2b) 두 문장의 상황이 동일하다고 느꼈기 때문이다.

2

**윗글을 근거로 할 때, 피험자가 〈보기〉와 동일한 문장으로 인식할 가능성이
높은 문장으로 가장 적절한 것은?**

> 보기
> 두 대의 비행기가 대형 선박 위에 떠 있고, 잠수함은 그것들 밑에 있다.

① 두 대의 비행기가 대형 선박 위에 떠 있고, 잠수함은 그것 옆에 있다.

② 두 대의 비행기가 대형 선박 위에 떠 있고, 잠수함은 그것 밑에 있다.

③ 두 대의 비행기가 대형 선박 옆에 떠 있고, 잠수함은 그것 밑에 있다.

④ 두 대의 비행기가 대형 선박 위에 떠 있고, 잠수함은 그것들 옆에 있다.

⑤ 두 대의 비행기가 대형 선박 옆에 떠 있고, 잠수함은 그것들 밑에 있다.

1

다음에 제시된 질문의 답을 찾을 수 있는 문단을 찾아 연결해 보자.

(2a)나 (2b) 중 어느 하나를 읽은 피험자들이 두 문장의 차이를 알아낼 수 있었던 이유는 무엇인가? •

실험에 활용된 문장은 문장의 구조 측면에서 어떤 차이가 있었는가? •

우리가 어떤 문장을 보고 그 내용을 기억할 때 중요한 역할을 하는 것은 무엇인가? •

• 1문단

• 2문단

• 3문단

• 4문단

2

다음은 실험에서 사용한 문장들이다. (1a)에 대해 나머지 문장이 차이를 보이는 부분에 ○를 표시해 보자.

(1a) 그녀는 의자 위에 서 있었고, 생쥐 한 마리가 마루 위 의자 밑에 있었다.
(1b) 그녀는 의자 위에 서 있었고, 생쥐 한 마리가 마루 위 그녀 밑에 있었다.
(2a) 그녀는 의자 옆에 서 있었고, 생쥐 한 마리가 마루 위 의자 밑에 있었다.
(2b) 그녀는 의자 옆에 서 있었고, 생쥐 한 마리가 마루 위 그녀 밑에 있었다.

3

다음 빈칸을 채워 가며 이 글의 중심 내용을 정리해 보자.

[의문 제기] 우리가 어떤 문장을 보고 그 내용을 어떻게 기억할까?

▼

(1a)나 (1b) 중 어느 하나를 읽은 피험자	(2a)나 (2b) 중 어느 하나를 읽은 피험자
( )(와)과 '그녀'에 차이가 있었지만, 이것을 알아차리지 못함.	( )(와)과 '그녀'에 차이가 있다는 것을 알아차림.

(1a)와 (1b)를 그림으로 그려 보면 두 그림은 (   ), (2a)와 (2b)의 그림은 같지 않다. 즉, 전자는 맥락이 동일하지만 후자는 맥락이 다르다.

▼

[결론] 문장의 (   )을 통해 형성되는 전체적인 인상이 기억에 중요한 역할을 한다.

배 경 지 식

브랜스포드 연구팀의 실험에 사용된 또 다른 문장을 찾아볼까?

(a-1) 두 마리의 거북이가 나무 위에 있고, 물고기는 그것들 아래에서 헤엄을 치고 있다.

(b-1) 두 마리의 거북이가 나무 옆에 있고, 물고기는 그것들 아래에서 헤엄을 치고 있다.

(a-2) 두 마리의 거북이가 나무 위에 있고, 물고기는 그것 아래에서 헤엄을 치고 있다.

(b-2) 두 마리의 거북이가 나무 옆에 있고, 물고기는 그것 아래에서 헤엄을 치고 있다.

(a-1)과 (b-1), (a-2)와 (b-2) 각각의 두 문장은 언어의 형식 측면에서 동일하지요?

실험에서 (a-1)을 읽은 피험자들에게 (a-2) 문장을 제시하자 (a-1)의 '그것들'이 (a-2)에서는 '그것'으로 바뀌었지만, 이것을 알아차리지 못했어요. 그런데 (b-1)과 (b-2) 중 어느 하나를 읽은 사람들은 어느 것이 그들이 읽은 문장인지를 확실하게 찾아냈답니다. (a-1)과 (a-2)를 그림으로 그려 보면 두 그림은 동일해요. 즉, 물고기가 그것들(두 마리의 거북이) 아래에서 헤엄을 치든 그것(나무) 아래에서 헤엄을 치든 그 그림은 동일한 것이기 때문이지요. 그런데 (b-1)과 (b-2)의 상황을 그림으로 그려 보면 (b-1)에서는 물고기가 그것들(두 마리의 거북이) 아래에서 헤엄을 치는 모습이, (b-2)에서는 그것(나무)아래에서 헤엄을 치는 모습이 그려집니다. 이 실험 또한 우리가 문장을 읽고 내용을 기억할 때 언어 형식이 아니라 맥락을 통해 형성되는 전체적 인상이 중요한 역할을 한다는 것을 확인해 주는 것이지요.

#문장   #언어 형식   #맥락   #인상   #기억

어 휘 · 어 법

1~2

다음 문장에 들어갈 올바른 단어를 찾아 ○를 표시해 보자.

1 우리가 세운 (가설 / 낭설)을 관찰을 통해 검증해 보자.
2 화학 (시험 / 실험) 시간에는 안전사고에 유의해야 한다.

3~6

다음 빈칸에 알맞은 단어를 〈보기〉에서 찾아 써 보자.

> 보기
>
> 맥락   인상   혼동   증명

3 그때 본 제품에 대한 (   )이 좋았기 때문에 구매하려고 한다.
4 내 결백을 (   )하기 위해서 많은 분들이 애써 주시고 있다.
5 맞는 선지와 틀린 선지를 (   )해서 생긴 실수라 안타까웠다.
6 경찰은 최근에 일어난 일련의 사건을 같은 (   )으로 파악하고 있었다.

Tip • 혼동 ① 구별하지 못하고 뒤섞어서 생각함. ② 서로 뒤섞이어 하나가 됨.
        ⑩ 잠이 다 깨지 않았는지 그는 현실과 꿈 사이에서 혼동을 일으켰다.
     • 혼돈 ① 마구 뒤섞여 있어 갈피를 잡을 수 없음. 또는 그런 상태. ② 하늘과 땅이 아직 나누어지기 전의 상태.
        ⑩ 외래문화의 무분별한 수입은 가치관의 혼돈을 초래하였다.

세 개 먹을래, 네 개 먹을래?

문제 풀이
지문 해제
관련 영상
어휘 퀴즈

우리는 살면서 당장 눈앞에 닥친 문제에 집착을 하여 그다음의 문제를 보지 못하는 경우가 많다. 즉, 특정 부분에 집착하여 전체를 보지 못하는 일을 범하는 사람들이 많은데 장자는 그런 사람들을 원숭이로 비유한다. 조삼모사(朝三暮四)와 관련된 유명한 이야기가 바로 그것이다.

원숭이를 기르던 저공이 원숭이에게 도토리를 나눠 주면서 "아침에 세 개, 저녁에 5 네 개를 주겠다."라고 하자 원숭이들이 모두 화를 내었다. 원래는 아침에도 네 개를 주고 저녁에도 네 개를 줬는데 수확량이 부족해서 아침에 주는 양을 줄인 것이다. 그래서 다시, "아침에 네 개, 저녁에 세 개를 주겠다."라고 하자 원숭이들이 모두 기뻐했다. 길게 볼 것도 없이 단지 하루의 여유만 가지고 봐도 '하루에 일곱 개'라는 사실에는 아무런 변화가 없는 것을 알 수 있다. 그렇지만 원숭이들은 당장 아침만 생각했 10 기 때문에 그걸 깨닫지 못했다.

여기서 중요한 것은 저공도 원숭이도 모두 만족했다는 결말이다. 이것이 이른바 장자가 말하는 양행(兩行)이다. 저공의 목적과 원숭이들의 바람이 모두 이루어졌다는 것이다. 우리는 보통 조삼모사를 사기꾼의 술책으로 해석하지만 장자는 양쪽 모두의 목적에 부합한 일이라고 해석하였다. 15

물론 때에 따라서는 '조삼'이냐 '조사'냐가 중요한 경우도 있다. 그 대표적 예가 『장자』의 「외물편」에 나오는 학철부어(涸轍鮒魚) 이야기이다. 학철부어는 수레바퀴 자국에 고인 물이 말라붙어 거기에 살던 붕어가 곧 죽을 다급한 처지가 되었다는 뜻이다.

장자가 길을 가다가 누가 부르기에 돌아보았더니 수레바퀴로 패인 자국에 고인 물에서 겨우 목숨을 부지하고 있던 붕어 한 마리가 물 한 바가지만 부어 달라고 부탁했 20 다. 그런데 장자가 당장은 바빠서 안 되고 내일 오나라 월나라의 왕들을 만나는데 서강의 물을 모두 끌어다 보내 주겠다고 했다. 그러자 붕어는 ㉠나중에 건어물 가게에서 보자고 했다. 이처럼 내일을 기약할 수 있는 원숭이들에게는 조삼모사나 조사모삼이나 크게 다를 것이 없지만 당장 말라 죽을 위기에 처한 붕어에게는 조삼이냐 조사냐가 아주 중요한 문제라고 할 수 있다. 25

조삼모사(朝三暮四) 간사한 꾀로 남을 속여 희롱함을 이르는 말.
술책 어떤 일을 꾸미는 꾀나 방법. 술수.
학철부어(涸轍鮒魚) 수레바퀴 자국에 괸 물에 있는 붕어라는 뜻으로, 매우 위급한 처지에 있거나 몹시 고단하고 옹색한 사람을 이르는 말.
서강 중국 남부에서 가장 긴 강인 시장강.
건어물 생선, 조개류 따위를 말린 식품.
기약 때를 정하여 약속함. 또는 그런 약속.

1

⑦이 담고 있는 의미로 가장 적절한 것은?

① 자신은 내일을 기약할 것이다.

② 자신은 살아날 수 있을 것이다.

③ 자신은 이제 곧 말라 죽을 것이다.

④ 자신은 잘못을 범하지 않을 것이다.

⑤ 자신은 더 가치 있는 삶을 살 것이다.

2

윗글을 바탕으로 할 때, 〈보기〉에 제시된 만화에 대한 이해로 적절하지 **않은** 것은?

◆
보강 결강이나 휴강 따위로 빠진 강의를 보충함. 또는 그렇게 빠진 강의를 보충하는 강의.

① 수업을 보강하는 상황은 '학철부어'의 상황에는 해당하지 않겠군.

② 모두가 만족할 수 있는 결론을 얻었다고 본다면 '양행'에 해당하겠군.

③ 내일 일어날 일만 생각하고 오늘 해야 할 일은 고려하지 않았다고 볼 수 있겠군.

④ 눈앞에 닥친 상황에 집착하여 그다음의 문제를 고려하지 않았다고 볼 수 있겠군.

⑤ 수업을 오늘 하나 내일 하나 수업을 하는 것 자체에는 변화가 없다고 할 수 있겠군.

1

문단과 문단의 핵심어가 연결될 수 있도록 사다리의 빈칸을 완성해 보자.

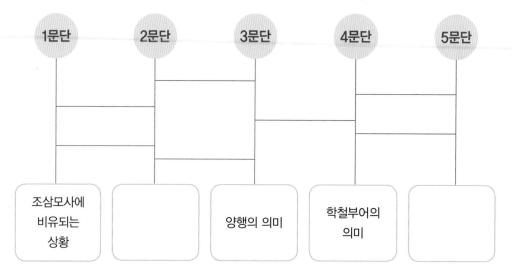

| 1문단 | 2문단 | 3문단 | 4문단 | 5문단 |

| 조삼모사에 비유되는 상황 | | 양행의 의미 | 학철부어의 의미 | |

2
정보 확인

'양행(兩行)'의 개념을 20자 이내로 적어 보자.

(   )

3
글의 구조

다음 빈칸을 채워 가며 이 글의 내용을 정리해 보자.

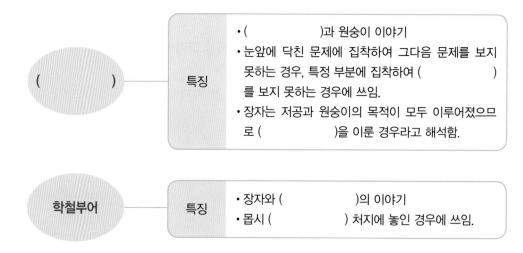

(   ) ─ 특징
- (   )과 원숭이 이야기
- 눈앞에 닥친 문제에 집착하여 그다음 문제를 보지 못하는 경우, 특정 부분에 집착하여 (   )를 보지 못하는 경우에 쓰임.
- 장자는 저공과 원숭이의 목적이 모두 이루어졌으므로 (   )을 이룬 경우라고 해석함.

학철부어 ─ 특징
- 장자와 (   )의 이야기
- 몹시 (   ) 처지에 놓인 경우에 쓰임.

배경지식

장자의 도(道)를 아십니까?

　장자(기원전 369~289년경)가 활약했던 춘추 전국 시대는 중국 여러 지역의 제후들이 영토 확장을 위해 끊임없이 싸워 혼란스러웠던 시대입니다. 그래서 사상가들이 인간의 본성은 무엇인지, 국가는 어떤 모습이어야 하는지에 대해 다양한 의견을 펼치던 시대이기도 하지요. 우리가 알고 있는 공자, 맹자, 노자 등도 이 시대의 사상가들이랍니다.

　장자는 노자처럼 **도(道)를 천지만물의 근본 원리**라고 보았어요. 도는 모든 만물에 있고, 도는 사유하거나 욕구하지 **않는 자연 그대로의 본질적 힘이며, 시작과 끝, 경계도 한계도 없다**고 생각했어요. 물론 인간의 마음은 환경에 좌우되어 사람들마다 다르지만, 인간이 도와 일체가 되어 도의 관점에서 사물들을 보면 자유를 누릴 수 있다고 여긴 것이지요. 이러한 초월적 경지는 한쪽에 치우치지 않는 '천균(天均)', 어떤 하나의 변화에 집착하지 않고 양쪽 모두에 대응하는 '양행' 등의 개념에 잘 드러납니다. 장자는 자신의 생각만 옳다고 주장하는 불완전한 인간의 한계를 극복하려 했던 것이지요.

#장자　#춘추 전국 시대　#천균　#양행

어휘·어법

1~7

다음 번호에 알맞은 단어를 찾아 상자의 빈칸을 완성해 보자.

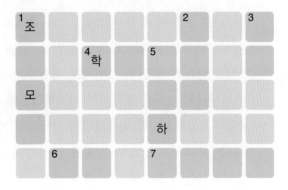

[세로]
1 간사한 꾀로 남을 속여 희롱함을 이르는 말.
2 생선, 조개류 따위를 말린 식품.
3 어떤 것에 늘 마음이 쏠려 잊지 못하고 매달림.
5 상당히 어렵게 보존하거나 유지하여 나가다. ⑩ 겨우 명맥만 ○○○○.
[가로]
4 매우 위급한 처지에 있거나 몹시 고단하고 옹색한 사람을 이르는 말.
6 어떤 일을 꾸미는 꾀나 방법. 술수.
7 일이 바싹 닥쳐서 매우 급하다.

Tip 학철부어(涸轍鮒魚) – 涸(학: 마르다), 轍(철: 바큇자국), 鮒(부: 붕어), 魚(어: 물고기) → 수레바퀴 자국에 괸 물에 있는 붕어라는 뜻으로, 매우 위급한 처지에 있거나 몹시 고단하고 옹색한 사람을 이르는 말.

바나나가 사라진 세상

문제 풀이
지문 해제
관련 영상
어휘 퀴즈

전 세계에서 가장 많이 재배되고 인기 있는 과일로, 노랗고 달며 껍질은 쉽게 까지는 과일은 무엇일까? 바로 '바나나'다. 바나나는 그냥 날로 먹거나 디저트용 음식에 첨가해서, 혹은 과자, 음료와 같은 가공식품으로 먹는 등 일상생활에서 쉽게 접할 수 있는 과일이다. 하지만 바나나를 먹으면서 혀로 느끼는 맛에는 복잡한 사연이 있다. 그리고 앞으로 우리 식탁 위에서 바나나는 그 자취를 감출지도 모른다. 도대체 어떤 5 위기 상황이 벌어지고 있는 걸까?

우선 대표적인 수입 과일인 바나나가 어떻게 우리 식탁에서 흔한 과일이 된 것인지 살펴볼 필요가 있다. 그리고 그 답은 바나나 재배 산업화에서 찾아볼 수 있다. 바나나는 원래 19세기에는 중앙아메리카에서 주로 생산되어 수출되던 식량이었다. 다국적 기업들은 과테말라 정부에 돈을 지불하고는 그 땅에 그로미셸이라는 단일 품종의 10 바나나를 재배하는 데 집중하였다. 단일 종이었기 때문에 효율적인 관리가 가능했으며, 그 결과 크기와 맛이 똑같은 동일 품종의 바나나들이 전 세계적으로 수출되는 등 재배 규모가 커지게 되었다.

하지만 1890년부터 치명적인 파나마병이 바나나 농장을 휩쓸기 시작하면서 바나나를 재배하는 땅 덩어리 전체가 검은색으로 변했다. 바나나 재배의 중심지였던 과 15 테말라의 바나나 농장이 거의 황폐화되자 기업들은 그로미셸과 비슷한 캐번디시라는 바나나를 서둘러 심기 시작했다. 운 좋게도 캐번디시는 파나마병이 잠재한 토양에 심어도 죽지 않는다는 장점이 있었다. 다만, 캐번디시는 그로미셸보다 냄새가 좋지 않았고 당도가 낮았다. 그럼에도 기업들은 대규모 광고를 앞세워 전략적으로 캐번디시 바나나의 장점을 홍보하기 시작하였으며, 이는 성공적으로 우리의 식탁에 오르게 20 되었다. 그러나 신종 파나마병이 창궐하여 캐번디시까지 병들게 하고 있으며 오늘날 우리는 속수무책으로 이 상황을 지켜볼 수밖에 없게 되었다. 캐번디시가 전멸했을 때 바나나를 구원하려면 또 다른 변종 바나나를 운 좋게 찾아야만 하는 것이다.

이처럼 작물에 닥친 위험은 우리가 농업을 단순화한 정도에 정비례한다. 우리가 원하는 형태로 값싸게 얻으려는 욕구를 충족하기 위해서 맞춰진 대량 생산, 대량 유통 25 구조 속에서 바나나의 위기는 절대 사라지지 않는다. 하나의 품종이 독점한 대규모 바나나 농장에서 치명적인 병은 곧 전멸을 의미한다. 더 늦기 전에 당장의 풍요로움에 만족하지 말고 효율성을 추구하는 단일한 품종의 생산과 소비의 형태에 대해 고민해야만 한다. 이를 위해 다양한 품종의 식량 자원들을 보존하고, 전염병에 대비한 연구 및 개발에 끊임없이 투자해야 한다. 결국 우리는 식량 생산을 단순화하여 단기적 30 이익을 얻었지만 이를 위해 장기적 이익, 곧 식량 자원의 지속 가능성을 약화시킬 수 있다는 것을 잊어서는 안 된다.

당도 음식물에 들어 있는 단맛의 탄수화물 양을 그 음식물에 대하여 백분율로 나타낸 것.
창궐 못된 세력이나 전염병 따위가 세차게 일어나 걷잡을 수 없이 퍼짐.
변종 같은 종류의 생물 가운데 변이가 생겨서 성질과 형태가 달라진 종류.
유통 상품 따위가 생산자에서 소비자, 수요자에 도달하기까지 여러 단계에서 교환되고 분배되는 활동.
투자 이익을 얻기 위하여 어떤 일이나 사업에 자본을 대거나 시간이나 정성을 쏟음.

1

윗글을 읽고 알 수 있는 내용으로 적절하지 <u>않은</u> 것은?

① 바나나는 가공식품 제조에 이용되는 대중적인 과일이며 수입에 의존하는군.

② 우리가 먹는 바나나는 최초로 대중에게 유통된 바나나 종과 맛이 다르다는 것을 알 수 있군.

③ 캐번디시 바나나가 성공적으로 유통될 수 있었던 것은 기업의 적극적 홍보 전략 덕분이었군.

④ 그로미셸 바나나를 전멸시킨 파나마병이 처음부터 캐번디시 바나나를 병들게 하지는 않았군.

⑤ 바나나를 병들게 하는 전염병에 대응하기 위한 연구 및 투자가 각국마다 활발하게 이루어지고 있군.

2

윗글을 읽고 〈보기〉에 대해 보인 반응으로 적절하지 <u>않은</u> 것은?

> 보기
>
> 감자잎마름병은 1845년 유럽에서 급속도로 퍼져 나갔다. 유럽에서도 감자 의존도가 가장 높은 곳은 아일랜드였다. 왜냐하면 기후가 춥고 습해 감자 말고는 잘 자라는 작물이 거의 없었기 때문이다. 게다가 소작인들은 지주에게 소출을 바치고 잉여 농산물만을 먹을 수 있었는데 단위 면적당 생산량이 가장 많은 작물은 감자였다. 감자잎마름병으로 감자를 주식으로 삼던 이들은 감자를 대체할 작물이 없어 굶어 죽는 일이 속출했다. 아일랜드에서만 약 200만 명이 목숨을 잃고서야 비극이 끝이 났다. 오랜 세월이 흐르고 나서야 감자잎마름병의 원인이 난균류였다는 사실이 밝혀졌다.

◆
소출 논밭에서 나는 곡식.
또는 그 곡식의 양.

① 단일 작물 대량 재배의 위험성을 보여 주는 사례로군.

② 생산의 효율성을 극단적으로 추구할 때 생길 수 있는 문제점을 보여 주고 있군.

③ 감자는 바나나와 달리 최초 전염병에 견딜 수 있는 대체 종이 나타나지 않았군.

④ 바나나와 감자 모두 전염병의 원인을 과학적으로 규명하려는 시도가 이루어졌으나 실패하였군.

⑤ 바나나와 감자뿐만 아니라 다른 작물들도 전염병 때문에 멸종될 수 있으므로 이에 대한 연구 및 개발을 지속해야겠군.

1 각 문단의 중심 내용과 관련 있는 것을 연결해 보자.

1문단 •

2문단 •

3문단 •

4문단 •

• 바나나 전염병과 캐번디시 바나나의 등장

• 다양한 품종의 식량 자원 보존과 연구 및 개발 투자의 필요성

• 바나나가 멸종될 수 있는 위기 상황

• 단일 품종인 그로미셸 바나나의 대량 생산

2 다음 빈칸에 들어갈 알맞은 말을 써 보자.

바나나가 멸종될 수 있는 상황에서 알 수 있듯이 (   )만을 추구하여 단일한 품종의
생산과 소비를 계속한다면 식량 자원의 지속 가능성이 약화될 수 있다.

3 다음 빈칸을 채워 가며 이 글의 중심 내용을 정리해 보자.

문제 제기	바나나가 식탁에서 사라질지도 모르는 위기 상황을 제시함.
문제의 배경과 원인	• 그로미셸이라는 ( )의 바나나가 대량 생산되었음. • 그로미셸 바나나가 ( )에 감염되어 바나나 농장이 황폐화됨. • 새로운 품종 ( )가 기업의 성공적인 홍보 전략으로 대량 재배되고 있지만, 이 품종 역시 신종 ( )에 감염되었고 해결책이 없는 상황임.

문제 해결
방안
	• ( ) 품종의 생산과 소비 형태에 대해 고민해야 함.
	  – ( ) 품종의 식량 자원들을 ( )해야 함.
	  – 전염병에 대비한 연구 및 개발에 끊임없는 ( )가 필요함.

배경지식

바나나에 씨가 없는 이유는 무엇일까?

파초과에 속하는 바나나는 대략 기원전 5,000년 전부터 말레이 반도 부근에서 재배가 시작되었다고 해요. 씨가 있는 야생 바나나는 열매 속의 씨가 크고 딱딱하여 먹기가 곤란했다고 해요. 그런데 우연히 씨가 없는 돌연변이 바나나가 생겨나 인류는 이 씨 없는 바나나를 대량 재배하기 시작했지요. **우리가 보는 바나나는 주로 영양 생식으로 번식한답니다.** 영양 생식은 생식 기관이 아닌 영양 기관, 즉 잎이나 줄기, 뿌리 등을 번식에 이용하는 방법이지요. 예를 들어, 바나나의 줄기나 뿌리를 떼어다 심으면 그 바나나와 유전적으로 동일한 개체가 탄생할 수 있는 것입니다. 이렇게 **유전적으로 동일한 개체만 생산되다 보니 유전적 다양성이 사라져 병충해가 발생한 경우 변화에 적응하기가 매우 어려운 것이지요.**

또한 바나나의 품종 개량은 쉬운 일이 아니라고 해요. 품종 개량을 할 수 있는 만큼의 자손을 길러 원하는 특성을 가진 바나나로 만든 뒤에, 다시 씨가 없는 바나나로 만드는 것은 매우 어렵기 때문이지요. 그러니까 앞으로도 맛있는 바나나를 계속 먹으려면 **병충해에 잘 견딜 수 있는 바나나 품종 개량 연구가 지속**되어야 하겠습니다.

#바나나　　#파초과　　#영양 생식　　#품종 개량

어휘·어법

1~5

다음 밑줄 친 부분과 바꿔 쓸 수 있는 말을 〈보기〉의 단어를 활용하여 써 보자.

> **보기**
>
> 재배하다　　창궐하다　　감염되다　　멸종되다　　황폐화하다

1 전염병이 무서운 속도로 퍼지기 시작했다. (　　　　　)
2 공룡은 왜 지구상에서 없어졌을까? (　　　　　)
3 의사가 환자를 치료하다가 전염병에 걸리는 일이 종종 있었다. (　　　　　)
4 공해는 지구를 못 쓰게 하고 기후를 변화시킨다. (　　　　　)
5 작년부터 우리집에서는 배추를 기르기 시작했다. (　　　　　)

6~8

다음 뜻풀이에 알맞은 단어를 〈보기〉에서 찾아 빈칸에 써 보자.

> **보기**
>
> 투자　　유통　　효율성

6 상품 따위가 생산자에서 소비자, 수요자에 도달하기까지 여러 단계에서 교환되고 분배되는 활동.

(　　　　　)

7 이익을 얻기 위하여 어떤 일이나 사업에 자본을 대거나 시간이나 정성을 쏟음. (　　　　　)
8 들인 노력과 얻은 결과의 비율이 높은 특성. (　　　　　)

Tip 속수무책(묶을 束, 손 手, 없을 無, 꾀 策) 손을 묶은 것처럼 어찌할 도리가 없어 꼼짝 못 함.

둥지에서 내몰린 원주민

문제 풀이
지문 해제
관련 영상
어휘 퀴즈

삼청동, 경리단길, 북촌은 요즘 많은 사람들의 뜨거운 인기와 관심을 한 몸에 받고 있는 지역이다. ㉠저렴한 임대료에 끌린 예술가들이 이 지역들에 정착하게 되었고 여기에 원주민들의 생활이 어우러져 새로운 문화를 만들고 경제에 활력을 불어넣었다. 인터넷이나 사회 관계망 서비스(SNS)를 통한 입소문도 가세하여 사람들의 발길이 잦아지면서 낙후되었던 이 지역들은 뜨거운 장소로 주목받았다. 그러나 시간이 지나면서 화려하게만 보이던 지역들에 그늘이 드리워지기 시작했다.   5

그 과정을 이해하기 위해 먼저 A라는 한적하고 허름한 서민 동네가 있다고 가정해 보자. 서민 동네인 만큼 임대료가 낮아 많은 예술가들이 유입되자 별 개성 없던 동네에 예술적인 분위기가 감돌기 시작했다. 작지만 개성 있고 예쁜 카페, 옷가게, 공방, 책방, 음식점 등이 아기자기하게 모여 있게 된 것이다. 이색적인 볼거리, 먹을거리   10 등이 있는 곳으로 언론에 보도되기 시작하면서 골목 상권은 점차 확대되기 시작한다. 그런데 이렇게 상권이 형성되는 과정에서 제일 먼저 쫓겨나는 사람들은 그곳에 살던 원주민들이다. ㉡상권이 활성화되면서 전세나 월세 비용이 오르면 원주민들은 뛰어오른 주거비를 감당하지 못해 그 동네를 떠나야만 한다. 지역 경제의 활성화가 오히려 동네를 지켜 온 원주민들을 동네 밖으로 몰아내는 것이다. 이러한 현상이 바   15 로 젠트리피케이션(gentrification)이다.

젠트리피케이션으로 인한 또 다른 문제는 독특한 개성이 넘쳤던 지역이 개성 없는 상업 지역으로 변화한다는 점이다. 유동 인구의 수는 매출과 관련 있기 때문에 대기업의 자본이 그 동네에 유입되고, 곧 그 동네는 똑같은 간판, 인테리어와 가격으로 상품을 파는 대형 프랜차이즈 가게들이 상권을 독식한다. ㉢이 때문에 소상공인들이 쫓   20 겨나면서 독특한 문화와 분위기를 자랑하던 골목도 함께 사라지는 '문화 백화 현상'을 겪으며, 사람들은 그 지역에서 갖던 애착과 추억을 잃게 된다. 그러면 그 지역의 유동 인구가 줄어들면서 상인들은 건물의 높은 임대료를 감당하지 못해 그 지역을 떠나게 될 것이고, 이는 상권의 쇠퇴로 이어져 그 지역은 슬럼이 될 수도 있다. 또한, 젠트리피케이션은 ㉣눈앞의 이윤만을 중시하는 투기를 부추기고 원주민들의 삶을   25 불안하게 만들면서 주민들 간 갈등도 심화시킨다.

결국 젠트리피케이션으로 인한 문제들을 해결하기 위해서 정부는 각종 해결 방안을 마련하였다. 그중 '상가 건물 임대차 보호법'은 일정 기간 동안 임대료 상승률을 연 5%p까지만 올리도록 규제하고, 영업 기간을 보장해 주는 제도로서 경제적 약자인 서민을 보호하기 위한 것이다. ㉤그리고 건물주에게 인센티브를 제공하여 세입자   30 와 상생할 수 있도록 협력을 강화하는 상생 협약을 맺도록 유도하고 있다.

◆ **낙후** 기술이나 문화, 생활 따위의 수준이 일정한 기준에 미치지 못하고 뒤떨어짐.
유동 이리저리 자주 옮겨 다님.
독식 성과나 이익 따위를 혼자서 다 차지함을 비유적으로 이르는 말.
슬럼 가난한 사람들이 모여 사는, 도시의 한 지역.
인센티브 어떤 행동을 하도록 사람을 부추기는 것을 목적으로 하는 자극.
상생 둘 이상이 서로 북돋으며 다 같이 잘 살아감.

1

윗글의 내용과 일치하지 <u>않는</u> 것은?

① 상권을 주목받게 하는 요인에는 인터넷, 사회 관계망 서비스의 영향이 있다.

② 골목 상권이 형성되고 임대료가 상승하면 먼저 원주민들에게 피해가 발생한다.

③ 젠트리피케이션 현상이 나타나는 지역은 원래 상업적으로 활성화된 지역이 아니었다.

④ 프랜차이즈 가게들이 상권을 독식하면 유동 인구가 더욱 늘어나 그 지역이 슬럼이 될 가능성이 줄어든다.

⑤ 건물 소유주는 일정 기간 동안 임대료를 마음대로 올리기 어려우며, 세입자와 협력할 경우에 정부로부터 일정한 보상을 제공받을 수 있다.

2

윗글에 사용된 글쓰기 전략을 〈보기〉에서 <u>모두</u> 골라 바르게 묶은 것은?

> 보기
>
> ㄱ. 전문가의 말을 인용하여 글쓴이의 주장에 대한 신뢰도를 높이고 있다.
> ㄴ. 화제에 대한 구체적 상황을 가정하여 제시하고 있다.
> ㄷ. 실제 사례를 제시하면서 글을 시작하여 화제에 대한 흥미를 유발하고 있다.
> ㄹ. 화제와 관련된 여러 가지 해결 방안을 소개하고 그 한계 또한 지적하고 있다.
> ㅁ. 화제와 관련된 정부 차원의 문제 해결 방안을 제시하고 있다.

① ㄱ, ㄴ, ㄷ   ② ㄱ, ㄷ, ㅁ   ③ ㄴ, ㄷ, ㄹ

④ ㄴ, ㄷ, ㅁ   ⑤ ㄷ, ㄹ, ㅁ

3

㉠~㉤ 중, 〈보기〉의 자료를 근거로 제시하기에 가장 적절한 것은?

> 보기
>
> 우리는 흔히 특정한 장소에 애착을 갖곤 한다. 예를 들어 추운 겨울날, '이런 날에는 ○○ 식당 아주머니가 말아 주는 뜨끈한 국밥 한 그릇 먹고 싶다. 지금은 식당이 없어졌지만 말이야.'라고 생각할 수 있다. 이런 식당에는 오랜 시간 동안 식당을 애용한 단골손님과 식당 주인이 만들어 온 아름다운 관계가 존재했던 것이다. 독립적인 자영업자의 가게가 대형 프랜차이즈 가게로 바뀐다는 것은 이런 관계가 사라진다는 사실을 의미한다.

① ㉠   ② ㉡   ③ ㉢   ④ ㉣   ⑤ ㉤

1 각 문단의 중심 내용을 다음과 같이 정리할 때, 맞으면 ○, 틀리면 ×를 표시해 보자.

| 1문단 | 저렴한 임대료에 끌린 예술가들의 정착과 원주민들의 생활이 어우러져 경제가 활성화된 일부 지역에서 사회 문제가 발생하기 시작함. | (   ) |

| 2문단 | 낙후된 지역이 예술가들의 개성 있는 가게 등으로 주목받으면 상권이 활성화되면서 임대료가 상승되어 예술가들이 이익을 보는 젠트리피케이션 현상이 발생함. | (   ) |

| 3문단 | 대형 프랜차이즈 가게들이 상권을 독식하면서 개성 없는 상업 지역으로 변모하는 문화 백화 현상 및 정부와 대기업 간의 갈등이 심화되는 문제가 발생함. | (   ) |

| 4문단 | 젠트리피케이션으로 인한 문제들을 해결하기 위해 정부에서 '상가 건물 임대차 보호법'과 상생 협약을 유도하는 인센티브를 마련함. | (   ) |

2 다음 빈칸을 채워 가며 이 글의 내용 전개 과정을 정리해 보자.

| 문제 제기 | 낙후된 도심 지역에 예술가들과 원주민들의 생활이 어우러져 새로운 문화가 생기고 지역 경제가 활성화되었지만 그에 따른 문제가 발생함. |

▼

| 문제가 되는 현상 설명 | • 지역의 상권이 활성화되면서 전월세 비용이 (   )하면 원주민과 예술가 및 문화 사업가들이 떠나는 젠트리피케이션 현상이 발생함.
• 대기업의 대형 (   ) 가게들이 상권을 독식하면서 개성 없는 상업 지역으로 변화하면 (   ) 현상이 일어남.
• 젠트리피케이션은 (   )를 부추기고 주민들 간 갈등도 심화시킴. |

▼

| 문제 해결 방안 제시 | 정부에서는 일정 기간 동안 (   ) 상승률을 제한하는 '상가 건물 임대차 보호법'을 마련하고, 건물의 소유주와 세입자가 상생 협약을 맺으면 건물주에게 (   )를 제공함. |

배경지식

문화에도 백화 현상이 일어난다고?

　백화 현상은 바닷가 암반 지역에서 해조류가 사라지고 그 자리에 흰색의 석회 조류가 달라붙어 암반 지역이 흰색으로 변하는 현상을 말해요. 백화 현상이 벌어지면 해조류를 먹이로 삼는 어패류도 사라져서 결국 어장이 황폐화되지요. 문화 백화 현상도 이와 비슷한데, 개성 있는 상권이 형성된 작은 골목에 사람들이 몰리면 건물의 임대료가 오르고 결국에는 그 임대료를 감당할 수 있는 다른 자본이 들어오게 됩니다. 그리하여 많은 프랜차이즈 가게들이 유입되면 그때부터 그 골목이 형성하던 독특한 분위기는 사라지고 몰개성화되는데, 이러한 현상을 문화 백화 현상이라고 하지요. 그렇게 되면 그 골목을 찾던 사람들의 발길이 끊겨 건물주 역시 더 이상의 이익을 얻기가 어려워져 모두가 불행해지는 결과를 낳게 되지요. 따라서 이러한 현상을 방지하기 위해서는 주민 협의체의 결속 강화, 건물 소유주와 세입자 간의 합리적인 계약 등 모두의 노력이 필요하답니다.

#백화 현상　#몰개성화　#주민 협의체

삼청동 거리

어휘·어법

1~4

다음 문장에 들어갈 올바른 단어를 찾아 ○를 표시해 보자.

1 나이가 들어 기억력이 (쇠퇴 / 쇄퇴)하고 있다.

2 물가 (상승률 / 상승율)이 가파르게 올라가고 있다.

3 그는 요즘 늦게 귀가하는 일이 (자자졌다 / 잦아졌다).

4 최근 미술계에서는 그 작가를 (주목받고 / 주목하고) 있다.

5~8

다음 뜻풀이에 알맞은 단어를 〈보기〉에서 찾아 빈칸에 써 보자.

> 보기
>
> 임대　　유입　　협약　　상생

5 사람이 어떤 곳으로 모여듦. (　　　　　)

6 돈을 받고 자기의 물건을 남에게 빌려줌. (　　　　　)

7 둘 이상이 서로 북돋우며 다 같이 잘 살아감. (　　　　　)

8 단체와 개인, 또는 단체와 단체 사이에 협정을 체결함. (　　　　　)

Tip '투기'는 부정적인 어감의 단어인 반면 '투자'는 긍정적인 어감의 단어이다.
> **투기** 기회를 틈타 큰 이익을 보려고 함. 또는 그 일.
> **투자** 이익을 얻기 위하여 어떤 일이나 사업에 자본을 대거나 시간이나 정성을 쏟음.

빅 데이터

문제 풀이
지문 해제
관련 영상
어휘 퀴즈

웹 사이트에 로그인을 하거나 정보를 검색한 흔적에서부터 소셜 미디어에 올린 글과 영상들까지 뉴 미디어와 관련된 인간의 모든 활동과 생산물은 디지털 데이터의 형태로 기록되고 보존된다. 이처럼 뉴 미디어를 통해 디지털 방식으로 생성되고 처리되는 방대한 규모의 데이터를 빅 데이터라고 한다.

빅 데이터는 아날로그 방식으로 기록·보존되던 데이터와는 다른 특징들이 있다. 5
첫째, 데이터의 양이 매우 많다는 것이다. 스마트폰의 전원을 켜고 인터넷에 접속한 순간부터 뉴 미디어를 사용하는 사람들의 모든 활동이 데이터로 기록되고 보관되기 때문에 데이터의 양은 상상할 수 있는 범위를 훌쩍 뛰어넘는다.

둘째, 다양한 종류의 데이터를 포함한다는 것이다. 빅 데이터는 정형 데이터뿐만 아니라 비정형 데이터를 포함한다. 통계 자료처럼 일정한 규칙을 통해 체계적으로 10
정리되어 있어 쉽게 계산하거나 분석할 수 있는 데이터가 정형 데이터이고, 정해진 구조가 없어 계산이나 분석이 어려운 데이터가 비정형 데이터이다. 비정형 데이터는 이동 위치, 댓글, 친구 맺기, 쇼핑 등의 활동으로 만들어지는 데이터로 빅 데이터 중에서 가장 많은 부분을 차지하고 있다. / 셋째, 생성되고 처리되는 속도가 매우 빠르다는 것이다. 빅 데이터는 굉장히 빠르게 생성되고 생성되는 즉시 처리되는데, 이러 15
한 특성으로 인해 빠르게 상황을 판단하고 의사 결정을 하는 데 활용된다. 자율 주행 자동차의 주행 안전장치와 내비게이션 장치가 안전 운행을 위해 위치 및 주변 상황 정보 등의 빅 데이터를 즉각적으로 주고받는 것이 그 예이다.

넷째, 데이터의 질이나 가치에 진실성의 문제가 있을 수 있다는 것이다. 데이터의 진실성은 데이터가 얼마나 정확하고 진실한가의 문제를 말한다. 빅 데이터를 활용할 20
경우 데이터 자체의 진실성뿐 아니라 데이터의 원천, 유형, 처리 과정의 진실성도 고려해야 한다. 거짓되거나 부정확한 데이터가 포함된 경우도 있으며, 빅 데이터 분석을 통해 찾아낸 규칙의 정확성이나 진실성에도 문제가 있을 수 있기 때문이다.

다섯째, 쉽게 변하고 사라지므로 변동성이 크다는 것이다. 소셜 미디어에 올린 글이나 댓글을 수정 혹은 삭제하거나, 친구 관계를 새로 맺거나 차단하게 되면 빅 데이 25
터가 변하게 된다. 따라서 빅 데이터를 처리하고 분석할 때는 데이터가 언제까지 유효한 것인지, 데이터를 얼마나 오랫동안 보관해야 하는지 등을 판단해야 한다.

마지막으로 활용 가치가 높은 정보라는 것이다. 빅 데이터는 우리의 삶과 사회를 깊이 이해할 수 있는 통찰력을 제공하기 때문에 정치, 경제, 사회, 문화 등 다양한 영역에서 정책을 만들고 사업을 추진하는 등의 중요한 의사 결정을 할 때 큰 도움이 30
된다. 이러한 이유로 정부와 기업에서는 빅 데이터를 모으고, 저장하고, 분석하기 위해 많은 노력을 기울이고 있는 것이다.

◆ **뉴 미디어** 전자 공학 기술이나 통신 기술이 발달하면서 등장한 새로운 전달 매체. 이용자의 필요에 따라 정보를 쉽게 얻을 수 있게 하며 사회의 정보화를 촉진시킨다. 문자 다중 방송, 쌍방향 케이블 텔레비전, 인터넷 따위가 있다.
정형 일정한 형식이나 틀.
원천 사물의 근원.
통찰 예리한 관찰력으로 사물을 꿰뚫어 봄.

1

빅 데이터에 대한 설명으로 적절한 것은?

① 아날로그 방식으로 보존되는 데이터에 비해 그 양이 적다.

② 쉽고 빠르게 변화하는 특성이 있어서 오랫동안 보관할 필요가 없다.

③ 체계적으로 정리되어 있지 않아 쉽게 분석할 수 없는 데이터가 대부분이다.

④ 데이터 자체의 진실성보다는 빅 데이터 분석을 통해 찾아낸 규칙의 진실성이 더 큰 문제이다.

⑤ 뉴 미디어를 통해 디지털 방식으로 생성된 데이터 중 활용 가치가 높은 데이터만을 의미한다.

2

윗글과 〈보기〉의 내용을 바탕으로 제시한 의견 중 적절한 것은?

> **보기**
>
> 우리나라는 빅 데이터 관련 산업의 종합적인 육성◆ 및 제도 혁신을 위해 「데이터 산업 진흥 및 이용 촉진에 관한 기본법」(이하 '데이터 산업법')을 제정했다. 데이터 산업법에서는 국무총리를 위원장으로 하는 국가 데이터 정책 위원회를 구성하여, '데이터 산업 진흥 기본 계획'을 수립해야 한다는 사실을 명시하는 등 국가 및 지방 자치 단체가 데이터 생산, 거래 및 활용 촉진을 위한 기반을 조성하기 위하여 노력할 책무가 있음을 밝히고 있다.
>
> 데이터 산업에서 경쟁력을 높이기 위한 민간 차원의 노력도 활발하다. 그 예로 본격적인 자율 주행 자동차 시대를 대비하기 위해 자동차 회사와 통신 회사가 적극적으로 협력하는 것을 들 수 있는데, 자율 주행 자동차에는 데이터를 빠른 속도로 전송할 수 있는 통신망의 역할이 필수적이기 때문이다.

◆**육성** 길러 자라게 함.

① '데이터 산업법'은 비정형 데이터보다는 정형 데이터와 관련된 산업을 활성화하려는 목적이 더 크겠군.

② '데이터 산업법'이 법 제정 목적을 달성한다면 다양한 영역의 기업들이 협업을 할 가능성이 높아지겠군.

③ 자동차 회사와 통신 회사가 협력하는 것은 변동성이 큰 빅 데이터를 안정적으로 활용하기 위한 것이겠군.

④ 본격적인 자율 주행 자동차 시대가 된다면 자동차 회사와 통신 회사의 협력 관계는 지금보다 느슨해질 가능성이 크겠군.

⑤ 빅 데이터의 특성을 고려할 때 '데이터 산업법'의 핵심적인 내용은 빅 데이터의 변동성 문제를 해결하기 위한 방법이겠군.

각 문단의 중심 내용을 다음과 같이 정리할 때, 빈칸에 들어갈 내용을 써 보자.

1문단
빅 데이터는 뉴 미디어를 통해 (　　　　　)으로 생성되고 처리되는 방대한 규모의 데이터를 말한다.

▼

2문단
빅 데이터는 (　　　　　)이 매우 많다.

▼

3문단
빅 데이터는 정형 데이터와 (　　　　　)를 모두 포함한다.

▼

4문단
빅 데이터는 생성되고 처리되는 (　　　　　)가 매우 빠르다.

▼

5문단
빅 데이터는 데이터의 질이나 가치에 (　　　　　)의 문제가 있을 수 있다.

▼

6문단
빅 데이터는 (　　　　　)이 커서 데이터가 유효한 시점, 데이터의 보관 기간 등을 판단해야 한다.

▼

7문단
빅 데이터는 중요한 의사 결정을 할 때 도움이 된다는 점에서 (　　　　　)가 높다.

다음 질문에 답하며 빅 데이터에 대해 이해해 보자.

빅 데이터의 양이 많은 이유는 무엇인가?	인터넷에 접속한 순간부터 사람들의 모든 활동이 (　　　　　)로 기록되고 보관되기 때문이다.
빅 데이터의 많은 부분을 차지하는 비정형 데이터는 무엇인가?	정해진 (　　　　　)가 없어 계산이나 분석이 어려운 데이터이다.
빅 데이터의 빠른 처리 속도가 활용되는 사례에는 어떤 것이 있는가?	자율 주행 자동차의 안전장치와 내비게이션 장치가 빅 데이터를 (　　　　　)으로 주고받는 것이 있다.
빅 데이터가 중요한 의사 결정을 할 때 도움이 되는 이유는 무엇인가?	우리의 삶과 사회를 깊이 있게 이해할 수 있는 (　　　　　)을 제공하기 때문이다.

배경지식

빅 데이터로 수집된 나의 정보는 어떻게 사용될까?

빅 데이터에서 유용한 데이터를 추출하는 작업을 '**데이터 마이닝**'이라고 해요. 이를 통해 **데이터 사이의 규칙성이나 상관관계를 발견하여 다양한 방식으로 활용**하지요.

빅 데이터는 정부가 인구나 국토 개발과 관련된 정책을 계획하는 데 활용될 수 있고, 기업이 세계 시장의 흐름과 노동자들의 생활 양식에 맞춰 물품 생산 과정을 조절하여 생산성을 높이는 데 활용될 수도 있어요. 은행이나 보험 회사에서는 금융 관련 보안 시스템을 구축하거나, 고객 맞춤형 상품을 개발하는 데 빅 데이터를 이용할 수도 있지요. 자동차를 운전할 때 빅 데이터를 통해 막히는 도로를 예측함으로써 시간과 연료를 절약하도록 도움을 줄 수도 있지요.

반면 빅 데이터 활용이 유발하는 부작용도 많답니다. 소비자의 개인적 특성에 따라 제공되는 맞춤형 광고는 **인권이나 사생활 침해와 같은 문제를 유발**하고, 빅 데이터 분석을 통해 얻은 **미래 예측이 전혀 맞지 않아 혼란을 초래**하는 경우도 있지요. 이처럼 우리의 개인 정보가 담긴 빅 데이터가 정치적·경제적 이유로 무차별적으로 이용되지 않게 하기 위해서는 **국가가 이와 관련된 법과 제도를 만들고, 뉴 미디어 사업자들 또한 이용자의 사생활을 보호할 수 있는 규제 장치를 만들 필요**가 있답니다.

\#빅 데이터   \#데이터 마이닝   \#빅 데이터 부작용

어휘·어법

1~3

다음 뜻풀이에 해당하는 단어를 괄호 안의 초성을 참고하여 빈칸에 써 보자.

1 사물의 근원. (ㅇ ㅊ ➡   )

2 일정한 형식이나 틀. (ㅈ ㅎ ➡   )

3 예리한 관찰력으로 사물을 꿰뚫어 봄. (ㅌ ㅊ ➡   )

4~7

다음 뜻풀이에 알맞은 단어를 〈보기〉에서 찾아 빈칸에 써 보자.

> **보기**
>
> 주행   육성   생성   데이터

4 길러 자라게 함. (   )

5 사물이 생겨남. 또는 사물이 생겨 이루어지게 함. (   )

6 주로 동력으로 움직이는 자동차나 열차 따위가 달림. (   )

7 컴퓨터가 처리할 수 있는 문자, 숫자, 소리, 그림 따위의 형태로 된 정보. (   )

Tip • 보전(보전할 保, 온전할 全) 온전하게 보호하여 유지함. ⑩ 생태계 보전, 환경 보전
  • 보전(기울 補, 메울 塡) 부족한 부분을 보태어 채움. ⑩ 피해 보전, 적자의 보전
  • 보존(보존할 保, 있을 存) 잘 보호하고 간수하여 남김. ⑩ 유물 보존, 영토 보존

학교 화장지도 '나의 것'처럼

문제 풀이
지문 해제
관련 영상
어휘 퀴즈

아프리카에 사는 코끼리는 어금니인 상아가 매우 비싼 값에 팔리기 때문에 밀렵꾼들이 가장 많이 노리는 동물이다. 감시가 어려운 불법 사냥의 규모가 커지게 되자 케냐의 국립 공원에서는 그 지역에 사는 주민들에게 코끼리를 한 마리씩 나눠 주고 주민들의 소유로 등록해 주었다. 그 후 관광객들이 코끼리와 사진을 찍을 때마다 주인에게 돈을 주었는데, 코끼리 보호에 소극적이었던 주민들은 더 많은 돈을 벌기 위해 5서 자신의 코끼리를 지키기 시작했다. 이는 재화를 다룰 때 '우리 것'과 '내 것'은 엄연히 다를 수밖에 없다고 생각하는 경제적 심리를 엿볼 수 있는 현상이다.

사람들이 유용하게 쓰는 물건들을 우리는 재화라고 한다. 그리고 이러한 재화는 '배제성'과 '경합성'으로 구분할 수 있다. '배제성'이란 말 그대로 다른 것을 배제한다는 뜻이다. 동물원이나 놀이동산은 입장료를 내지 않으면 절대 들어갈 수 없다. 대가 10를 지불해야만 재화를 사용할 수 있는 특성을 경제학에서는 '배제성'이라고 한다.

반면, '경합성'이란 한 사람이 재화를 사용하면 다른 사람이 그 재화를 사용하는 데 제한을 받는 재화의 특성을 뜻한다. 예를 들어 아파트 단지에 있는 놀이터는 돈을 내지 않아도 누구든지 이용할 수 있다. 놀이터는 동물원이나 놀이동산처럼 '배제성'은 없지만 놀이터에서 타고 싶은 그네를 이미 다른 사람이 타고 있다면, 그네를 타기 위 15해서 경합, 즉 경쟁을 해야 한다. 이런 성질을 '경합성'이라고 부른다.

우리가 시장에서 돈을 주고 사는 대부분의 상품들은 모두 '배제성'과 '경합성'을 가진다. 그리고 이런 재화는 개인들이 사적으로 소유할 수 있기에 '사유재'라고 부른다. 반대로 국가에서 우리에게 제공하는 국방, 소방 서비스 등은 누가 사용해도 다른 사람들에게 지장을 주지 않기에 '공공재'라고 부른다. 다만 전기와 수도 같은 재화는 20'공공재'의 특성을 지니지만 공급 부족의 위험이 있어 비용을 청구하는 방식으로 정부가 개입하여 '요금재'라고 한다. 그렇다면 학교에서 함께 쓰는 휴지는 어떨까? 학교에서 사용하는 휴지는 돈을 내지 않고도 누구나 사용할 수 있기 때문에 '배제성'이 없다. 하지만 다른 사람이 휴지를 먼저 다 사용해 버린다면, 그다음 사람은 사용할 수 없게 된다. 그래서 '경합성'을 띠게 되는데 이런 재화를 '공유 자원'이라고 부른다. 25대개 사람들은 자기 물건은 아껴 쓰지만 '공유 자원'은 아껴 쓰지 않는다. 다른 사람이 먼저 사용하면 자신이 사용하지 못하게 되니까 내가 먼저 써 버리자는 이상한 심리이다. 결국 나중에는 이러한 심리 때문에 ㉠공유지의 비극이 일어나게 된다.

이처럼 너도나도 '공유 자원'을 낭비해 버린다면 나중에는 우리 모두 그 자원을 사용할 수 없게 될지도 모른다. 개인의 이익 추구가 공동체의 이익을 깎아 내리는 현상 30이 반복되면 이러한 자원에 대해서는 국가의 개입이 필요하게 된다. 아니면 이해 당사자가 모여 일정한 합의를 통해 이용권을 제한하는 제도를 시행해야 할 것이다.

배제 받아들이지 아니하고 물리쳐 제외함.
경합 서로 맞서 겨룸.
국방 외국의 침략에 대비 태세를 갖추고 국토를 방위하는 일.
청구 남에게 돈이나 물건 따위를 달라고 요구함.
개입 자신과 직접적인 관계가 없는 일에 끼어듦.

1

다음은 윗글의 내용을 확인하는 학습 활동을 한 것이다. 적절하지 <u>않은</u> 것은?

- 사람들은 재화의 가격 변동에 따라 경제적 심리가 가장 많이 달라진다. (×) ·········· ①
- 한 사람이 재화를 사용하면 다른 사람이 재화를 사용할 때 영향을 받게 되는데 이는 재화의 경합성과 관련이 있다. (○) ·········· ②
- 개인의 옷과 자동차처럼 사유재는 '배제성'과 '경합성'을 모두 가지고 있다. (○) ·········· ③
- 국가가 제공하는 국방, 소방 서비스는 '배제성'은 있지만 '경합성'은 없는 공공재이다. (○) ·········· ④
- 전기나 수도와 같은 재화는 공공재의 특성을 지니고 있지만 공급 조절이 필요하므로 요금을 징수한다. (○) ·········· ⑤

2

〈보기〉는 ㉠에 대한 선생님의 설명이다. 윗글을 바탕으로 〈보기〉에 대해 보인 반응으로 가장 적절한 것은?

> **보기**
>
> **선생님:** '공유지의 비극'과 관련된 구체적인 사례를 알아볼까요? 예를 들어 양모를 팔아서 생활하는 전통 마을이 있다고 가정해 봅시다. 마을에는 풀이 가득한 공동 소유의 목초지가 있습니다. 그러나 어느 약삭빠른 농부가 이득을 더 보기 위해 남들보다 양을 더 많이 풀어놓았고, 다른 농부들도 손해를 보지 않기 위해 양들을 모두 공유지에 풀어놓았답니다. 그 농부들이 이익을 얻을수록 공유지는 양들로 가득 찼고, 얼마 되지 않아 그곳에는 풀이 하나도 남아 있지 않게 되었습니다. 이처럼 '공유지의 비극'은 '공유 자원'이 개인의 이익으로 이용할 수 없을 정도로 파멸에 도달하는 현상을 말한다고 볼 수 있지요.

① 목초지는 공동 소유이지만 양이 제한되어 있기에 '경합성'과 '배제성'을 지닌 재화로 볼 수 있군요.

② 목초지를 사용하는 개개인의 이익이 증대될수록 마을 전체 경제도 활성화된다는 사실을 알 수 있군요.

③ 개인의 이기심으로 재화가 낭비되더라도 경제생활에서 개인의 이익 추구는 항상 존중되어야 하는군요.

④ 정부가 산림이나 하천과 같은 자원을 보호하려는 것도 '공유지의 비극'을 예방하려는 차원으로 이해할 수 있군요.

⑤ '공유지의 비극'을 해결하기 위해서는 '공유 자원'을 모두 사유화할 수 있도록 정부에서 적극적으로 정책을 마련해야겠군요.

문단 요약

1 각 문단의 중심 내용과 관련 있는 것을 연결해 보자.

1문단 •   • '배제성'의 개념

2문단 •   • '경합성'의 개념

3문단 •   • 재화를 다루는 사람들의 경제적 심리

4문단 •   • 공유 자원을 보호하기 위한 방안

5문단 •   • 재화의 구분

글의 구조

2 다음 빈칸을 채워 가며 이 글의 내용을 정리해 보자.

재화의 특성
- (   ) 대가를 지불해야만 사용 가능한 성질
- (   ) 한 사람이 재화를 사용하면 다른 사람이 그 재화를 사용하는 데 제한을 받는 성질

▼

재화의 종류	
사유재	배제성이 있고, 경합성이 ( ) 재화
공공재	배제성이 ( ), 경합성이 없는 재화
요금재	배제성이 ( ), 경합성이 없는 재화
공유 자원	배제성이 없고, 경합성이 ( ) 재화

▼

(   )을 낭비하면 나중에는 모두가 사용할 수 없게 되므로 (   )이나 이해 당사자 간의 (   )를 통한 제도 마련이 필요함.

배 경 지 식

공유지의 비극을 예방하는 방법에는 어떤 것이 있을까?

2009년 노벨 경제학상을 수상한 엘리너 오스트롬(1933~2012)은 세계 여러 나라에서 공유 자원이 성공적으로 운용된 다양한 사례들을 분석하여 공유지의 비극을 막는 제도의 원리를 연구했어요. 그녀는 먼저 공유 자원의 경계와 이를 쓸 수 있는 사람들이 명확하게 규정되어야 한다고 보았지요. 그리하여 사용 권리를 가진 사람들은 스스로 공유 자원을 관리할 수 있는 규율을 만들고 서로 감시해야 하며, 규율을 위반했을 때에는 제재를 가하는 것뿐만 아니라 사용자 간의 갈등을 해결해 주는 기구나 절차도 필요하다고 했어요. 또한 그녀는 이 상황에서 정부 혹은 지방 자치 단체가 이들의 참여와 결정을 존중해야 하며, 벌어지는 일들에 대해 적절하게 개입하고 규제하는 것이 바람직하다고 보았답니다.

#노벨 경제학상   #공유 자원   #공유지의 비극

엘리너 오스트롬

어 휘 · 어 법

1~3 다음 문장에 들어갈 올바른 단어를 찾아 ○를 표시해 보자.

1 그는 이 가게의 케이크를 구매하는 (대가 / 댓가)로 주인에게 돈을 지불했다.

2 씨앗은 (대개 / 대게) 이른 봄에 뿌린다.

3 그 일에 그 사람을 (배재 / 배제)한 이유는 단지 실력이 모자랐기 때문이다.

4~7 다음 뜻풀이에 알맞은 단어를 〈보기〉에서 찾아 빈칸에 써 보자.

> **보기**
>
> 밀렵   경합   공유   지장

4 일하는 데 거치적거리거나 방해가 되는 장애. (   )

5 두 사람 이상이 한 물건을 공동으로 소유함. (   )

6 허가를 받지 않고 몰래 사냥함. (   )

7 서로 맞서 겨룸. (   )

Tip • 공유(함께 共, 있을 有) 두 사람 이상이 한 물건을 공동으로 소유함.
　　 • 공유(공평할 公, 있을 有) 국가나 지방 자치 단체의 소유. ❷ 사유.

준법 의식과 시민 불복종의 필요성

"나는 너희의 왕이기 때문에 너희는 나를 재판할 수 없으며, 그 어떤 세속적인 권력도 나에게 책임을 물을 수 없다." 이 말은 절대 군주의 법에 대한 인식을 보여 주는 것으로, 청교도 혁명 당시 법정에 선 영국 왕 찰스 1세가 한 말이다. 이처럼 근대 이전 사회에서의 법은 통치자의 권력 유지를 위한 수단에 불과하였다. 그러나 시민 혁명 이후 모든 인간은 존엄하다는 인식이 확산되면서 법 또한 절대 권력을 통제하고 인권을 보호하는 수단으로 변화하였다.

오늘날 민주주의가 확립된 국가에서 법은 정의를 실현하고 인권을 보장하기 위한 중요한 수단이다. 따라서 사회 구성원들은 법을 존중하고 준수해야 한다. 만약 그렇지 않으면 공정함에 대한 신뢰와 사회 질서가 무너져 개인이나 집단 간의 충돌과 갈등으로 사회가 혼란스러워질 수 있고, 그로 인해 사회 정의 실현이나 인권 보장이 위협받을 수도 있다.

그러나 정의롭지 않은 법으로 인해 인권이 침해될 경우 이를 바로잡기 위한 노력이 필요하다. 법이 인권 보장과 정의 실현이라는 목적에 맞게 제 기능을 하고 있는지 살펴보고 부당한 법과 제도를 바로잡기 위해서 시민들의 적극적인 참여가 필요한 것이다. 이러한 노력 중 부당한 법을 바로잡을 목적으로 양심에 따라 의도적이면서도 비폭력적으로 행해지는 준법 거부를 '시민 불복종'이라고 한다. 일례로 ㉮≪대공황으로 경제적 어려움을 겪고 있던 영국은 식민 통치를 하고 있던 인도에서 영국산 소금을 비싼 값에 수입해 먹을 것을 강요하는 소금법을 시행하였다. 이에 마하트마 간디는 처벌을 감수하고 하루 60km를 쉬지 않고 걸어가 직접 바닷물로 소금을 만들면서 '소금 행진'을 하였다. 이 일로 간디는 6만여 명의 인도인들과 함께 감옥에 갇혔고 감옥에서도 단식의 방법으로 소금법에 대한 저항을 이어 나갔다.≫

이를 통해 시민 불복종이 정당화되기 위해서는 다음과 같은 조건을 충족해야 함을 알 수 있다. 첫째, 목적의 정당성이다. 불복종하는 법이 사익이 아닌, 정의에 위배되는 것이어야 한다. 둘째, 최후 수단성이다. 헌법 소원이나 집회 등 합법적인 방법으로 해결이 불가능해야 한다. 셋째, 처벌의 감수이다. 처벌을 기꺼이 받음으로써 법체계를 존중하고 있음을 분명히 해야 한다. 넷째, 비폭력성이다. 폭력적인 방법은 다수 시민의 동의를 얻기 어렵기 때문이다. 따라서 시민 불복종은 '헌법 내적 저항권' 또는 '작은 저항권'으로 바라볼 수 있는 것이다.

◆ **준법** 법률이나 규칙을 좇아 따름.
대공황 세계적으로 일어나는 큰 규모의 경제 공황. 흔히 1929년에 있었던 세계적인 공황을 이른다.
사익 개인의 이익.
헌법 소원 개인이 헌법에 위배되는 명령, 규칙, 처분 따위로 국민의 권리와 이익을 침해받을 때에, 헌법 재판소에 처분의 취소 또는 변경을 청구하는 일.

1

윗글의 내용과 일치하지 <u>않는</u> 것은?

① 근대 이전 사회에서 왕은 어떠한 제약도 받지 않는 강력한 권력을 갖고 있었다.

② 시민 혁명 이후 법에 대한 인식이 달라져 법이 권력을 통제하고 인권을 보호하기 위한 수단으로 인식되었다.

③ 법이 인권 보장과 정의 실현이라는 목적을 달성하고 있는지 감시하기 위해서는 시민들의 적극적인 참여가 필요하다.

④ 국민이 기본권을 침해당했을 때 합법적인 권리 구제 수단으로 해결이 불가능한 경우에는 시민 불복종을 고려해 볼 수 있다.

⑤ 시민 불복종에는 사회와 큰 관련이 없어도 자신의 권익에 위배되는 법을 바로잡기 위해 비폭력적으로 행하는 준법 거부도 포함된다.

◆ **구제** 자연적인 재해나 사회적인 피해를 당하여 어려운 처지에 있는 사람을 도와줌.

2

〈보기〉는 시민 불복종 운동의 실제 사례를 제시한 글이다. ㉮와 비교한 내용으로 가장 적절한 것은?

　　1965년 3월 7일, 흑인 참정권을 요구하는 600여 명의 시위대가 주지사를 만나기 위해 셀마에서 몽고메리까지 평화 행진에 나섰으나 주 경찰은 시위대를 무차별적인 폭력으로 진압했다. 이미 1870년의 수정 헌법에 모든 인종에게 참정권이 있음이 명시되어 있었지만, 백인들이 이를 제약하는 하위 법들로 흑인들을 차별하고 협박하는 바람에 그 원칙이 제대로 지켜지지 않는 상황이었다. 흑인 인권 운동가 마틴 루서 킹 목사는 셀마로 급히 내려가 다시 행진을 주도했다. 첫 번째 시위 때보다 약 4배 많은 인원이 모여 처벌과 위협을 감수하고 두 번째 행진을 계속했지만 실패했다. 하지만 세 번째 행진에서는 약 2만 5천 명의 군중이 모여 목적지인 몽고메리에 도착했다. 이러한 노력의 결과, 그해 8월에 투표권 차별을 어떤 이유로든지 금지하는 투표 권리법이 통과되었다.

① ㉮와 〈보기〉 모두 개인의 권익에 위배되는 부당한 법을 거부하기 위한 시민 불복종 운동이다.

② ㉮와 〈보기〉 모두 폭력적인 수단을 배제해 다수의 동의를 얻어 내어 시민 불복종 운동을 확대할 수 있었다.

③ ㉮는 〈보기〉와 달리 시민 불복종 운동 전개 과정에서 공권력의 탄압으로 인해 많은 사람들의 희생이 요구되었다.

④ 〈보기〉는 ㉮와 달리 처벌을 감수하며 법체계를 존중하는 시민 불복종 운동을 전개했다는 점에서 정당성을 확보할 수 있었다.

⑤ 〈보기〉는 ㉮와 달리 국민의 기본권을 지키기 위해 의도적인 위법 행위를 보여 주었다는 점에서 작은 저항권을 행사하였다고 볼 수 있다.

다음에 제시된 질문의 답을 찾을 수 있는 문단을 찾아 연결해 보자.

| 민주주의 사회에서 준법 의식은 왜 필요한가? | • | • | 1문단 |

| 시민 불복종이 정당화되기 위한 조건은 무엇인가? | • | • | 2문단 |

| 시민 불복종의 의미는 무엇인가? | • | • | 3문단 |

| 시민 혁명을 기점으로 법에 대한 인식은 어떻게 변화하였는가? | • | • | 4문단 |

글의 구조
2

다음 빈칸을 채워 가며 이 글의 내용을 정리해 보자.

근대 이전 사회에서 법은 통치자의 (　　　　　) 유지를 위한 수단이었음.

▼

(　　　　　) 이후, 인간은 존엄하다는 인식이 확산됨.

▼

오늘날 법은 (　　　　)를 실현하고 (　　　　　)을 보장하는 중요한 수단임.

▼

법이 목적에 맞게 제 기능을 못하면 시민들의 적극적인 (　　　　　)가 필요함.

▼

시민 불복종

| 개념 | 부당한 법을 바로잡기 위해 (　　　　　)에 따라 의도적이면서도 (　　　　　)으로 행해지는 준법 거부 |

| 정당화 조건 | • (　　　　　)의 정당성　　•최후 수단성 |
| | • (　　　　　)의 감수　　•비폭력성 |

배경지식

영국에서도 시민 혁명이 있었다고?

1649년, 영국에서 청교도가 중심이 되어 일어난 시민 혁명을 청교도 혁명이라 해요. 청교도는 16세기 후반, 영국 국교회에 반발하여 생긴 개신교의 한 교파로 철저한 금욕주의가 특징이지요. 혁명 당시 왕이었던 찰스 1세는 국왕의 권리를 남용하였고, 의회의 동의도 없이 스코틀랜드와 전쟁을 벌이다 패배했어요. 이 일로 의회는 왕을 지지하는 왕당파와 국왕 대권의 포기와 의회 주권을 요구하는 의회파로 분열되어 내란이 일어났지요. 결국 크롬웰이 인솔한 **의회파가 왕당파**를 물리치고, 왕이 아닌 국민의 대표자 또는 대표 기관에 따라 주권이 행사되는 공화 정치를 시행하게 되었답니다.

그런데 크롬웰이 너무 엄격하게 통치를 하자 국민들은 이에 반발하는 마음이 생겼어요. 그리하여 크롬웰이 죽고 다시 국왕을 세우는 왕정복고가 일어났습니다. 그렇지만 1688년, 제임스 2세가 폭정을 휘두르자 의회는 그를 폐위시키고 메리 공주 부부를 왕으로 추대하였는데 이를 **명예혁명**이라고 하지요. 그리고 영국 의회는 그들로부터 **의회의 권리를 명시한 권리 장전을 승인받고 의회 정치 발달의 기초를 확립**하였답니다.

청교도 혁명을 주도한 크롬웰 동상

#청교도 혁명　#공화 정치　#명예혁명　#권리 장전

어휘·어법

1~4

다음에 제시된 단어들의 관계를 고려하여 〈보기〉에서 알맞은 말을 찾아 빈칸에 써 보자.

보기

미　비　불　무

1 책임 ↔ (　　　　)책임
2 준수 ↔ (　　　　)준수
3 공정 ↔ (　　　　)공정
4 폭력 ↔ (　　　　)폭력

5~8

다음 문장에 들어갈 올바른 단어를 찾아 ○를 표시해 보자.

5 '법률이나 규칙을 좇아 따름.'을 (준법 / 무법)이라고 한다.
6 '법률, 명령, 약속 따위를 지키지 않고 어김.'을 (위배 / 수배)라고 한다.
7 '책망이나 괴로움 따위를 달갑게 받아들임.'을 (감수 / 감안)(이)라고 한다.
8 '세상의 일반적인 풍속을 따르는 것.'을 (세습적 / 세속적)이라고 한다.

Tip '비(非)–' (일부 명사 앞에 붙어) '아님'의 뜻을 더하는 접두사. ⓔ 비공식 / 비무장 / 비생산적 / 비인간적 등

물가의 측정

물가는 여러 가지 상품이나 서비스의 가치를 종합적이고 평균적으로 본 것을 말한다. 즉, 가격이 상품이나 서비스 하나하나의 개별적인 값이라면 물가는 이러한 것들의 가격을 종합해 평균을 ㉠낸 것이라고 할 수 있다. 하지만 세상의 모든 상품과 서비스의 가격을 더해서 평균을 내기는 어렵다. 그래서 특정 상품 및 서비스 가격의 평균을 계산한 물가 지수를 활용해 물가가 어떻게 변하는지를 파악하게 된다. 5

대표적인 물가 지수는 통계청에서 조사하는 소비자 물가 지수이다. 통계청은 매달 460개의 상품과 서비스 항목 가격을 조사한다. 이때 조사 항목은 크게 농축수산물, 공업 제품, 전기·수도·가스, 서비스로 ㉡나눌 수 있다. 시대가 변해 사용하지 않는 품목은 제외하고 새롭게 등장해 많이 사용하는 품목은 추가하여 5년을 주기로 조사 항목은 ㉢바뀐다. 10

'물가가 올랐다' 또는 '내렸다'는 뉴스는 소비자 물가 지수에 근거한 것이다. 소비자 물가 지수는 기준 연도의 1년 평균 물가를 100으로 놓고 상대적으로 물가가 얼마나 올랐고 내렸는지를 표시하므로, 소비자 물가 지수를 보면 물가의 움직임을 쉽게 ㉣알 수 있다. 예를 들어 소비자 물가 지수가 110이라는 것은 기준 연도에 비해 물가가 10% 올랐다는 것을 ㉤뜻한다. 15

또한 소비자 물가 지수를 통해 일반 소비자가 일상에 필요한 상품을 얼마나 살 수 있는지의 구매력을 파악할 수 있다. 소비자 물가 지수가 상승했다는 것은 소비자 개인의 소득으로 구매할 수 있는 상품이 줄어들었다는 것을 의미한다. 따라서 소비자 물가 지수는 경기가 좋은지 나쁜지를 판단할 수 있는 기준이며, 개인뿐만 아니라 한국은행의 통화 정책에도 영향을 준다. 20

하지만 뉴스에 나오는 소비자 물가 지수를 보면 실생활에서 체감하는 물가와 다르다고 생각하게 되는 경우가 있다. 소비자마다 주로 구입하는 상품의 종류나 구입 빈도가 다르기 때문에, 소비자 물가 지수와 개인이 체감하는 물가에는 차이가 있을 수밖에 없다. 이를 보완하기 위해 통계청에서는 일반 소비자가 자주 구입하는 기본 생필품을 따로 선정하여 그 품목의 물가 지수를 조사하는데, 이렇게 조사한 결과를 25 생활 물가 지수 또는 장바구니 물가 지수라고 한다.

일반적으로 물가는 매년 조금씩 오르는 것이 경제에 도움이 된다. 물건값이 오를 것이라고 생각하는 소비자들이 많으면 소비가 원활하게 이루어지게 되며, 물건을 판매해서 수익을 얻는 기업의 이익 또한 증가하기 때문이다. 하지만 물가가 너무 오르거나 내리면 소비자들의 부담이 커지거나 경기가 침체될 수 있으므로, 정부에서는 30 물가를 안정적으로 조절할 수 있는 정책을 마련해야 한다.

◆ **서비스** 생산된 재화를 운반·배급하거나 생산·소비에 필요한 노무를 제공함.
경기 매매나 거래에 나타나는 호황·불황 따위의 경제 활동 상태.
통화 정책 통화(화폐)의 수량을 늘리거나 줄여서 국내의 경제 흐름을 통제하고 조절하려는 정책.
체감 몸으로 어떤 감각을 느낌.
빈도 같은 현상이나 일이 반복되는 횟수.

1

소비자 물가 지수에 대한 설명으로 적절한 것은?

① 소비자 물가 지수를 활용하면 체감 물가를 측정할 수 있다.

② 소비자 물가 지수의 대상이 되는 품목은 가격 변화를 기준으로 변경된다.

③ 소비자 물가 지수가 90이라면 기준 연도에 비해 물가가 10% 내린 것이다.

④ 소비자 물가 지수가 상승하면 생활 물가 지수도 같은 비율로 상승하게 된다.

⑤ 소비자와 기업의 경제에 도움을 주기 위해 정부는 물가 억제 정책을 펼쳐야 한다.

2

윗글을 바탕으로 〈보기〉를 이해한 내용으로 적절하지 <u>않은</u> 것은?

> **보기**
>
> 한국은행은 소비자 물가 상승률 목표를 전년 대비 2%로 설정하고 통화 정책을 운영해 왔다. 그런데 최근 우리나라의 물가가 급격하게 상승하였고 앞으로도 상승할 것으로 예상되어 한국은행에서는 기준 금리를 지속적으로 인상할 것이라고 밝혔다. 한국은행의 기준 금리가 인상되면 금융 기관의 금리도 상승하게 된다. 금리가 상승하면 대출 이자에 부담을 느끼게 되어 기업의 투자나 민간의 소비가 위축이 되면서 물가가 하락하는 경향이 있다.

◆
금리 빌려준 돈이나 예금 따위에 붙는 이자. 또는 그 비율.

① 한국은행은 앞으로 소비자 물가 지수가 지속적으로 상승할 것으로 예상하고 있군.

② 한국은행은 소비자들의 소비와 기업들의 투자 증대를 위해 기준 금리를 인상했군.

③ 한국은행은 물가 상승률이 전년 대비 2% 이내로 유지된다면 기준 금리 인상을 중단하겠군.

④ 한국은행은 급격하게 오른 소비자 물가 지수를 내리기 위해 금리를 인상하는 통화 정책을 활용했군.

⑤ 한국은행은 물가의 지속적인 상승이 바람직하다는 관점에서 소비자 물가 상승률 목표를 설정했겠군.

3 어휘

㉠~㉤을 바꿔 쓸 단어로 적절하지 <u>않은</u> 것은?

① ㉠: 산출한   ② ㉡: 분류할   ③ ㉢: 변경된다

④ ㉣: 파악할   ⑤ ㉤: 상징한다

1

각 문단의 중심 내용을 다음과 같이 정리할 때, 빈칸에 들어갈 내용을 써 보자.

1문단 세상의 모든 상품과 서비스의 평균 가격을 계산하기는 어렵기 때문에 특정 상품 및 서비스 가격의 평균을 계산한 (   )를 활용하여 물가의 변화를 파악한다.

▼

2문단 매달 (   )에서 460개의 상품과 서비스 항목의 가격을 조사하여 소비자 물가 지수를 계산한다.

▼

3문단 기준 연도의 1년 평균 물가를 (   )으로 놓고 산출한 소비자 물가 지수로 물가의 변화를 알 수 있다.

▼

4문단 소비자 물가 지수는 (   )를 판단하는 기준이며, 한국은행의 통화 정책에도 영향을 준다.

▼

5문단 소비자 물가 지수와 실생활에서 체감하는 물가가 다르게 생각되는 것을 보완하기 위해 통계청에서는 생활 물가 지수 또는 (   )를 조사한다.

▼

6문단 물가는 매년 조금씩 상승하는 것이 (   )에 도움이 되므로 정부에서는 이를 안정적으로 조절할 수 있는 정책을 마련해야 한다.

2

1의 내용을 바탕으로 물가 지수에 대해 정리해 보자.

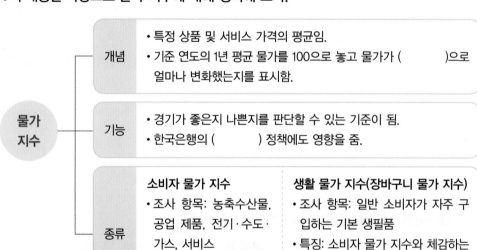

물가 지수

개념
• 특정 상품 및 서비스 가격의 평균임.
• 기준 연도의 1년 평균 물가를 100으로 놓고 물가가 (   )으로 얼마나 변화했는지를 표시함.

기능
• 경기가 좋은지 나쁜지를 판단할 수 있는 기준이 됨.
• 한국은행의 (   ) 정책에도 영향을 줌.

종류

소비자 물가 지수	생활 물가 지수(장바구니 물가 지수)
• 조사 항목: 농축수산물, 공업 제품, 전기·수도·가스, 서비스 • 특징: ( )년을 주기로 조사 항목이 바뀜.	• 조사 항목: 일반 소비자가 자주 구입하는 기본 생필품 • 특징: 소비자 물가 지수와 체감하는 물가의 ( )를 보완함.

우리나라의 물가는 몇 위일까?

영국의 경제 분석 기관 이코노미스트 인텔리전스 유닛(EIU)은 해마다 주요 국가 도시의 주거, 교육, 식품, 교통, 의류 등 160여 개 상품과 서비스의 가격을 비교해 세계 생활비 지수를 발표하고 있어요. 미국 뉴욕의 물가를 기준점인 100으로 잡고 계산을 하는데, **2018년 세계 생활비 보고서에 따르면 서울의 물가는 전 세계 133개 도시 중 7번째로 높았어요.**

물가는 우리나라 안에서도 지역마다 다를 수 있어요. 서울 마포구에서 단팥빵 가격이 2,000원이라면 서울 송파구에서는 이보다 더 비싸거나 싸게 판매되기도 해요. 같은 빵이더라도 지역이나 동네마다 건물 임대료 등 **가격을 매기는 데 영향을 미치는 환경이 다르기 때문**이에요. 이는 나라 사이에서도 마찬가지랍니다. 같은 프랜차이즈의 햄버거와 커피도 나라마다 가격이 달라요. 그래서 나온 기준이 달러를 기준으로 한 **빅맥 지수와 라테 지수**예요. 예를 들어 미국에서 빅맥이 4달러이고 우리나라에서는 5,000원인데, 이때 환율이 1달러에 1,200원이라고 가정한다면 한국에서는 빅맥을 4.2달러에 사 먹게 되는 것이지요. 이처럼 빅맥 지수가 낮으면 더 적은 달러를 내고 같은 햄버거를 사 먹을 수 있기는 하지만, 이는 곧 해당 국가 돈의 가치가 달러보다 저평가되어 있다고 해석할 수도 있는 것이지요.

#물가   #가격 결정 요소   #빅맥 지수   #라테 지수

1~3

다음에 제시된 단어의 사전적 의미를 찾아 바르게 연결해 보자.

1 평균 •
2 통화 •
3 체감 •

• ㉠ 몸으로 어떤 감각을 느낌.
• ㉡ 유통 수단이나 지불 수단으로서 기능하는 화폐.
• ㉢ 여러 수나 같은 종류의 양의 중간값을 갖는 수.

4~7

다음 뜻풀이에 알맞은 단어를 〈보기〉에서 찾아 빈칸에 써 보자.

> 보기
>
> 빈도   지수   경기   서비스

4 같은 현상이나 일이 반복되는 횟수. (   )

5 매매나 거래에 나타나는 호황·불황 따위의 경제 활동 상태. (   )

6 생산된 재화를 운반·배급하거나 생산·소비에 필요한 노무를 제공함. (   )

7 물가나 임금 따위와 같이, 해마다 변화하는 사항을 알기 쉽도록 보이기 위해 어느 해의 수량을 기준으로 잡아 100으로 하고, 그것에 대한 다른 해의 수량을 비율로 나타낸 수치. (   )

Tip '年', '年度'처럼 의존 명사로 쓰이기도 하고 명사로 쓰이기도 하는 한자어의 경우에는 두음 법칙의 적용에서 차이가 남. '년, 년도'가 의존 명사라면 '연, 연도'는 명사임.
　　⑩ 연 강수량, 생산 연도 → 명사 / 일 년, 2018년도 → 의존 명사

이슬람 여성의 대표 의상, 히잡

이슬람 여성의 의상 가운데 대표적인 것이 히잡이다. 히잡은 이슬람 여성들이 머리를 가리는 용도의 옷으로 주로 강렬한 햇볕을 피하기 위해 쓴, 아주 오래전부터 전해 내려오는 중동 지역의 풍습 가운데 하나이다. 그러다가 이슬람 경전인 코란의 규정에 따라 '머리 가리개'가 모든 이슬람 여성에게 의무화되었다. 코란에는 여성이 가족 앞을 제외하고는 두건을 써서 몸을 가려야 한다고 나와 있기 때문이다. 5

하지만 코란에서 신체의 어느 부위를 어떤 방식으로 가려야 하는지 구체적으로 밝히지 않아 나라마다 코란의 구절에 대한 해석이 달랐고, 그 결과 다양한 형태의 의상이 나타났다. 무슬림 여성의 의상은 노출 정도나 착용 방식에 따라 히잡, 니캅, 부르카 등으로 세분화되었는데, 가장 보수적인 부르카는 온몸을 천으로 둘러싸고 눈만 겨우 보이며, 심지어 눈에도 망사를 덧대어 밖에서 보면 누군지 전혀 알아볼 수 없게 10 되어 있는 의상이다.

이슬람 문화권에서는 온몸을 가리는 복장이 여성 무슬림의 정체성을 보여 준다고 말한다. 그러나 다른 문화권에서는 온몸을 가리는 복장을 여성 인권을 억압하는 상징으로 여기기도 한다. 히잡, 부르카 등이 외부 사람과의 접촉을 방해하고 수동적인 여성의 역할을 강화할 가능성이 크다고 보기 때문이다. 이러한 관점에서 프랑스에서 15 는 공공장소에서 니캅과 부르카 등의 착용을 규제하는 '부르카 금지법'이 제정되었다. 여성의 몸을 강제로 가리는 부르카나 니캅은 여성에 대한 억압이며 사회적 강요의 상징이므로 여성의 인권을 침해한다는 이유에서이다.

그런데 의외로 프랑스 내의 많은 무슬림 여성들이 부르카 금지법에 반대하는 시위에 참가하였다. 법이 부르카를 벗으라고 강요하는 것 또한 인권 침해라는 것이 그 이 20 유였다. 이 시위를 통해 무슬림 여성에게 히잡, 부르카 등의 의상은 종교적 자유이자 권리의 상징으로 기능하는 것임을 짐작할 수 있다. 한편 미국에서는 무슬림이 아닌 사람들이 히잡을 써 ㉠보며 무슬림 여성과 연대감을 느껴 보는, '세계 히잡의 날'이 생겨나기도 했다. '세계 히잡의 날'은 종교적 관용과 이해를 장려함으로써 문화의 다양성을 이해할 수 있는 기회를 마련해 주는 행사로 자리 잡아 가고 있다. 25

우리가 무슬림 여성의 복장을 여성 인권 침해나 여성 억압의 상징이라고 말하는 것은 어쩌면 철저히 제3자의 논리일 수 있다. 우리는 그것을 갑갑하고 불편한 복장으로 여기지만 누군가에게는 소중하게 지켜야 할 전통이고 종교적 신념일 수 있다. 따라서 그들에게 함부로 히잡을 벗어던지라고 말하는 것은 오만이고 편견일지 모른다.

문제 풀이
지문 해제
관련 영상
어휘 퀴즈

◆ **경전** 종교의 교리를 적은 책.
무슬림 이슬람교를 믿는 사람. 또는 그 무리.
정체성 변하지 아니하는 존재의 본질을 깨닫는 성질.
연대감 한 덩어리로 서로 연결되어 있음을 느끼는 마음.
오만 태도나 행동이 건방지거나 거만함. 또는 그 태도나 행동.

1

윗글의 내용과 일치하지 <u>않는</u> 것은?

① 이슬람 여성의 의상 중 노출이 가장 적은 것은 부르카이다.

② 히잡은 햇볕을 가리기 위한 실용적인 목적에서 시작된 풍습이다.

③ 이슬람 여성에게 히잡이 의무화된 것은 종교적인 이유 때문이다.

④ 부르카 금지법이 제정된 것은 무슬림 여성에 대한 부정적인 시각 때문이다.

⑤ 프랑스 내 무슬림 여성들 중 부르카 금지법에 반대하는 입장을 취하는 경우도 많았다.

2

〈보기〉를 바탕으로 윗글을 이해한 내용으로 적절하지 <u>않은</u> 것은?

> **보기**
>
> 다양한 인종과 문화가 공존하는 사회를 다문화 사회라고 한다. 우리나라는 전체 인구 중 외국인이 차지하는 비중이 높아지면서 다문화 사회로 진입하고 있다. 다문화 사회에서는 다양한 문화가 어우러져 새로운 문화가 창조되기도 하지만 문화의 차이로 인한 대립과 갈등이 생겨나기도 한다. 따라서 다문화 사회에서는 서로 다른 문화를 있는 그대로 존중하려는 태도를 갖는 것이 중요하며, 제도적인 방법을 도입하거나 다문화 교육을 함으로써 사람들의 인식을 전환하기 위해 노력할 필요가 있다.

① '부르카 금지법'이 제정된 시기의 프랑스는 다문화 사회라고 볼 수 있겠군.

② '부르카 금지법'이 제정되면서 문화적 차이로 인한 갈등이 생겨났다고 볼 수 있겠군.

③ '부르카 금지법'에는 서로 다른 문화를 있는 그대로 존중하는 태도가 담겨 있다고 볼 수 있겠군.

④ '세계 히잡의 날'은 문화적 차이로 인한 갈등을 줄이는 데 기여할 수 있는 행사라고 볼 수 있겠군.

⑤ '세계 히잡의 날'은 이슬람 문화를 있는 그대로 존중하려는 태도에서 시작된 것이라고 볼 수 있겠군.

3 어휘

밑줄 친 부분의 문맥적 의미가 ㉠과 비슷한 것은?

① 오늘 시험은 잘 <u>보았니</u>?

② 빵을 먹어 <u>보니</u> 맛이 있었다.

③ 어제 친구를 만나 영화를 <u>보았다</u>.

④ 시계를 <u>보니</u> 벌써 점심 시간이었다.

⑤ 그는 아이를 <u>볼</u> 사람을 구하고 있었다.

각 문단의 중심 내용을 다음과 같이 정리할 때, 빈칸에 들어갈 내용을 써 보자.

1문단 히잡은 아주 오래전부터 내려오는 중동 지역의 풍습으로, (　　　　　)의 규정에 따라 여성에게 의무화되었다.

▼

2문단 코란의 구절에 대한 해석이 달라 무슬림 여성의 의상은 (　　　　　) 정도나 착용 방식에 따라 히잡, 니캅, 부르카 등으로 세분화되었다.

▼

3문단 프랑스에서는 무슬림 여성의 복장인 부르카가 여성의 (　　　　　)을 침해한다는 이유로 '부르카 금지법'이 제정되었다.

▼

4문단 프랑스 내의 많은 무슬림 여성들은 히잡을 종교적 (　　　　　)이자 권리의 상징 이라고 생각하여 '부르카 금지법'에 반대하였다.

▼

5문단 무슬림 여성의 복장을 인권 침해나 억압의 상징으로 보는 것은 (　　　　　)이고 (　　　　　)일 수 있다.

다음 빈칸을 채워 가며, 이슬람 여성의 의상에 대한 입장을 정리해 보자.

무슬림 문화권의 입장	다른 문화권의 입장

여성의 온몸을 가리는 복장은 무슬림 여성의 정체성을 보여 주는 이슬람의 오랜 (　　　　　)이자 코란의 규정에 따른 것이다. 우리에게 히잡, 부르카와 같은 의상은 (　　　　　) 자유이자 권리 의 상징이다. ⟷ 여성의 몸을 강제로 가리는 복장은 외부 사람과의 (　　　　　)을 방해하고, 수동적인 여성의 역할을 강화한다. 따라 서 이슬람 여성의 의상은 여성에 대한 억 압이며 사회적 (　　　　　)의 상징 이다.

배경지식

히잡을 쓰고 경기에 출전한 운동 선수가 있었다고?

2016년 리우데자네이루 하계 올림픽에서 이집트의 도아 엘고바시라는 선수는 원래 복장 대신 긴소매와 긴바지로 온몸을 가리고 히잡까지 두른 뒤 비치 발리볼 경기에 출전했어요. 그리고 2017년 삿포로 동계 아시안 게임에서 아랍 에미리트의 자흐라 라리 선수는 히잡을 쓰고 여자 싱글 피겨 스케이팅에 출전했지요. 가벼운 수영복 차림의 인파 속에서 검은 히잡을 두르고 비치 발리볼을 하는 선수와, 은빛 빙판 위에서 히잡을 두르고 우아하게 피겨 스케이팅을 하는 선수에게 관중들은 낯선 시선을 보냈답니다. 운동 중 체열을 발산하려면 공기 중에 살갗이 되도록 많이 노출되어야 하고, 경기 중에 민첩하게 움직이려면 몸이 가벼워야 하는데 그들은 이와 상반된 옷을 입고 운동 경기에 출전했기 때문이지요.

하지만 그 선수들은 이슬람 문화에 대한 편견과 굴레를 벗어 버리고 건강한 삶을 누리는 스포츠 정신을 보여 주기 위해 노력한 것이었어요. 그 선수들의 노력이 헛되지 않도록 **다른 문화를 바라볼 때 좀 더 편안하고 관대한 시선을 보내는 것은 어떨까요?**

#히잡 #올림픽 #이슬람 문화 #스포츠 정신

어휘·어법

1~4 다음 뜻풀이에 해당하는 단어를 〈보기〉의 글자를 조합하여 써 보자.

보기
경 정 오 대 만 성 전 체 연 감

1 종교의 교리를 적은 책. (　　　　　)
2 변하지 아니하는 존재의 본질을 깨닫는 성질. (　　　　　)
3 한 덩어리로 서로 연결되어 있음을 느끼는 마음. (　　　　　)
4 태도나 행동이 건방지거나 거만함. 또는 그 태도나 행동. (　　　　　)

5~6 다음 뜻풀이에 해당하는 단어를 괄호 안의 초성을 참고하여 빈칸에 써 보자.

5 하여야 하는 것으로 만듦. (ㅇ ㅁ ㅎ ➡ 　　　　　)
6 사물이 여러 갈래로 자세히 갈라짐. 또는 그렇게 갈라지게 함. (ㅅ ㅂ ㅎ ➡ 　　　　　)

Tip '-화(化)' (일부 명사 뒤에 붙어) '그렇게 만들거나 됨'의 뜻을 더하는 접미사. ⑩ 기계화 / 대중화 / 도시화 등

삶만큼 다양한 세계의 장례 문화

문제 풀이
지문 해제
관련 영상
어휘 퀴즈

'개똥밭에 굴러도 이승이 좋다' 이런 속담이 있는 것으로 보아 사람들에게 죽음이란 두려운 대상이었다는 것을 짐작할 수가 있다. 개똥밭에서 고생스럽고 천하게 살더라도 죽는 것보다는 사는 것이 낫다는 말이기 때문이다. 하지만 어느 누구도 죽음을 피해 갈 수 없었다. 이에 사람들은 죽은 뒤의 세계를 상상하기 시작하며 죽은 사람의 영혼이 저승에 무사히 갈 수 있도록 장례를 치르기 시작했다. 사람들의 상상은 자연환경이나 종교, 문화 등 사람들이 살아가는 모습에 따라 달라졌으며 이에 따라 장례의 모습도 다양해지게 되었다.

티베트의 장례 풍습에서 사람들은 자연환경과 생활 관습에 따라 장례법을 찾아낸다는 것을 알 수 있다. 티베트에는 하늘에 장사를 지낸다는 뜻의 천장(天藏)이라는 특별한 장례법이 있다. 이들은 독수리가 시신을 먹고 하늘에 오르면 죽은 사람도 하늘로 올라간다고 여겼다. 이러한 천장을 치르게 된 까닭은 나무가 자라지 않을 만큼 매우 기온이 낮고 고도가 높은 자연환경과 관련 있다. 게다가 이들은 유목 생활을 하여 자연을 함부로 손대거나 훼손하면 안 되는 신성한 존재로 여겼기 때문에 시신을 땅에 묻는 일은 생각할 수 없었다.

반면, 서태평양의 작은 섬들로 이루어진 마셜 제도 사람들은 티베트 사람들과 마찬가지로 시신을 땅에 묻지 않았지만 통나무배와 함께 먼 바다로 떠나보내는 장례 풍습이 있다. 바다(물)에 장례를 지낸다고 해서 이를 수장이라고 한다. 수장을 지내게 된 것은 섬사람들에게는 바다가 삶의 터전인 만큼 예로부터 물이 모든 사물을 정화해 준다고 믿었기 때문이다. 수장을 아주 명예로운 장례법으로 여기게 된 것도 지리적인 영향이 크다고 볼 수 있다.

그렇다면 시신을 땅에 묻는 우리나라의 장례 풍습은 무엇의 영향을 받아 시작된 것일까? 우리나라의 장례법은 매장인데, 이것은 유교 문화의 영향을 받은 것이다. 유교는 ⑦ 그런 점에서 유교는 다른 종교와 달리 윤회에 대한 믿음이 없다. 사람에게는 혼백이라는 것이 있어서 사람이 죽으면 혼은 하늘로 올라가고 백(몸)은 땅으로 들어간다고 생각할 뿐이었다. 그래서 사람이 죽으면 땅에 묻었으며, 죽은 사람은 땅속에 계속 살면서 생전의 삶을 이어 간다고 믿었다.

이처럼 장례란 사람들에게 삶을 되돌아보게 할 만큼 중요한 의식이었기에 사람들은 자신이 살고 있는 자연환경이나 처한 상황 속에서 최선의 방법을 찾아 장례를 치르고자 했다. 물론 시간이 지나면서 사람들의 삶의 모습도 변화하며 장례 문화도 조금씩 변화하는 모습을 보이고 있다. 그러나 장례 의식은 문화권마다 달라도 집단 의식을 통해 죽은 이의 혼을 달래며 죽음에 대한 두려움을 극복했다는 점과 공동체 의식이 형성되었다는 점에서 동질성을 찾을 수 있다.

고도 평균 해수면 따위를 0으로 하여 측정한 대상 물체의 높이.
유목 일정한 거처를 정하지 아니하고 물과 풀밭을 찾아 옮겨 다니면서 목축을 하여 삶.
훼손 ① 체면이나 명예를 손상함. ② 헐거나 깨뜨려 못 쓰게 만듦.
제도 모든 섬. 또는 여러 섬.

1

윗글의 내용과 일치하지 <u>않는</u> 것은?

① 마셜 제도의 수장은 바다로 시신을 떠나보내면 이승에서의 삶이 소멸된다고 믿는 의식에서 비롯되었다.

② 우리나라는 유교 문화의 영향으로 시신을 땅에 묻으면 땅속에 묻힌 백(몸)이 생전의 삶을 이어 간다고 믿었다.

③ 티베트는 기온이 낮고 고도가 높은 자연환경과 매장을 피하는 생활 관습 때문에 매장 문화가 발달하지 못하였다.

④ 장례 문화는 죽은 사람의 영혼이 무사히 저승에 도달할 수 있도록 기원하는 것으로 지역마다 다양성을 갖고 있다.

⑤ 여러 지역의 장례 의식은 집단의 공동체 의식을 공고히 하며 죽음에 대한 두려움을 극복할 수 있게 하였다는 점에서 공통적이다.

공고히 단단하고 튼튼하게.

2

〈보기〉를 참고하였을 때, 문맥상 ㉮에 들어갈 내용으로 가장 적절한 것은?

> **보기**
>
> 인도 사람들은 사람이 죽으면 바로 화장을 한다. 시신이 다 타면 유골을 흙으로 만든 항아리에 담아 갠지스강에 던진다. 화장을 하는 동안 슬퍼하는 사람은 거의 없는데, 힌두교인들에게 죽음이란 몸에서만 일어날 뿐 영혼은 죽지 않는 것이기 때문이다. 힌두교인들은 죽음이란 기존의 몸을 버리고 다른 형체가 되는 과정이라고 여기기 때문에, 죽은 뒤에 다시 태어나 살게 되는 결과에 관심을 가졌다. 인간의 삶이 죽음으로 끝나지 않고 죽기 전의 선한 행실과 악한 행실에 따라 다시 태어나는 것이 윤회인 것이다.

① 죽음이란 하나의 삶에서 다른 삶으로 가는 과정이라고 여겼다.

② 죽음을 신성시하여 장례 의식을 성대하게 치르는 것을 중요하게 여겼다.

③ 현실에 충실하였기에 죽음 이후의 세계에 대해서는 관심이 많지 않았다.

④ 영혼의 행복과 불행은 현재 삶에서 자신의 업적에 따라 결정된다고 보았다.

⑤ 땅을 신성한 존재로 여겨 죽음 이후에 인간의 영혼이 정화되기를 기원하였다.

1

다음에 제시된 질문의 답을 찾을 수 있는 문단을 찾아 연결해 보자.

티베트에서는 왜 매장을 꺼려 하는가?	•	• 1문단
우리나라의 장례 풍습은 무엇의 영향을 받았는가?	•	• 2문단
지역마다 장례의 모습이 다양해진 까닭은 무엇인가?	•	• 3문단
마셜 제도에서의 장례 풍습은 어떠한가?	•	• 4문단
각 지역의 장례 풍습에서 동질성을 찾을 수 있는가?	•	• 5문단

2

다음 빈칸을 채워 가며 이 글의 중심 내용을 정리해 보자.

자연환경, 종교, 문화 등 사람들이 살아가는 모습에 따라 달라지는 장례 풍습

▼ ▼

자연환경과 생활 관습의 영향　　　　　　　　**종교와 문화의 영향**

티베트
- (　　　): 독수리가 시신을 먹고 하늘에 오르면 죽은 사람도 하늘로 올라간다고 여김.
- 기온이 낮고 (　　　)가 높은 자연환경
- (　　　) 생활 → 시신을 땅에 묻는 일을 피함.

마셜 제도
- (　　　): 시신을 배에 실어 먼 바다로 떠나보냄.
- 삶의 터전이 바다임. → (　　　)은 모든 사물을 정화한다고 믿음.

우리나라
- (　　　): 시신을 땅에 묻음.
- (　　　) 문화의 영향을 받음.
- 윤회에 대한 믿음이 없고, 사람에게는 (　　　)이 있다고 믿음.

▼

각 지역 장례 의식의 동질성
- 집단 의식을 통해 죽은 이의 혼을 달래며 (　　　　　)에 대한 두려움을 극복함.
- (　　　　) 의식이 형성됨.

배 경 지 식

슬프지만 유교의 상례에 대해 알아볼까?

유교에서는 죽은 사람들이 사는 지하 세계인 황천의 개념은 있었으나 불교나 도교처럼 지옥이나 환생의 관념이 구체적으로 존재하지는 않았다고 해요. 다만 사람이 죽으면 혼백이 분리되어 혼은 사당에 모시고 백은 신체와 함께 분묘에 남는다고 믿었지요. 그리하여 초혼이라는 풍습도 있었답니다. **초혼은 사람이 죽었을 때에 그 혼을 소리쳐 부르는 일인**데, 죽은 사람이 살아 있을 때 입던 윗옷을 가지고 지붕에 올라서거나 마당에 서서, 왼손으로는 옷깃을 잡고 오른손으로는 옷의 허리 부분을 잡은 뒤 북쪽을 향하여 "아무 동네 아무개 복(復)."이라고 세 번 부르는 것이지요. 혹시라도 망자의 혼이 돌아올까 하는 마음에서 행했답니다. 또 **부모가 사망하면 자식이 애도의 의미로 3년 동안 상복을 입고 예를 치르기도 했어요.** 이는 인간이 태어나 3년이 되어야만 부모의 품을 떠날 수 있다는 의식에서 비롯되었다고 해요.

#유교   #황천   #혼백   #초혼

상여가 나가는 모습

어 휘 · 어 법

1~4

다음 문장에 들어갈 올바른 단어를 찾아 ○를 표시해 보자.

1 (신성 / 신선)한 신전에서는 몸가짐을 단정히 해야 한다.

2 명예 (회손 / 훼손)으로 고발하겠습니다.

3 나는 시험을 (치르다 / 치루다)가 배가 고파지기 시작했다.

4 엄마는 가게에서 물건값을 (치렀다 / 치루었다).

5~8

다음 빈칸에 들어갈 알맞은 단어를 〈보기〉에서 찾아 써 보자.

> 보기
>
> 고도   유목   지리적   동질성

5 우리나라와 일본은 (   )(으)로 가깝다.

6 양 또는 낙타는 (   ) 생활에 꼭 필요한 가축이다.

7 현재 이 비행기는 (   ) 5,000미터 상공을 비행하고 있습니다.

8 그 나라는 오랫동안 단일 민족으로서의 (   )을/를 강조해 왔다.

Tip • **치르다** ① 주어야 할 돈을 내주다. 예 옷값을 치르다. ② 무슨 일을 겪어 내다. 예 시험을 치르다.
 • 치루다(X) → '물건값을 치뤘다.'는 '치렀다'로 써야 옳다. 기본형이 '치르다'이므로 '치르- + -었- → 치뤘-'이 되지 않는다.

왜 더하기를 '+' 기호로 쓸까

문제 풀이
지문 해제
관련 영상
어휘 퀴즈

'+', '−', '×', '÷'는 우리에게 너무나도 익숙한 기호이다. 이들은 지극히 당연하게 사용하고 있는 이른바 '사칙 연산'의 기호들이다. 그런데 왜 더하기의 기호는 '+'로 쓰게 되었을까? '+'는 1489년 독일의 요하네스 비드만이 쓴 책에서 처음 사용되었다. 다만 이 책에 나온 '+'는 연산 기호가 아닌 '초과'의 의미였다. 그리고 비드만은 덧셈에 라틴어인 'et(영어의 and)'을 사용해서, '3에 5를 더한다.'를 '3 et 5'로 표시했다. '+' 기호가 생겨난 데에는 'et'의 필기체가 뭉개져서 't'가 되었다가 다시 '+'가 되었다는 설이 있다. '+'가 덧셈 연산 기호로서 처음 등장한 것은 1514년에 네덜란드의 판데르 헤케가 쓴 산술책이라고 한다.

'+'와 마찬가지로 '−'도 비드만의 책에 최초로 등장했다. 그 책에서 '−'는 '부족'을 의미했고, 뺄셈에는 라틴어인 'de'가 사용되었다. 즉, '5에서 3을 뺀다.'는 '5 de 3'이라고 표시했다. 여기에서 'de'는 'demptus(~을 뺀)'의 머리글자이다. 그렇다면 기호 '−'는 무엇에서 유래했을까? 원래 서양에서는 'plus(더하기)', 'minus(빼기)'의 머리글자인 'p', 'm'을 이용해서 '4 p 3', '5 m 2'라고 표기하는 방식이 보급되어 있었다고 한다. 그래서 '−'는 'm'이 '~'으로 변형된 후 굳어진 것이라는 설이 있다. 그리고 '+'와 마찬가지로 네덜란드의 헤케가 쓴 책에서 연산 기호로서 '−'가 처음으로 등장한 것으로 알려져 있다.

'×'는 1631년에 영국의 윌리엄 오트레드가 수학 교과서로 이름 높은 『수학의 열쇠』에서 처음 사용했다. 사실 곱셈에는 연산 기호가 필요 없다. 가령 문자끼리의 곱셈 '$x \times y$'는 그냥 'xy'라고 쓰면 된다. 그리고 숫자끼리의 곱셈 기호로는 '×'보다 먼저 '·'이 사용되고 있었다. '·'은 15세기 초엽에 이탈리아에서 사용하기 시작한 기호로, '3·5'는 '3×5'를 의미한다. '숫자·숫자'로 표기해도 헷갈릴 일이 없으니 굳이 새로운 연산 기호를 궁리할 필요는 없었던 것이다. 현재도 곱셈 기호로는 '×'와 '·', 그리고 문자의 경우 '기호 없음'의 세 가지를 상황에 따라 사용하고 있다.

'÷'는 그 기원이 정확히 알려져 있지 않지만, 스위스의 하인리히 란이 1659년에 자신의 저서에서 분수 모양을 차용해 '÷'를 사용했다는 설이 우세하다. 그리고 영국에서는 17세기부터 존 월리스와 아이작 뉴턴이 '÷' 기호를 사용한 덕분에 점점 널리 쓰이게 되었다. 한편 독일에서는 라이프니츠가 사용하기 시작한 ' : '가 나눗셈 기호로 널리 확산되었다. 라이프니츠는 곱셈 기호로 점 하나인 '·'를, 나눗셈 기호로 점 두 개인 ' : '를 사용했다. 예를 들면 '6 : 2 = 3'과 같은 식이다. ㉠이렇게 영국에서는 '×'와 '÷'가, 독일을 비롯한 대륙에서는 '·'과 ' : '가 사용되었으며, 이들 기호는 한동안 좀처럼 통일되지 않고 경쟁 관계를 형성하였다.

◆ **초과** 일정한 수나 한도 따위를 넘음.
산술 일상생활에 실제로 응용할 수 있는, 수와 양의 간단한 성질 및 셈을 다루는 수학적 계산 방법.
보급 널리 펴서 많은 사람들에게 골고루 미치게 하여 누리게 함.
가령 ① 가정하여 말하여. ② 예를 들어.

1

윗글의 내용과 일치하는 것은?

① '+'는 처음 사용될 때부터 덧셈 연산 기호의 역할을 했다.

② '−'는 'minus(빼기)'의 'm'이 '~'으로 변형된 것이라는 설이 있다.

③ '÷'는 독일의 라이프니츠가 사용하기 시작한 뒤 널리 사용되었다.

④ 네 가지 사칙 연산 기호는 모두 독일의 요하네스 비드만이 처음 사용했다.

⑤ 1631년에 '×'가 처음 등장하기 전에는 곱셈의 연산 기호가 존재하지 않았다.

2

윗글에 소개된 학자들과 그들이 사용한 연산 기호를 잘못 짝지은 것은?

	현재 사용되는 연산 기호	학자	학자가 사용한 연산 기호의 예
①	+	판데르 헤케	5 + 7 = 12
②	−	요하네스 비드만	6 de 3 = 3
③	×	윌리엄 오트레드	3·5 = 15
④	÷	라이프니츠	14 : 7 = 2
⑤	÷	아이작 뉴턴	8 ÷ 2 = 4

3 어휘

㉠의 상황을 표현한 한자 성어로 가장 적절한 것은?

① 과유불급(過猶不及)

② 상전벽해(桑田碧海)

③ 호각지세(互角之勢)

④ 일취월장(日就月將)

⑤ 다다익선(多多益善)

1

다음에 제시된 질문의 답을 찾을 수 있는 문단을 찾아 연결해 보자.

역사적으로 나눗셈 기호는 '÷'만 존재하였는가? •　　• 1문단

곱셈 기호 '×'가 처음으로 사용된 책의 이름은 무엇인가? •　　• 2문단

'−' 기호는 처음 등장한 책에서 어떤 의미로 사용되었는가? •　　• 3문단

덧셈 기호 '+'의 모양은 어디에서 유래했을까? •　　• 4문단

2

다음 빈칸을 채워 가며 이 글의 내용을 정리해 보자.

> 사칙 연산 기호 '+', '−', '×', '÷'는 왜 이런 모양으로 사용하기 시작했을까?

▼

	( )	−	×	( )
최초로 등장한 책	요하네스 비드만의 저서에서 '초과'의 의미로 사용됨.	( )의 저서에서 '( )'의 의미로 사용됨.	윌리엄 오트레드의 『( )』	하인리히 란의 저서
동일한 의미의 연산 기호	'( )', 'p'	'de', 'm'	• 숫자 간 곱셈: ( ) • 문자 간 곱셈: ( ).	라이프니츠가 ( )를 사용함.
현대와 동일한 의미로 사용한 사람	( )	판데르 헤케	윌리엄 오트레드	하인리히 란, 존 월리스와 ( )

배 경 지 식

사칙 연산 기호를 꼭 숫자 사이에 써야 할까?

우리는 일반적으로 숫자 사이에 기호를 넣어 사칙 연산을 표현해요. '1+1'처럼 **연산의 두 대상 사이에 연산 기호를 쓰는 것인데, 이러한 방식을 '중위 표기법'이라고 하지요.** 이 표기법이 너무나 당연한 것처럼 보이지만 '+12'처럼 기호를 연산 대상 앞에 쓰는 '전위 표기법', '12+'처럼 기호를 연산 대상 뒤에 쓰는 '후위 표기법'도 있답니다. 전위 표기법과 후위 표기법을 사용하는 이유는 중위 표기법에서는 '(1+1)×(2+2)'처럼 연산의 우선순위를 괄호를 써야만 나타낼 수 있기 때문이에요. 물론 전자계산기에서는 우선순위가 없는 중위 표기법이 사용되기도 한답니다. 그러면 전자계산기에서는 앞선 식의 답이 '8'이 아니라 '6'이 되는 것이지요. 왜냐하면 '1+1×2+2'처럼 우선순위 없이 답을 구하기 때문입니다. 그래서 수식에서 괄호와 우선순위를 파악하는 단계가 번거로울 수 있기 때문에 몇몇 컴퓨터 프로그래밍 언어에서는 전위 표기법이나 후위 표기법을 사용하기도 한다고 합니다.

#사칙 연산   #전위 표기법   #중위 표기법   #후위 표기법

어 휘 · 어 법

1~4

다음 뜻풀이에 해당하는 한자 성어를 〈보기〉의 글자를 조합하여 빈칸에 써 보자.

> **보기**
>
> 일 전 급 상 월 불 다 해 과 취 다 유 익 선 벽 장

1 많으면 많을수록 더욱 좋음. (   )
2 나날이 다달이 자라거나 발전함. (   )
3 세상일의 변천이 심함을 비유적으로 이름. (   )
4 정도를 지나침은 미치지 못함과 같음. (   )

5~8

다음 밑줄 친 부분과 바꿔 쓸 수 있는 말을 〈보기〉에서 찾아 문맥에 맞게 바꾸어 써 보자.

> **보기**
>
> 확산되다   초과하다   표기되다   궁리하다

5 사전에 <u>쓰인</u> 발음 기호를 참고해 보자. (   )
6 소문이 삽시간에 학교 곳곳으로 <u>퍼지기</u> 시작했다. (   )
7 여행 비용이 계획했던 예산을 <u>넘은</u> 것으로 확인되었다. (   )
8 한참을 <u>생각한</u> 끝에 묘안이 떠올랐다. (   )

Tip • 보급(널리 普, 미칠 及) 널리 펴서 많은 사람들에게 골고루 미치게 하여 누리게 함. 예 기술의 개발과 보급
      • 보급(도울 補, 줄 給) 물자나 자금 따위를 계속해서 대어 줌. 예 식량 보급 / 무기 보급

모든 생명은 서로 돕는다

'생물은 오랜 시간에 걸쳐 생존 경쟁을 통해 진화해 왔다.'라는 다윈의 연구와 주장은 오랫동안 생명의 기본적인 속성으로 받아들여져 왔다. 하지만 정말로 생명체들은 치열한 생존 경쟁에 의해서만 진화해 왔고, 우리는 이러한 과도한 경쟁을 받아들이며 살아야만 하는 것일까? 러시아의 동물학자 크로폿킨은 생물은 경쟁에 의해서가 아니라 상호 협력을 통해서 진화해 왔다고 주장한다. 5

그는 자연 다큐멘터리에 맹수들이 초식 동물을 사냥하는 장면이 흔히 나오기 때문에 사람들이 약육강식이 당연한 생물 진화 법칙인 것처럼 오해하고 있다고 지적한다. 하지만 초원에는 우리가 상상할 수 없을 정도로 많은 생물들이 살고 있으며, 그 중에 다른 동물을 잡아먹는 육식 동물은 극소수에 불과하다고 설명하고 있다. 그리고 많은 생물들은 간혹 경쟁이나 다툼이 있는 경우도 있지만 그것은 극히 예외적이고 10 대부분은 서로 협력하며 지낸다고 주장하고 있다.

이에 대해 많은 동물학자들은 개체들이 함께 모이게 되면 서로 더 많이 도울 수 있고 지능적으로 더욱더 발달할 수 있을 뿐만 아니라, 살아남을 기회를 더 많이 갖게 될 것이라는 주장에 대해 대부분 동의하고 있다. 또한 크로폿킨은 동물들이 무리를 이루고 서로 돕는 것은 각 개체를 위해서는 말할 것도 없고 무리를 위해서도 유리하 15 다고 주장한다. 무리를 이루고 방어하는 상태에서는 늑대나 곰, 심지어 사자조차 약한 동물을 쉽게 사냥할 수 없으며, 이런 경우 맹수들은 먹잇감을 찾지 못해 며칠씩 굶게 되기도 한다는 것이다.

동물들은 언제 어떻게 변할지 예측할 수 없는 환경 속에서 개체와 종족을 유지하기 위해 개체 간의 생존 경쟁이 아니라 상호 협력의 형태를 유지해 왔다. 물론 급격한 20 환경 변화가 없는 가운데 많은 종들이 **빽빽하게** 들어차 있는 상황이라면 다른 생명과의 경쟁이 중요한 요소일 것이다. 하지만 급변하는 환경에 적응하기 위해서는 개별적인 경쟁을 최소화하고 상호 협력을 발전시킨 생물 종들이 번성에 더 유리할 수밖에 없다는 것이다.

아울러 크로폿킨은 이러한 상호 협력이 동물들 사이에서만 이루어진 것이 아니라 25 인류도 상호 협력을 통해서 진화해 왔다고 주장한다. 그는 원시 부족 사회에서도 경쟁보다는 상호 협력을 통해 공동체를 유지했으며, 이후에도 인류의 역사에서 상호 협력의 사례를 많이 찾을 수 있다고 설명하고 있다. 우리 사회는 지금 지나치게 경쟁만을 강조하고 있다. 이는 소수의 강자들이 자신들의 폭력과 착취를 합리화하기 위해 약육강식을 수단으로 삼았기 때문일 것이다. 이제 우리는 이러한 강자의 이데올 30 로기에서 ⓐ벗어나 생명의 질서와 관계를 다시 생각해 볼 필요가 있다.

◆ **약육강식** 약한 자가 강한 자에게 먹힌다는 뜻으로, 강한 자가 약한 자를 희생시켜서 번영하거나, 약한 자가 강한 자에게 끝내는 멸망됨을 이르는 말.
개체 하나의 독립된 생물체.

1

다음은 학생이 윗글을 읽고 정리한 내용이다. 적절한 것만을 골라 바르게 묶은 것은?

- 생물들이 생존 경쟁에 의해 진화해 왔다는 다윈의 주장은 오랫동안 생명의 기본적인 속성으로 받아들여져 왔다. ㄱ
- 크로폿킨은 다른 동물을 잡아먹는 육식 동물은 극소수에 불과하고 대부분은 서로 협력하며 지낸다고 주장했다. ㄴ
- 많은 동물학자들은 개체들이 함께 모이게 되면 맹수들의 표적이 되어 생존에 어려움을 겪을 것이라고 주장했다. ㄷ
- 크로폿킨은 급격한 환경 변화에 적응하기 위해서는 개체 간의 치열한 생존 경쟁이 더 유리하다고 주장했다. ㄹ

① ㄱ, ㄴ　　② ㄱ, ㄷ　　③ ㄴ, ㄷ　　④ ㄴ, ㄹ　　⑤ ㄷ, ㄹ

2

〈보기〉의 대화 흐름을 고려할 때, ㉮에 들어갈 내용으로 가장 적절한 것은?

> **보기**
>
> **선생님:** 소수의 강자로부터 개체를 유지하기 위해 약자가 상호 협력을 하는 사례는 동물들뿐만 아니라 인간의 삶에서도 얼마든지 찾아볼 수 있습니다. 상호 협력이 일어난 사례나 경험을 자유롭게 이야기해 볼까요?
>
> **학생:** 선생님, 저는 이 글을 읽은 후에 우리 사회에서 일어나고 있는 상호 협력의 사례 중에 　㉮　 이 비슷하다고 생각했습니다.

① 구매자가 최저가 제품을 구입하기 위해 가능한 한 많은 가게를 방문하는 것
② 생산자가 상품의 유통 과정을 줄이기 위해 소비자를 직접 만나서 판매하는 것
③ 운동선수가 기록을 경신하기 위해 최선을 다해 다른 선수들과 함께 경쟁하는 것
④ 작가가 창의적인 작품을 구상하기 위해 다양한 사람들을 만나고 경험을 쌓는 것
⑤ 동네 슈퍼마켓들이 대형 마트에 대응하기 위해 함께 서비스 질을 개선하는 것

◆ **경신** 기록경기 따위에서, 종전의 기록을 깨뜨림.

 3 어휘

문맥상 ⓐ와 바꾸어 쓸 수 있는 말로 가장 적절한 것은?
① 상실(喪失)해
② 대체(代替)해
③ 탈피(脫皮)해
④ 교체(交替)해
⑤ 회피(回避)해

지문
분석

1

각 문단의 중심 내용을 순서대로 나열해 보자.

> ㉠ 약육강식이 당연한 생물 진화 법칙은 아니며 대부분의 생물들은 서로 협력한다.
> ㉡ 치열한 생존 경쟁에 의해 생물이 진화했다는 주장이 오랫동안 받아들여져 왔다.
> ㉢ 급변하는 환경에 적응하고 개체를 유지하고자 상호 협력의 형태를 유지해 왔다.
> ㉣ 인류도 상호 협력을 해 왔으며, 생명의 질서와 관계에 대해 다시 생각해 봐야 한다.
> ㉤ 무리를 이룬 개체들은 상호 협력을 하기 때문에 살아남을 기회를 더 많이 갖는다.

(   )

2

빈칸에 들어갈 이 글의 핵심어를 4음절로 써 보자.

> '경쟁'을 하기보다는 '(   )'을 해야 한다.

3

다음 빈칸을 채워 가며 이 글의 내용을 정리해 보자.

| "생물은 생존 경쟁에 의해 진화해 왔다." | ▶ | (   )의 주장이 사회적 통념이 됨. |

▼

| "생물은 경쟁에 의해서가 아니라 상호 협력을 통해 진화해 왔다." | ◀ | (   )이 의문을 제기함. |

▼

| "개체들이 함께 모이면 서로 더 많이 도울 수 있고 (   )를 더 많이 갖게 된다." | ▶ | 크로폿킨의 주장에 많은 동물학자들이 (   )함. |

▼

| "인류도 상호 협력을 통해 (   )해 왔다." | ◀ | 급변하는 (   )에 적응 하기 위해서 상호 협력이 더 유리함. |

▼

| (   )의 이데올로기에서 벗어나 (   )를 다시 생각해야 한다. |

배경지식

다윈이 주장한 진화론은 무엇일까?

다윈은 1859년에 자연 선택설을 중심으로 한 진화론이 담긴 『종의 기원』을 발표했어요. 그전까지 사람들은 '모든 종은 하나하나 따로따로 그 모습 그대로 신이 창조하셨다.'라고 생각했기 때문에 이 책은 큰 논란을 불러일으켰지요. 그의 주장은 다음과 같답니다.

생물은 대부분 많은 수의 자손을 낳습니다. 그리고 개체들은 같은 종이더라도 성별, 나이와 관계없이 모양과 성질이 다른데, 이런 현상을 변이라고 해요. 개체들은 먹이, 공간, 배우자 등을 확보하기 위해 생존 경쟁을 벌이지요. 이 중 환경에 적합한 변이를 가진 개체가 그렇지 못한 개체에 비해 오래 살아남아 더 많은 자손을 낳기는 과정을 자연 선택이라고 해요. 경쟁에서 살아남은 개체는 자신의 변이를 자손에게 물려주게 되며 이러한 자연 선택 과정이 오랜 시간 동안 여러 세대를 거듭하여 반복되면 기존의 종과는 다른 종으로 서서히 진화가 이루어지는 것이지요.

다윈

#다윈   #자연 선택설   #진화론   #종의 기원

어휘·어법

1~3

다음 뜻풀이에 알맞은 단어를 〈보기〉에서 찾아 빈칸에 써 보자.

> **보기**
>
> 진화   번성   이데올로기

1 ① 한창 성하게 일어나 퍼짐. ② 나무나 풀이 무성함. (   )
2 생물이 생명의 기원 이후부터 점진적으로 변해 가는 현상. (   )
3 사회 집단에 있어서 사상, 행동, 생활 방법을 근본적으로 제약하고 있는 관념이나 신조의 체계.
(   )

4~6

다음 뜻풀이에 해당하는 단어를 〈보기〉의 글자를 조합하여 빈칸에 써 보자.

> **보기**
>
> 협   착   육   약   력   강   취   식

4 힘을 합하여 서로 도움. (   )
5 강한 자가 약한 자를 희생시켜서 번영하거나, 약한 자가 강한 자에게 끝내는 멸망됨. (   )
6 계급 사회에서 생산 수단을 소유한 사람이 생산 수단을 갖지 않은 직접 생산자로부터 그 노동의 성과를 무상으로 취득함. 또는 그런 일. (   )

Tip 감 ① (일부 명사 뒤에 붙어) '자격을 갖춘 사람'의 뜻을 나타내는 말. ⓔ 신랑감 / 며느릿감 / 사윗감 / 장군감
② (일부 명사 뒤에 붙어) 대상이 되는 도구, 사물, 사람, 재료의 뜻을 나타내는 말. ⓔ 구경감 / 놀림감 / 장난감 / 먹잇감

과학

03

샴푸와 린스, 한 번에 해결

문제 풀이
지문 해제
관련 영상
어휘 퀴즈

샤워는커녕 머리 감을 시간도 없을 정도로 시간에 쫓길 때, 샴푸와 린스를 한꺼번에 머리에 바르고 싶을 때가 있다. 이런 경우 사용하면 좋은 것이 샴푸와 린스의 기능이 함께 있는 린스 겸용 샴푸이다. 샴푸는 모발에서 기름때를 제거하여 머리카락을 청결하게 하는 데 반해, 린스는 머릿기름을 바른 듯 머리카락에 윤기를 준다. 이 상반된 효능을 하나로 만든 것이 린스 겸용 샴푸이다. 샴푸와 린스를 반반씩 섞어서 만들지는 않았을 텐데, 이 제품에는 어떤 과학이 숨어 있을까? 5

우선 샴푸와 린스의 화학 구조와 원리를 알아보자. 샴푸는 머리 부분의 친수기와 꼬리 부분의 소수기를 함께 가진 분자를 포함하는 화학 구조를 지닌다. 샴푸가 머리카락에 닿으면 먼저 샴푸의 소수기가 기름때를 공격하고 친수기가 머리카락 표면을 덮어 이를 물이 씻어 내면서 머리카락을 깨끗하게 만든다. 린스도 기본적으로 샴푸와 동일한 분자 구조를 가지지만, 친수기가 가지는 전하가 다르다. 물속에서는 샴푸의 친수기가 (−)전하를 띠는 데 반해, 린스는 (+)전하를 띤다. 따라서 샴푸 후에 린스를 사용하면 (−)전하를 띠고 있던 머리카락에 린스가 착 달라붙어 촉촉한 느낌을 낸다. 또한 린스는 샴푸보다 긴 소수기를 가지고 있기 때문에 머리카락이 엉키는 것을 방지하고, 머리카락을 보송보송하게 연출해 준다. 15

샴푸와 린스의 효과가 이와 같다고 해서 이 둘을 단순히 섞어 린스 겸용 샴푸를 만들 수는 없다. 왜냐하면 샴푸의 (−)전하와 린스의 (+)전하가 서로의 성분을 없애기 때문이다. 그리하여 연구를 거듭한 끝에 탄생한 것이 린스 겸용 샴푸이다. 린스 성분에 양이온성 폴리머를 이용하는 방법이 대표적인데, 양이온성 폴리머는 양이온을 곳곳에 배치한 긴 끈 모양의 분자이다. 린스 겸용 샴푸의 원액에는 린스의 양이온과 샴푸의 음이온이 길게 결합되어 있다. 린스 겸용 샴푸를 머리에 바르면 분자의 크기가 작은 샴푸가 먼저 물에 분해되어 머리카락의 더러움을 씻어 낸다. 다음으로 (−)전하를 띤 머리카락에 (+)전하를 띤 린스 성분이 작용해 효과를 발휘한다. 이처럼 한 번에 두 가지 효과를 볼 수 있는 린스 겸용 샴푸는 바쁜 현대인에게 편리한 제품이기는 하지만, 샴푸와 린스를 따로 사용하는 만큼의 효과는 얻기 어렵다. 25

친수기 물 분자와 친화성이 높은 성질 또는 그 성질을 갖는 부분.
소수기 물 분자와 친화성이 적은 성질 또는 그 성질을 갖는 부분.
분자 물질에서 화학적 형태와 성질을 잃지 않고 분리될 수 있는 최소의 입자.
전하 물체가 띠고 있는 정전기의 양.
이온 전하를 띠는 원자 또는 원자단.
폴리머 분자가 기본 단위의 반복으로 이루어진 화합물.

1

윗글의 내용과 일치하는 것은?

① 린스 겸용 샴푸는 샴푸와 린스를 반반씩 섞어서 만든다.

② 샴푸와 린스는 기본적으로 동일한 분자 구조를 가지고 있다.

③ 린스 겸용 샴푸를 만들 수 있는 것은 샴푸의 양이온성 폴리머 덕분이다.

④ 린스 겸용 샴푸는 샴푸와 린스를 따로 사용하는 것보다 효과가 더 좋다.

⑤ 린스 겸용 샴푸는 린스 성분이 먼저 작용한 후 샴푸 성분이 효과를 발휘한다.

2

윗글을 바탕으로 〈보기〉의 (A)~(C)에 대해 설명한 내용으로 적절하지 <u>않은</u> 것은?

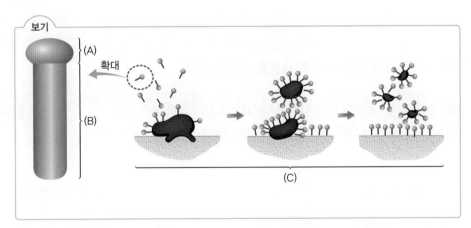

① 샴푸와 린스 모두 (A)와 (B)를 가지고 있지만, 물에 들어가면 (A)가 띠는 전하가 다르다.

② 샴푸에 비해 린스는 (B)가 더 길기 때문에 머리카락이 엉키는 것을 방지하는 효과를 낸다.

③ (C)에서 샴푸의 소수기가 기름때를 공격하고 친수기가 머리카락 표면을 덮은 다음 물에 씻겨 나가는 과정이 드러난다.

④ 린스의 작용은 (+)전하를 띤 (A)가 머리카락과 결합하고 (B)가 머리카락을 보송보송하게 한다.

⑤ 물에 들어가면 샴푸의 (A)는 (+)전하를 띠고 린스의 (A)는 (−)전하를 띤다.

1 문단 요약

각 문단의 내용을 다음과 같이 정리할 때, 맞으면 ○, 틀리면 ×를 표시해 보자.

1문단
- 샴푸와 린스는 같은 효능을 가지고 있다. ( )
- 린스 겸용 샴푸는 린스와 샴푸의 효능을 하나로 만든 것이다. ( )

2문단
- 샴푸와 린스는 둘 다 친수기와 소수기를 가진 분자를 포함하고 있다. ( )
- 린스는 샴푸보다 긴 소수기를 가지고 있어 머리카락이 엉키는 것을 방지하고, 머리카락을 보송보송하게 해 준다. ( )

3문단
- 린스 겸용 샴푸는 린스 성분에 양이온성 폴리머를 이용한다. ( )
- 린스 겸용 샴푸는 샴푸와 린스를 따로 사용하는 것보다 효과가 뛰어나다. ( )

2 글의 구조

다음 빈칸을 채워 가며 이 글의 내용을 정리해 보자.

샴푸는 모발의 기름때를 제거하고, 린스는 모발을 윤기 나게 해 주는 ( )된 효능을 가지고 있는데, 린스 겸용 샴푸를 만드는 것이 어떻게 가능할까?

샴푸의 화학 구조와 원리		린스의 화학 구조와 원리	
소수기	린스보다 짧고 기름때를 공격함.	소수기	샴푸보다 길고 머리카락의 엉킴을 방지함.
친수기	물속에서 ( )를 띰. → 머리카락 ( )을 덮어 이를 물이 씻어 냄.	친수기	물속에서 ( )를 띰. → 샴푸 후 ( )를 띠고 있던 머리카락에 달라붙어 촉촉한 느낌을 냄.

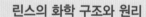

- 샴푸와 린스를 단순히 섞으면 샴푸의 ( )전하, 린스의 ( )전하가 서로의 성분을 무효화함.
- 린스 성분에 양이온을 곳곳에 배치한 긴 끈 모양의 분자인 ( )를 이용함.

배 경 지 식

분자와 원자의 차이는 무엇이지?

분자는 물질에서 화학적 형태와 성질을 잃지 않고 분리될 수 있는 최소의 입자입니다. 다시 말해, 분자를 쪼개면 물질이 가진 성질을 잃어버리지요. 예를 들어 물 분자는 수소 원자 2개와 산소 원자 1개로 이루어지는데 이를 쪼개면 물의 성질을 잃게 된답니다.

원자는 물질을 구성하는 기본 단위 입자입니다. 원자는 (+)전하를 띤 원자핵과 (−)전하를 띤 전자로 구성되어 있지요. 원자는 (+)전하와 (−)전하의 개수가 같은 중성 상태입니다. 그런데 원자의 가운데에 있는 원자핵은 움직이지 않지만, 전자는 이동 가능한 성질이 있어요. 그리하여 **원자가 전자를 잃어 (+)전하량이 더 많은 입자를 양이온**이라 부르고, **중성 원자가 전자를 얻어 (−)전하량이 더 많은 입자를 음이온**이라고 부르지요.

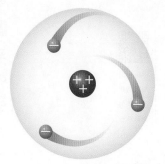

원자의 구조

#분자   #원자   #양이온   #음이온

어 휘 · 어 법

1~3

다음 문장에 들어갈 올바른 단어를 찾아 ○를 표시해 보자.

1 경찰이 그 사건의 용의자를 (쫓고 / 좇고) 있다.

2 그는 무슨 좋은 일이 있는지 (머리기름 / 머릿기름)을 바르고 양복까지 차려입었다.

3 반질반질하고 매끄러운 기운을 '윤기'라고 하고 ([윤기] / [윤:끼])라고 읽는다.

4~7

다음 뜻풀이에 알맞은 단어를 〈보기〉에서 찾아 빈칸에 써 보자.

> **보기**
>
> 분자   전하   이온   분해

4 물체가 띠고 있는 정전기의 양. (   )

5 전하를 띠는 원자 또는 원자단. (   )

6 한 종류의 화합물이 두 가지 이상의 간단한 화합물로 변화함. 또는 그런 반응. (   )

7 물질에서 화학적 형태와 성질을 잃지 않고 분리될 수 있는 최소의 입자. (   )

Tip 일석이조(一石二鳥) 돌 한 개를 던져 새 두 마리를 잡는다는 뜻으로, 동시에 두 가지 이득을 봄을 이르는 말.
= 일거양득(一擧兩得), 일전쌍조(一箭雙鵰)

과학

04 기후에 영향을 받는 생물들

문제 풀이
지문 해제
관련 영상
어휘 퀴즈

가 생물은 각각의 환경에 적응하여 독특하고 다양한 모습을 지니고 있다. 각 지역에 살고 있는 생물들은 빛·물·온도·토양·바람 등의 영향을 받으며 살아간다. 이 중에서 가장 큰 영향을 주는 요인은 강수량과 온도를 포함하는 기후이다.

나 건조한 사막 생활에 독특하게 적응하는 포유류로는 캥거루쥐가 있다. 남부 캘리포니아 사막에 살고 있는 캥거루쥐는 다소 온도가 낮은 굴속에서 주로 생활하며, 밤에는 먹이를 찾아 밖으로 나온다. 굴 밖으로 나오더라도 반경˙ 300m 이상 벗어나는 일이 없다. 사막에서는 1년 내내 비는커녕 이슬조차 내리지 않기 때문에 공기 중의 습도는 0%에 가깝다. ㉠그런데 이렇게 건조한 지역에 사는 캥거루쥐 몸 안의 수분 함유량은 65%로 다른 포유류와 같다. 캥거루쥐들은 건조한 먹이로부터 수분을 얻을 뿐 거의 물을 마시지 않는다. 게다가 콩팥˙으로 수분을 최대한 회수˙하여 매우 진한 오줌을 소량 배설하고 대변 또한 수분을 거의 함유하고 있지 않다. 캥거루쥐가 소모하는 수분은 호흡할 때 입김을 통해 방출되는 것이 대부분이다.

다 사막 지역에서 자라는 대표적인 식물 선인장도 비가 올 때까지 적은 양의 물로도 오랜 기간 살아갈 수 있도록 적응되어 있다. 선인장 잎은 가시 모양인데, 이는 동물들이 선인장의 어린잎을 먹지 못하게 함으로써 줄기 손상˙에 따른 물의 손실을 막아 주는 역할을 한다. 선인장의 광합성은 주로 녹색의 줄기에서 일어난다. 줄기는 두꺼운 층으로 덮여 있고 물은 내부 조직에 있는 큰 세포에 저장되어 있다. 공기와 수증기의 출입이 일어나는 기공은 선인장의 줄기에 있으며, 낮에는 기공이 주로 닫혀 있어 공기 중으로 수증기가 손실되는 것을 최소화한다.

라 강수량 이외에도 온도에 큰 영향을 받는 남극 지방의 펭귄은 체온의 손실을 줄이기 위해 몸의 털을 적극 활용한다. 물기가 전혀 스며들 수 없는 촘촘한 털이 펭귄의 온몸을 감싸고 있으며 털이 난 피부 밑의 두꺼운 지방층은 따뜻한 속옷 구실을 한다. 또한, 펭귄은 추위에 금방 얼어 버리는 알을 보호하기 위해 지방분이 많은 배의 주름진 피부로 알을 덮어서 품으며, 다른 펭귄들과 협동하는 자세도 보여 준다. 알을 품고 있는 모든 수컷들은 서로 몸을 맞대고 있으며, 가장자리에 있던 펭귄은 중앙으로, 중앙에 있던 펭귄은 가장자리로 질서 있게 서서히 자리를 옮긴다. 이는 체온의 손실을 줄이기 위한 목적이라고 할 수 있다.

마 이처럼 생물은 강수량, 기온 등의 여러 가지 환경 요인에 적응하기 위하여 각기 고유한 모습을 지니고 있다고 볼 수 있다. 그래서 빛이 들지 않아 어둡고 추운 깊은 바닷속에도 생물들이 살 수 있는 까닭을 짐작할 수 있다. 나아가 인간도 환경에 따라 생김새와 행동 방식이 달라지듯, 같은 종이라도 기후가 다른 지역에 서식하고 있다면 그 지역에 적응하기 위해 생김새 또한 달라질 수 있을 것이다.

◆ 반경 원이나 구의 중심에서 그 원둘레 또는 구면상의 한 점에 이르는 선분. 또는 그 선분의 길이. 반지름.
콩팥 척추동물의 비뇨 기관과 관련된 장기의 하나. 신장.
회수 도로 거두어들임.
손상 병이 들거나 다침.

1

다음은 윗글의 내용을 확인하는 학습 활동을 한 것이다. 적절한 것만을 골라 바르게 묶은 것은?

- 캥거루쥐는 1년 내내 습도가 거의 0%인 건조한 곳에 서식하기 때문에 수분 배출을 최소화한다. (○) ㄱ
- 선인장의 잎이 가시 모양인 것은 물의 손실을 막기 위한 것이며, 수증기의 흡수를 최대화하기 위해 주로 낮에 기공을 열어 놓고 물을 세포에 저장한다. (○) ㄴ
- 펭귄의 털이 난 피부 밑의 두꺼운 지방층은 따뜻한 속옷 구실을 하며, 다른 펭귄들과 서로 몸을 맞대고 자리를 서서히 옮기는 것도 체온의 손실을 줄이는 데 도움을 준다. (○) ㄷ
- 같은 종이라면 기후가 다른 지역에 서식하고 있어도 개체의 크기나 생김새를 일정한 모습으로 유지하고 있다. (×) ㄹ

① ㄱ, ㄴ ② ㄴ, ㄷ ③ ㄷ, ㄹ ④ ㄱ, ㄷ, ㄹ ⑤ ㄱ, ㄴ, ㄹ

2

㉠의 이유로 적절하지 <u>않은</u> 것은?

① 호흡할 때만 대부분의 수분을 소모하기 때문이다.
② 변은 배변 전에 탈수되어 수분 손실을 최소화하기 때문이다.
③ 콧구멍을 통해 수분을 방출하고 입을 통해 회수하기 때문이다.
④ 콩팥에서 수분이 재흡수되어 농축된 진한 오줌을 배설하기 때문이다.
⑤ 온도가 낮은 굴속에서 주로 지내며 밤에만 먹이 활동을 하기 때문이다.

◆ **농축** 액체를 진하게 또는 바짝 졸임.

3

윗글에서 〈보기〉의 내용을 첨가할 수 있는 위치로 가장 적절한 것은?

> **보기**
>
> 여우는 기후가 온화한 온대 지방뿐만 아니라 매우 건조하고 일교차가 큰 사막 지역에서도 산다. 심지어 영하 40℃가 넘는 북극 지방에서도 볼 수 있다. 이들 여우는 같은 종의 생물이지만 생김새는 약간씩 다르다. 사막에서 사는 여우는 몸집이 작은 편이며, 귀가 얇고 크며 꼬리와 다리는 몸통에 비해 가늘고 긴 편이다. 이에 비해 북극 여우는 몸집이 크고 귀가 작으며, 다리와 꼬리가 뭉툭하다. 온대 지방의 여우는 이들의 중간 모습을 보인다. 이것은 기후에 따라 적절하게 체온을 유지하기 위해 적응한 결과이다.

① (가)의 뒤 ② (나)의 뒤 ③ (다)의 뒤
④ (라)의 뒤 ⑤ (마)의 뒤

1

각 문단의 중심 내용과 관련 있는 것을 연결해 보자.

(가) 문단 •	• 펭귄이 체온 손실을 줄이기 위해 하는 행동
(나) 문단 •	• 생물의 생활에 가장 큰 영향을 주는 강수량과 온도
(다) 문단 •	• 수분을 유지하기 위한 캥거루쥐의 특성
(라) 문단 •	• 같은 종이라도 서식 지역의 기후에 따라 달라지는 생김새
(마) 문단 •	• 선인장 잎이 가시 모양인 이유

2

다음 빈칸을 채워 가며 이 글의 내용을 정리해 보자.

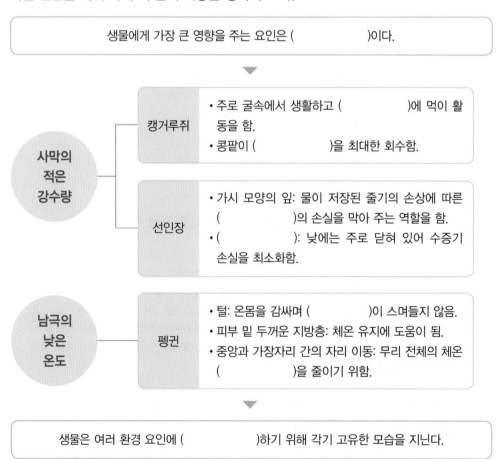

생물에게 가장 큰 영향을 주는 요인은 (　　　　　)이다.

▼

사막의 적은 강수량

캥거루쥐
• 주로 굴속에서 생활하고 (　　　　　)에 먹이 활동을 함.
• 콩팥이 (　　　　　)을 최대한 회수함.

선인장
• 가시 모양의 잎: 물이 저장된 줄기의 손상에 따른 (　　　　　)의 손실을 막아 주는 역할을 함.
• (　　　　　): 낮에는 주로 닫혀 있어 수증기 손실을 최소화함.

남극의 낮은 온도

펭귄
• 털: 온몸을 감싸며 (　　　　　)이 스며들지 않음.
• 피부 밑 두꺼운 지방층: 체온 유지에 도움이 됨.
• 중앙과 가장자리 간의 자리 이동: 무리 전체의 체온 (　　　　　)을 줄이기 위함.

▼

생물은 여러 환경 요인에 (　　　　　)하기 위해 각기 고유한 모습을 지닌다.

배경지식

생물의 다양성을 존중해야 하는 이유는 무엇일까?

수많은 종의 생물과 그들이 가진 유전자 그리고 생물이 살아가는 생태계를 통틀어 생물 다양성이라고 해요. 생물 다양성은 생태계 다양성, 종 다양성, 유전적 다양성을 포함하는 개념이지요.

생태계 다양성은 지형, 기후, 강수량의 차이에 따른 열대 우림, 초원, 사막, 해양, 농경지 등의 다양한 생태계를 이르고, 종 다양성은 한 생태계에 얼마나 많은 종이 고르게 분포하여 살고 있는가를 나타내요. **생태계는 많은 종의 생물이 균등하게 분포할수록 즉, 종 다양성이 높을수록 안정적으로 유지된답니다.** 유전적 다양성은 같은 종이라도 서로 다른 유전자를 지녀 다양한 형질이 나타나는 것을 뜻해요. 같은 종의 생물이라도 개체마다 색, 크기, 모양 등이 다른데, 이는 한 가지 형질에도 다양한 유전자가 존재하기 때문이지요.

사막여우(좌)와 북극여우(우). 같은 종이라도 환경에 맞게 적응하여 진화함으로써 둘의 모습이 확연히 다름을 알 수 있음.

#생태계 　 #종 　 #유전자

어휘·어법

1~6

빈칸에 들어갈 알맞은 단어를 〈보기〉에서 찾아 그 기호를 써 보자.

> **보기**
> ㉠ 소모: 써서 없앰.
> ㉡ 손실: 잃어버리거나 축나서 손해를 봄. 또는 그 손해.
> ㉢ 서식: 생물 따위가 일정한 곳에 자리를 잡고 삶.
> ㉣ 고유: 본래부터 가지고 있는 특유한 것.
> ㉤ 방출: ① 비축하여 놓은 것을 내놓음. ② 입자나 전자기파의 형태로 에너지를 내보냄.
> ㉥ 배설: 동물이 섭취한 영양소로부터 자신의 몸 안에 필요한 물질과 에너지를 얻은 후 생긴 노폐물을 콩팥이나 땀샘을 통해 밖으로 내보내는 일.

1 은행의 자금 (　　　　　)(으)로 기업의 숨통이 조금 트였다.

2 그 일은 시간만 (　　　　　)되고 의미도 크지 않다.

3 우리나라의 (　　　　　)한 전통문화를 경험하는 여행을 기획 중이다.

4 그 사람 말만 듣고 투자했다가 경제적 (　　　　　)을/를 어마어마하게 보았다.

5 수달이 (　　　　　)하는 곳 주변 도로에 야생 동물 주의 표지판을 설치하기로 했다.

6 음식물 섭취도 중요하지만 (　　　　　)도 그 못지않게 중요하다.

Tip 손상 ① 물체가 깨지거나 상함. 📵 도자기에 손상이 가다. 　 ② 병이 들거나 다침. 📵 뇌에 손상을 입다.
　　　③ 품질이 변하여 나빠짐. 📵 품질 손상을 막다. 　 ④ 명예나 체면, 가치 따위가 떨어짐. 📵 국위 손상.

지구에서 보는 달은 왜 항상 똑같을까

문제 풀이
지문 해제
관련 영상
어휘 퀴즈

달의 밝은 부분은 고지대이고 칼슘이 많은 사장석이 풍부한 암석으로 되어 있어서 희게 빛난다. 달의 어두운 부분은 현무암질의 용암이 흘러나와 퍼진 용암 대지로 달의 바다라고 불린다. 그런데 왜 달은 지구에서 보면 항상 같은 쪽만 보일까? 바로 달의 자전 주기와 공전 주기가 똑같기 때문이다. 그런데 우연처럼 어떻게 자전 주기와 공전 주기가 일치하게 되었을까?

달의 자전 주기와 공전 주기가 27.3일로 같은 것은 사실이다. 이런 현상을 동주기 자전이라고 한다. 그렇지만 이는 우연의 일치가 아니라 지구의 중력에 붙잡힌 달이 스스로 자전하지 못하기 때문에 빚어진 현상이다. 지구가 달의 멱살을 틀어쥐고 빙빙 돌리는 모습이라고 할까? 어른이 아이의 손을 잡고 빙빙 돌리는 장면이라고 할까? 즉, 달은 지구의 중력에 붙들려서 스스로 자전하지 못하고 공전에 의해 불가피하게 자전하는 형편이 된 것이다.

그리하여 지구에서는 달의 앞면밖에 볼 수가 없는데, 달의 공전 궤도가 지구의 공전 궤도와 약 5° 어긋나 있어서 윗부분과 아랫부분 일부가 살짝 보일 때도 있으므로 달의 표면의 59% 정도를 지구에서 관찰할 수 있다. 그런데 지구에서 관찰 가능한 달의 앞면뿐만 아니라 뒷면을 포함한 달의 전체 지형도는 이미 오래전에 완성되었다. 탐사선을 이용해 달의 뒤편으로 날아가 달의 지표를 관측할 수 있었기 때문이다. 달 탐사선이 촬영한 달의 뒷면은 짱구처럼 볼록하고 고지대가 더 많으며 운석 충돌의 흔적인 크레이터도 더 많았다.

암석학자들은 달에서 가져온 월석과 지구 암석의 화학 성분을 비교한 후 달 형성 가설의 근거 자료를 찾았다. 최근 연구에 따르면 월석은 지구 암석보다 철 성분이 적고, 광물에 포함된 산소 성분에도 약간 차이가 있다고 한다. 이러한 분석을 토대로 달이 원래부터 지구의 위성이 아니라, 지구 탄생 후 5,000만 년 정도 지나서 원시 지구와 충돌한 행성 테이아가 달이 되었다는 설이 주목을 받고 있다.

원시 행성 테이아가 45° 정도의 빗각으로 지구와 충돌한 후 물질 교환이 이루어지고 떨어져 나간 뒤 식었다면 달의 앞면과 뒷면의 차이가 생길 가능성이 높다. 충돌 후 얼마간 지구와의 거리가 현재보다 훨씬 가까웠을 것이고 따라서 테이아의 앞면과 뒷면의 식는 속도도 달랐을 것이다. 지구를 향한 앞면은 천천히 식었고, 뒷면은 빠르게 식었다고 추론하는 것이다. 그래서 달의 앞면은 지각의 두께가 얇고 현무암의 용암 대지가 아주 널리 분포하며, 달의 뒷면은 두껍고 나이가 많은 사장석질의 암석으로 된 것이라고 해석한다.

5

10

15

20

25

30

사장석 나트륨, 칼슘, 알루미늄을 주성분으로 하는 규산염 광물. 회색 또는 흰색을 띤다.
현무암 염기성 사장석과 휘석, 감람석을 주성분으로 하는 화산암의 하나. 검은색이나 검은 회색을 띤다.
용암 대지 화산의 용암이 대량으로 유출하여 생긴 대지.
자전 주기 천체(天體)가 한 바퀴 자전할 때 걸리는 시간.
공전 주기 한 천체가 다른 천체의 둘레를 한 바퀴 도는 데 걸리는 시간.
빗각 직각(90도)이나 평각(180도)이 아닌 각.

1

다음은 달에 관한 의문을 해결하기 위해 가설을 세우고 이를 증명한 것이다. 윗글에 비추어 볼 때 적절하지 <u>않은</u> 것은?

의문	달은 어떻게 지구의 위성이 되었을까?
가설	달은 지구가 생겨날 때 함께 생긴 것이 아니라, 외부 행성이 지구와 충돌한 후 지구의 중력에 붙잡혀 위성이 되었을 것이다. ……………………… ①
가설 검증 과정	• 월석과 지구 암석의 화학 성분을 비교하였더니 지구 암석은 월석보다 철 성분이 적고 광물에 포함된 산소 성분에 차이가 있었다. ………… ② • 달의 앞면은 지각의 두께가 얇고 현무암 지대가 널리 분포하는 반면 달의 뒷면은 지각의 두께가 두껍고 사장석질 암석으로 이루어졌다. ……… ③
결과 해석	원시 행성 테이아가 지구와 충돌하여 물질 교환을 한 후 떨어져 나갔을 것이다. 이후 테이아가 식는 과정에서 앞뒷면의 식는 속도에 차이가 발생하였고, 이로 인해 앞뒷면의 지각이 다른 암석으로 형성되었을 것이다. ……… ④
결론	원시 지구와 충돌한 행성 테이아가 달이 되었을 것이다. ……………… ⑤

2

윗글을 바탕으로 할 때, 〈보기〉에 대한 반응으로 가장 적절한 것은?

> 보기
>
> 옛날 사람들은 달의 무늬를 보며 그곳에 사는 존재를 상상하고 이야기를 만들어 냈다. 우리 조상들은 달에는 계수나무가 있고 그 아래 토끼가 방아를 찧고 있다고 생각했다. 중국에는 달에 두꺼비가 산다는 설화가 전해지며, 유럽 사람들은 달에서 책(또는 거울)을 들고 있는 여인의 모습을 찾아냈다. 또한 미국에는 달에 커다란 집게발을 가진 게가 산다는 이야기도 전해지고 있다.

◆ **설화** 각 민족 사이에 전승되어 오는 신화, 전설, 민담 따위를 통틀어 이르는 말.

① 옛날 사람들은 밝게 빛나는 달의 뒷면을 보고 이야기를 만들었군.

② 옛날에는 달과 지구의 거리가 더 가까워 달의 무늬가 선명하게 보였을 거야.

③ 나라마다 전해지는 달 이야기가 다른 것을 보니, 지구에서는 달의 여러 면이 관측되는군.

④ 나라마다 달에 사는 존재에 대한 서로 다른 이야기가 전해지지만, 이는 모두 달의 같은 면을 보고 만들어진 이야기들이야.

⑤ 동서양에서 달을 보고 다른 모습을 떠올린 이유는 동양에서는 달의 앞면을, 서양에서는 달의 뒷면을 보고 상상했기 때문이야.

1 각 문단의 중심 내용과 관련 있는 것을 연결해 보자.

1문단 •
      • 탐사선을 이용해 관측한 달의 뒷면의 특징

2문단 •
      • 달의 동주기 자전과 지구에서 달이 앞면만 보이는 이유

3문단 •
      • 지구에서 달이 같은 쪽만 보이는 것에 대한 의문 제기

4문단 •
      • 달의 앞면과 뒷면의 지각이 다른 이유

5문단 •
      • 달 형성 원인에 대한 가설 소개

2 다음 질문에 답하며 이 글의 내용을 정리해 보자.

질문	답
지구에서는 왜 달의 같은 쪽만 보일까?	달의 (　　　　)와 (　　　　　)가 같기 때문이다.
달은 왜 동주기 자전을 하게 되었을까?	달이 지구의 (　　　　)에 붙잡혀 스스로 자전하지 못하기 때문이다.
지구에서 관찰 가능한 달의 면적은 얼마나 되는가?	달의 공전 궤도와 지구의 공전 궤도가 약 (　　)° 어긋나 있어 달 표면의 (　　)% 정도를 관찰 가능하다.
달의 뒷면을 관찰할 수 있는 방법은 무엇인가?	(　　　　)을 이용하여 관측이 가능하다.
달의 앞면과 뒷면의 지각 구성이 다른 이유는 무엇인가?	(　　)와 충돌 후 지구를 향한 앞면은 (　　) 식었고, 뒷면은 (　　　) 식었기 때문에 지각 구성이 달라졌다.

배 경 지 식

달에는 산소와 물이 있을까?

달의 뒷면

1609년, 갈릴레이는 인류 최초로 천체 망원경을 만들어 달의 표면을 관찰했답니다. 그가 본 달은 높고 낮은 지형이 뚜렷하고 수많은 구덩이가 있는 곳이었어요. 그 이후로 과학은 날로 발전하여 우주 탐사선이 달에 직접 착륙하여 달의 지형을 조사하고 많은 사진을 촬영하였지요. 그리하여 우리는 달의 고지, 달의 바다, 크레이터뿐만 아니라 달 뒷면의 모습도 알 수 있게 되었답니다.

그런데 달에도 산소와 물이 있을까요? **달의 표면에 작용하는 중력은 매우 약하기 때문에 지구처럼 천체의 표면을 둘러싸는 기체(대기)가 넓게 존재하기는 힘들어요.** 이렇게 달은 대기가 거의 없기 때문에 온도의 변화도 약 −170~130℃로 아주 크답니다. 그러나 달의 표면에는 운석 등에 의해 **잘게 부서진 채 모래로 존재하는 가루층(표토층)이 있는데, 이 절반이 산소로 구성되어 있다고 해요.** 그리고 **달의 남극과 북극 주변의 분화구 곳곳에 얼음 형태로 존재하는 물이 있는 것으로 추정이 된다고 해요.**

#갈릴레이　　#달의 고지　　#달의 바다　　#크레이터

어 휘 · 어 법

1~7 다음 뜻풀이에 알맞은 단어를 써 넣어 상자의 빈칸을 완성해 보자.

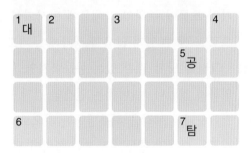

[가로]

1 주위보다 고도가 높고 넓은 면적의 평탄한 표면을 가지고 있는 지형.

5 한 천체가 다른 천체의 둘레를 주기적으로 도는 일.

6 행성, 혜성, 인공위성 등이 중력의 영향을 받아 다른 천체의 둘레를 돌면서 그리는 곡선의 길.

7 알려지지 않은 사물이나 사실 등을 샅샅이 더듬어 조사함.

[세로]

2 지구와 같은 행성의 바깥쪽을 차지하는 부분.

3 행성의 인력에 의하여 그 둘레를 도는 천체.

4 천체가 스스로 고정된 축을 중심으로 회전함. 또는 그런 운동.

Tip 뒷면(○), 뒤면(×) / 뒤편(○), 뒷편(×): 뒷말의 첫소리가 예사소리이거나 'ㄴ, ㅁ'인데, 예사소리가 된소리가 되거나 'ㄴ, ㅁ' 앞에서 'ㄴ' 소리가 덧난다면, 사이시옷을 받치어 적음.

박쥐, 너는 어떻게 날아다니니

문제 풀이
지문 해제
관련 영상
어휘 퀴즈

박쥐는 어두운 곳에서도 장애물에 부딪치지 않고 날아다닐 수 있다. 그것은 박쥐가 초음파를 쏘아 그 초음파가 반사되어 돌아오는 신호로 장애물을 감지할 수 있기 때문이다. 그렇다면 이러한 사실은 어떻게 발견된 것일까? 그것은 생물학자 ㉠스팔란차니의 탐구에서 시작된 것이라 해도 과언이 아니다. 스팔란차니는 박쥐들이 어두운 곳에서 장애물을 잘 피해 다니는 것을 보고 어떤 비밀이 있는지 궁금해했다.   5

스팔란차니는 박쥐의 신체 기관을 중심으로 전개한 일련의 실험 결과를 정리하여 저명한 과학자들에게 보냈다. 그중 ㉡바살리와 로시는 박쥐가 어두운 곳에서도 잘 날아다니는 것이 박쥐 날개의 민감한 촉감 때문일 것이라 생각했다. 스팔란차니는 이를 그럴듯하다고 믿고 실험을 해 보았다. 날개를 검은색으로 칠한 박쥐를 벽, 천장, 바닥을 온통 흰색으로 칠한 컴컴한 방에 넣어 날게 한 것이다. 그러나 박쥐는   10
벽, 천장, 바닥에 아무런 흔적도 남기지 않았다.

스팔란차니와 박쥐 실험에 대해 편지를 주고받던 제네비어는 그 내용을 외과 의사였던 쥐린에게 알렸다. ㉢쥐린은 박쥐의 귀를 막고 날게 하자 박쥐가 장애물에 부딪치는 것을 발견하고, 어둠 속에서 장애물에 부딪치지 않고 날아다닐 수 있는 박쥐의 능력이 청각과 관계가 있음을 확인하였다. 스팔란차니 역시 박쥐가 어떤 소리를 어   15
떻게 이용해서 장애물을 감지하는지는 확실히 알지 못했지만, 박쥐의 청각 때문이라고 막연하게 추측하였다. 더불어 스팔란차니는 박쥐가 날개를 퍼덕일 때 생기는 공기의 흐름이 주위의 장애물에 반사되어 돌아오는 것을 얼굴에 있는 여섯 번째 감각으로 느낄 수 있지 않을까 생각해 보기도 했다.

그러나 당시 권위 있는 동물학자였던 ㉣퀴비에는 이러한 스팔란차니의 생각에 동   20
의하지 않았다. 퀴비에는 인간의 감각 범위를 벗어나는 물리적 실체에 토대를 둔 스팔란차니의 생각을 허무맹랑한 것으로 치부해 버렸다. 퀴비에는 민감한 촉각기만 가지고도 박쥐의 행동은 충분히 설명이 된다고 주장했다. 박쥐의 날개에는 열, 추위, 저항 등을 감지할 수 있는 온갖 촉각기가 분포하고 있기 때문에 그것들로 충분히 주변 상황에 대해 판단할 수 있다는 것이었다. 퀴비에는 자신의 주장을 뒷받침하는 실험   25
을 제대로 제시하지 못했지만 당시 사람들은 그 주장을 당연한 것으로 받아들였다.

박쥐가 초음파를 사용한다는 사실이 알려진 것은 ㉤피어스가 초음파를 감지할 수 있는 장치를 개발한 이후였다. 피어스는 그리핀과 함께, 박쥐가 인간이 듣지 못하는 높은 주파수의 소리를 내보내는 것을 확인하였다. 특히 그리핀은 후속 연구를 통해 박쥐의 장애물 회피 능력은 초음파를 내보내어 그 반향을 귀로 수신하는 원리에서   30
기인한다는 것을 밝혀내며 150년 동안 이어져 온 박쥐의 비행에 대한 논의의 ⓐ끝을 맺었다.

치부 마음속으로 그러하다고 보거나 여김.
반향 소리가 어떤 장애물에 부딪쳐서 반사하여 다시 들리는 현상.
기인 어떠한 것에 원인을 둠.

1

윗글에 대한 이해로 가장 적절한 것은?

① 특정 현상에 대한 상반된 이론을 절충하며 대안을 제시하고 있다.

② 특정 현상에 대한 여러 학자들의 원리 규명 과정을 서술하고 있다.

③ 특정 현상에 대한 통념이 지니는 오류를 논리적으로 비판하고 있다.

④ 특정 현상에 대한 실험 결과들로부터 보편적 진리를 도출하고 있다.

⑤ 특정 현상에 대한 가설을 다른 대상과의 비교를 통해 검증하고 있다.

절충 서로 다른 사물이나 의견, 관점 따위를 알맞게 조절하여 서로 잘 어울리게 함.

2

㉠~㉤에 대한 이해로 적절하지 <u>않은</u> 것은?

① ㉠은 박쥐가 어두운 곳에서도 장애물에 부딪치지 않고 날아다닐 수 있는 것에 처음 호기심을 가졌다.

② ㉡은 ㉠의 실험 결과를 바탕으로 박쥐가 어두운 곳에서도 잘 날아다니는 것이 날개의 촉감 때문일 것으로 여겼다.

③ ㉢은 ㉠과 달리 박쥐가 어둠 속에서도 장애물에 부딪치지 않고 날아다닐 수 있는 능력이 청각과 관련 있다고 생각하였다.

④ ㉣은 ㉠의 생각이 인간의 감각 범위를 벗어나는 물리적 실체에 토대를 두었기에 허무맹랑한 것으로 치부해 버렸다.

⑤ ㉤이 초음파를 감지할 수 있는 장치를 개발한 이후 박쥐의 장애물 회피 능력의 실체가 밝혀지게 되었다.

3 어휘

@와 바꾸어 쓸 수 있는 말로 가장 적절한 것은?

① 미궁(迷宮)에 빠졌다.

② 첩경(捷徑)이 되었다.

③ 울화(鬱火)가 치밀었다.

④ 일생(一生)을 마감했다.

⑤ 종지부(終止符)를 찍었다.

1 각 문단의 중심 내용과 관련 있는 것을 연결해 보자.

1문단 •	•	박쥐의 장애물 회피 능력의 원리를 규명한 그리핀
2문단 •	•	박쥐의 비행 원리를 처음으로 탐구한 스팔란차니
3문단 •	•	박쥐의 비행 원리에 대한 쥐린의 의견
4문단 •	•	박쥐의 비행 원리에 대한 바살리와 로시의 의견
5문단 •	•	박쥐의 비행 원리에 대한 퀴비에의 의견

2 다음 빈칸을 채워 가며 이 글의 중심 내용을 정리해 보자.

과학적 질문	박쥐가 어두운 곳에서도 장애물에 부딪치지 않고 날아다닐 수 있는 이유는 무엇일까?

	스팔란차니	박쥐의 신체 기관을 중심으로 행한 일련의 실험 결과를 정리하여 저명한 과학자들에게 보냄.
답을 얻기 위한 탐구 과정	바살리와 로시	박쥐 날개의 민감한 (　　　　　　) 때문일 것이라고 생각함.
	쥐린	박쥐의 능력이 (　　　　　　)과 관계가 있음을 확인함.
	퀴비에	민감한 (　　　　　　)만 가지고도 박쥐의 행동은 충분히 설명된다고 주장하였으나 실험으로 증명하지는 못함.
	그리핀	박쥐의 장애물 회피 능력은 (　　　　　　)를 내보내어 그 반향을 귀로 수신하는 원리에서 기인한다는 것을 밝혀냄.

과학
06

배 경 지 식

초음파는 어디에 활용될까?

진동이 퍼져 나가는 현상을 파동이라고 해요. 소리, 즉 음파는 파동의 일종이지요. 음악을 크게 틀어 놓으면 스피커의 울림판이 떨리는데, 이를 통해 파동 현상을 확인할 수 있답니다. 그리고 음파는 파동을 전달할 물질(매질)이 꼭 필요해요. 예를 들어, 어떤 공간을 진공 상태로 만든다면 매질인 공기가 없기 때문에 그 공간 안에서는 음파가 전달되지 않는 것이지요.

한편, 진동수는 1초 동안 진동한 횟수이며 단위로는 Hz(헤르츠)를 쓴답니다. **인간이 들을 수 있는 소리가 가지는 진동수인 16~20,000Hz보다 높은 진동수를 갖는 소리를 초음파라고 해요.** 초음파를 스스로 발생시켜 물체의 위치를 판별하고 서로 소통하는 동물로는 박쥐와 돌고래가 대표적이에요. 초음파를 발생하여 물체에 부딪쳐 반사된 초음파를 통해 물체의 거리·방향·크기 등을 감지하는 일을 '반향 정위'라고 해요. 우리는 이러한 원리를 이용하여 **바다의 깊이를 측정**하고, 배 속 태아의 모습을 관찰하기도 하지요. 그리고 초음파는 분자의 운동을 촉진시키기 때문에 이를 이용해 **안경 세척기**에서 먼지를 털어 내거나 **가습기**에서 수증기를 만들어 내는 데 사용하기도 한답니다.

#파동　　#진동수　　#초음파　　#반향정위

어 휘 · 어 법

1~8

다음 문장에 들어갈 올바른 단어를 찾아 ○를 표시해 보자.

1 '전화, 방송 등의 신호를 받음. 또는 그런 일.'을 (발신 / 수신)이라고 한다.
2 '터무니없이 거짓되고 실속이 없다.'를 (명랑하다 / 허무맹랑하다)라고 한다.
3 '소리가 어떤 장애물에 부딪쳐서 반사하여 다시 들리는 현상.'을 (반향 / 방향)이라고 한다.
4 목격자와 증거가 없어서 사건이 (미궁 / 양궁)에 빠졌다.
5 성공에 이르는 (첩경 / 첩첩산중)은 정직한 노력이라고 생각한다.
6 우리집 에어컨은 온도 변화를 (감지 / 고지)하여 스스로 켜지고 꺼진다.
7 이번 사건을 한 가정의 특수한 문제로만 (첨부 / 치부)하는 것은 잘못되었다.
8 우리 과학 기술이 낙후한 가장 근본적인 원인은 투자의 부족에서 (기인 / 승인)한다.

Tip • **부딪다** 무엇과 무엇이 힘 있게 마주 닿거나 마주 대다. 또는 닿거나 대게 하다. 匃 뱃전에 부딪는 잔물결 소리.
　　 • **부딪치다** '부딪다'를 강조하여 이르는 말. 匃 파도가 바위에 부딪쳤다.
　　 • **부딪히다** '부딪다'의 피동사. 匃 배가 파도에 쓸려 온 빙산에 부딪혀 가라앉았다.

필요한 오존, 무서운 오존

문제 풀이
지문 해제
관련 영상
어휘 퀴즈

오존(O_3)은 위치하는 장소가 어디인가에 따라 우리에게 이롭기도 하고 해롭기도 한 이중적인 속성을 지니고 있다. 지구상에 자연적으로 존재하는 거의 대부분의 오존은 고도 10~30km 사이의 성층권에 위치하는데, 성층권에 있는 오존은 태양으로부터 오는 자외선을 흡수해 지구상의 생명체들을 보호하는 역할을 한다. 자외선은 인간이나 생명체에 강한 자극과 에너지를 전달해 심할 때는 피부암을 일으키기도 하 5 기 때문에 성층권의 오존은 해로운 자외선을 막아 주는 이로운 역할을 하는 것이다.

그러나 잘 알려져 있는 바와 같이 성층권의 오존층은 인간이 만들어 낸 프레온 가스(CFC) 등의 합성 물질들에 의해 점차 파괴되어 가고 있다. 프레온 가스는 결합이 매우 안정적이기 때문에 고도가 낮은 대류권에서는 분해되지 않으며 성층권까지 수송된 후 자외선에 의해 분해되어 오존 파괴의 촉매자로 작용하는 염소 원자(Cl)를 방출 10 한다. 더 심각한 것은 오존층이 파괴된 후에도 염소는 재생되므로 하나의 염소 원자는 수천에서 수십만 개의 오존을 파괴하게 된다는 점이다. 이러한 현상을 단적으로 보여 주는 사례인 남극의 오존 구멍은 계절적, 기후적 요인으로 성층권의 오존 감소가 급속히 진행된 탓에 발생한 것이다. 오존층의 파괴는 남극에서만 일어나는 것이 아니라 지구 전체에서 일어나고 있다는 점에서 심각성이 크다. 15

반면 오존이 지상에 존재할 때는 매우 해로운 역할을 한다. 지구 표면에 가까이 존재하는 오존은 인간 활동의 부산물로, 자동차와 공장에서 배출하는 질소 산화물이나 탄화수소 등의 오염 물질이 강한 자외선과 반응해 생성된 것이다. 오존은 반응성이 강한 물질이어서 건물을 부식시키기도 하며, 농작물의 성장을 방해해 소출을 감소시키는 것으로도 알려져 있다. 20

오존이 지구 표면에 가까이 있을 때는 인체에도 해를 끼친다. 이 오존은 대도시에 주로 나타나는 스모그의 주된 성분이 되기 때문에 그 자체로 호흡기 질환이나 암 등을 일으킬 수도 있다. 더욱이 이러한 오존의 농도가 높을 때는 오존이 폐의 조직을 상하게 하여 산소 전달 기능을 방해하고 건강한 사람에게도 호흡 곤란을 유발할 수 있으며, 특히 어린이나 노약자에게 나쁜 결과를 가져올 수도 있다. 이런 이유로 햇빛 25 이 강한 여름철에 사람의 호흡기와 눈 점막에 이상이 생길 정도로 오존 농도가 높아지면 오존 주의보가 발령되기도 한다.

이처럼 오존은 성층권에는 많으면 많을수록, 지구 표면과 가까운 곳에서는 적으면 적을수록 좋은 물질인 셈이다. 따라서 성층권의 오존층이 더 이상 파괴되지 않도록 할 대책을 하루 빨리 ㉠마련해야 할 것이다. 또한 지구 표면 가까이에 있는 오존의 30 농도가 높아지지 않도록 자동차와 공장에서 배출하는 오염 물질의 양을 줄이고 이를 친환경적인 방식으로 전환하는 기술을 개발해 나가려는 노력이 필요할 것이다.

◆ **오존** 3원자의 산소로 된 푸른빛의 기체. 특유한 냄새가 나며, 상온에서 분해되어 산소가 된다. 산화력이 강하여 산화제, 표백제, 살균제로 쓴다. 화학식은 O_3.
프레온 탄화수소의 플루오린화 유도체. 화학적으로 안정한 액체 또는 기체로서 냉장고의 냉매, 에어로졸 분무제, 소화제 따위에 쓰이며, 오존층을 파괴하는 원인이 되는 물질이다.

1

윗글의 내용과 일치하지 <u>않는</u> 것은?

① 지구상에 자연적으로 존재하는 오존은 거의 대부분 성층권에 존재한다.

② 성층권의 오존은 인공적인 합성 물질들에 의해 점차 파괴되어 가고 있다.

③ 지구 표면에 가까이 위치하는 오존은 사람의 폐 조직을 상하게 하기도 한다.

④ 성층권의 오존은 대도시에 주로 나타나는 스모그의 주된 성분이 되기도 한다.

⑤ 지구 표면에 가까이 위치하는 오존은 농작물의 성장을 방해해 소출을 감소시킨다.

2

〈보기〉의 ㉮에 들어갈 내용을 유추한 것으로 가장 타당한 것은?

> 보기
>
> **학생:** 프레온 가스가 배출되지 않는 남극에 왜 오존 구멍이 생기나요?
>
> **선생님:** 프레온 가스가 오존층이 있는 성층권까지 퍼져 나가는 데는 약 5년 정도의 시간이 걸린다고 해. 그런데, 프레온 가스가 장기간에 걸쳐 확산되면서 남극의 성층권에도 프레온 가스가 많이 섞이게 된 거야. 그리고 남극은 겨울 동안 매우 차가운 공기가 거대한 소용돌이를 만드는데, 이 소용돌이가 남극의 성층권 공기를 바깥쪽 공기로부터 격리시켜 _____ ㉮ _____ 때문에, 이 소용돌이가 약해질 때까지 오존 파괴가 급속히 진행되어 오존 구멍이 생기게 되는 거야.
>
> **학생:** 아! 그래서 남극에 오존 구멍이 생기는 것이군요.

① 남극의 성층권 공기가 다른 지역에 비해 적어지기

② 남극의 성층권 공기를 외부에 비해 따뜻하게 유지하기

③ 프레온 가스가 남극의 성층권으로 들어오는 것을 막기

④ 남극의 성층권에 외부로부터 오존이 보충되는 것을 막기

⑤ 겨울 동안 남극의 성층권으로 들어오는 자외선을 차단하기

3 어휘

문맥상 ㉠과 바꾸어 쓸 수 있는 말로 가장 적절한 것은?

① 조율(調律)해야

② 생산(生産)해야

③ 강구(講究)해야

④ 발령(發令)해야

⑤ 계발(啓發)해야

단락 요약

1 다음에 제시된 질문의 답을 찾을 수 있는 문단을 찾아 연결해 보자.

지구상에 자연적으로 존재하는 대부분의 오존은 어디에 위치하는가? •

• 1문단

지구 표면에 존재하는 오존은 어떻게 생성된 것인가? •

• 2문단

성층권의 오존은 어떤 과정으로 파괴되어 가고 있는가? •

• 3문단

지구 표면의 오존 농도를 낮추기 위해 어떻게 해야 하는가? •

• 4문단

지구 표면의 오존은 인체에 어떤 피해를 가져오는가? •

• 5문단

글의 구조

2 다음 빈칸을 채워 가며 이 글의 내용을 정리해 보자.

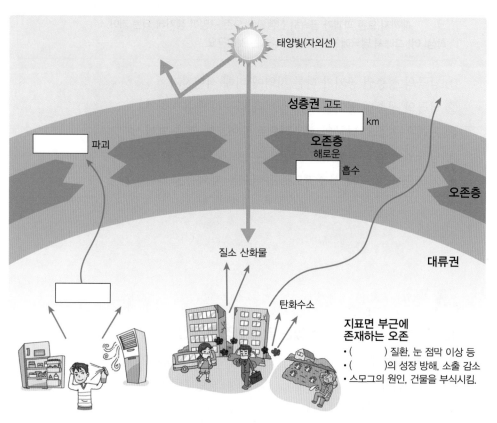

오존의 역할과 오존층 파괴

배 경 지 식

자외선이 꼭 해롭기만 한 것일까?

태양빛은 빨간색, 보라색 등의 가시광선(눈에 보이는 빛)과 적외선, 자외선 등으로 구성되어 있어요. **자외선은 가시광선보다 파장이 짧고 에너지가 커서** 물질에 흡수되면 분자 결합을 깨지요. 그렇기 때문에 우리의 피부는 자외선을 받으면 몸을 보호하려고 멜라닌 색소를 퍼뜨려 피부 세포의 핵을 둘러싸요. 그래서 여름에 피부가 검게 그을리게 되는 것이지요. 또 햇빛을 너무 받으면 피부의 세포가 변성되어 피부암의 발생 확률이 높아진답니다.

하지만 자외선이 마냥 해로운 것만은 아닙니다. **적당한 양의 자외선은 인체에서 비타민 D의 합성을 촉진시켜요.** 그리고 물질에 자외선을 비추어 찍는 **자외선 사진법**은 맨눈으로 보이지 않는 형광 물질 등을 비추기 때문에 화폐나 고문서 감정, 범죄 수사 등에 사용되기도 하지요. 또 가정이나 식당, 농가 등에서는 자외선의 살균 기능을 활용한 **자외선 소독기**를 이용하기도 한답니다.

#가시광선   #적외선   #자외선

빛의 스펙트럼

어 휘 · 어 법

1~5

다음 뜻풀이에 알맞은 단어를 〈보기〉에서 찾아 빈칸에 써 보자.

> **보기**
>
> 촉매   부식   전환   수송   소출

1 다른 방향이나 상태로 바뀌거나 바꿈. (   )
2 논밭에서 나는 곡식. 또는 그 곡식의 양. (   )
3 기차나 자동차, 배, 항공기 따위로 사람이나 물건을 실어 옮김. (   )
4 금속이 산화 따위의 화학 작용에 의하여 금속 화합물로 변화되는 일. 또는 그런 현상.
  (   )
5 자신은 변화하지 아니하면서 다른 물질의 화학 반응을 매개하여 반응 속도를 빠르게 하거나 늦추는 일. 또는 그런 물질. (   )

6~7

다음 문장에 들어갈 올바른 단어를 찾아 ○를 표시해 보자.

6 '어떤 일을 할 때에 부수적으로 생기는 일이나 현상.'을 (생산물 / 부산물)이라고 한다.
7 '화학 반응이 얼마나 잘 일어나는가를 나타내는 말.'을 (반응성 / 적응성)이라고 한다.

Tip • 배출(밀칠 排, 날 出) ① 안에서 밖으로 밀어 내보냄. ② 동물이 섭취한 음식을 소화하여 항문으로 내보내는 일.
　　 • 분출(뿜을 噴, 날 出) ① 액체나 기체 상태의 물질이 솟구쳐서 뿜어져 나옴. 또는 그렇게 되게 함. ② 요구나 욕구 따위가 한꺼번에 터져 나옴. 또는 그렇게 되게 함.

인공 지능 시대, 인간과 기계의 친구 되기

문제 풀이
지문 해제
관련 영상
어휘 퀴즈

우리 사회를 뜨겁게 달구고 있는 4차 산업 혁명에 관한 논의는 2016년 1월 스위스 다보스에서 열린 세계 경제 포럼(WEF)에서 이를 주제로 정하면서 시작되었다. 4차 산업 혁명의 핵심 분야는 인공 지능(AI)◆, 사물 인터넷(IoT)◆, 빅 데이터, 로봇, 3D 프 린팅, 나노 기술 등이라고 할 수 있는데, 이 중에는 기술의 성숙도가 빠른 것도 있고 이제 시작인 것도 있다. 현 시점에서 가장 앞서가는 분야는 바로 인공 지능이라고 할 수 있다. 5

인공 지능은 알파고처럼 목표와 규칙이 명확하게 정의된 특정 분야에서만 능력을 발휘하는 '약 인공 지능(Weak AI)'과 인간의 모든 능력을 발휘하는 '강 인공 지능 (Strong AI)'으로 구분할 수 있다. 아직은 인공 지능이 인간을 추월했다고 보기 어렵 지만, 인공 지능 전문가들 중 일부는 기술의 진화 속도로 볼 때 언젠가는 '강 인공 지 능' 시대가 올 것이라고 예상한다. 이런 가운데 사람들은 "인간이 하는 대부분의 일 10 을 인공 지능에 빼앗기게 되지 않을까?"라며 두려워하는 분위기이다. 지금까지 기계 가 인간 노동을 대체할 때마다 기계와 인간의 갈등은 꾸준히 있어 왔지만, 오늘날의 상황은 과거에 비해 더욱 심각하다고 할 수 있다. 인공 지능의 비약적 발전으로 인한 일자리의 대량 감소가 불가피할 뿐만 아니라 이는 일자리의 양극화로 이어질 수도 15 있기 때문이다.

그러나 또 다른 인공 지능 전문가들은 이러한 고민을 해결하기 위해 인간과 기계의 차이, 즉 서로의 강점을 이해하는 것이 중요하다고 설명한다. 이는 인간이 잘하는 것 과 기계가 잘하는 것이 서로 다르다는 점에 착안하여, 인간은 기계가 잘하는 분야에 서만 기계를 활용하면 된다는 의미이다. 지금의 인공 지능은 인간이 제공한 좁은 분 20 야의 지식을 이해하고 학습함으로써 특정 용도에 따라 판단하는 수준이고, 이를 위 해 많은 데이터를 활용한다. 앞으로 기술의 지속적인 발전이 예상되지만 인공 지능 이 인간 수준의 직관과 통찰력을 갖추는 것은 매우 어렵다. 감정이나 맥락을 읽는 능 력은 인간이 아주 오랜 시간 동안 진화하며 발전시킨 것으로 인공 지능과 차별화된 인간의 영역이기 때문이다. 따라서 매번 새롭게 정의되는 문제, 창의성을 필요로 하 25 는 문제는 앞으로도 인간의 몫으로 계속 남아 있을 것이다.

따라서 인간은 [㉮] 여기고, 인공 지능을 효과적으로 활용하는 방안을 지속적으로 연구해 나가야 할 것이다. 이를 위해 인간 은 인간의 생각을 인공 지능에 정확히 전달하기 위해 컴퓨터가 이해할 수 있는 언어 로 표현하는 방법을 연구하는 등 인공 지능과 원활하게 소통하기 위한 노력을 지속 30 해 나갈 필요가 있다.

◆ 인공 지능(AI) 인간의 지능 이 가지는 학습, 추리, 적응, 논증 따위의 기능을 갖춘 컴 퓨터 시스템. 전문가 시스템, 자연 언어의 이해, 음성 번 역, 로봇 공학, 인공 시각, 문 제 해결, 학습과 지식 획득, 인지 과학 따위에 응용한다.
◆ 사물 인터넷(IoT) 사물에 센 서와 프로세서를 장착하여 정보를 수집하고 제어·관리 할 수 있도록 인터넷으로 연 결되어 있는 시스템.

윗글의 내용과 일치하지 <u>않는</u> 것은?

① 4차 산업 혁명의 핵심 분야 중에 인공 지능이 현재 가장 앞서가고 있다.

② '약 인공 지능'은 목표와 규칙이 명확하게 정의된 특정 분야에서만 쓰인다.

③ 인공 지능이 비약적으로 발전하게 되면 일자리의 양극화가 초래될 수 있다.

④ 감정이나 맥락을 읽는 능력은 인공 지능과 차별화된 인간의 영역으로 볼 수 있다.

⑤ 인간이 인공 지능과 원활히 소통하기 위해서는 인간의 언어로 생각을 정확히 표현해야 한다.

2

윗글의 문맥상 ㉮에 들어갈 내용으로 가장 타당한 것은?

① 인공 지능을 경쟁자로 여기기보다는 삶의 동반자로

② 인공 지능과 경쟁하기 위해 스스로를 인공 지능으로

③ 인공 지능이 빼앗아 간 일자리를 되찾는 것을 과제로

④ 인공 지능이 인간의 통찰력을 대신하는 것을 당연하게

⑤ 인공 지능을 인간의 창의력을 뛰어넘는 우월한 존재로

1 각 문단의 중심 내용과 관련 있는 것을 연결해 보자.

1문단 •		• 인공 지능의 종류
2문단 •		• 인간과 인공 지능이 지닌 강점의 차이
3문단 •		• 4차 산업 혁명의 핵심 분야
4문단 •		• 인공 지능과 원활하게 소통하는 노력이 필요한 이유

2 다음 빈칸을 채워 가며 이 글의 내용을 정리해 보자.

인공 지능		인간	
종류	• (　　　) 인공 지능: 목표와 규칙이 명확하게 정의된 특정 분야에서만 능력 발휘 • (　　　) 인공 지능: 인간의 모든 능력 발휘	고유한 능력	(　　　)이나 맥락을 파악하는 능력: 오랜 시간 동안 진화하며 발전시킨 것
발생 가능한 문제	• 비약적인 발전 → 일자리의 대량 (　　　) → 일자리의 (　　　)	인간만 해결 가능한 문제	• 매번 새롭게 정의되는 문제 • (　　　)을 필요로 하는 문제
한계	인간 수준의 직관과 (　　　)을 갖추는 것은 어려움.		

• 인간은 인공 지능을 삶의 (　　　　　)로 여기고, 인공 지능을 효과적으로 활용하는 방안을 지속적으로 연구해야 함.
• 이를 위해 인공 지능과 원활하게 (　　　　　)하기 위한 노력을 지속해야 함.

배 경 지 식

인공 지능에도 유형이 있다고?

현재 우리가 개발한 인공 지능의 대다수는 **약 인공 지능(Weak AI)**에 해당해요. 아직까지는 강 인공 지능(Strong AI)의 개발 가능성을 판단하지 못하고 있어요. 왜냐하면 우리는 이들의 등장에 대한 두려움을 가지고 있기 때문이에요. **강 인공 지능은 인간 수준의 인공 지능**으로 지성, 이성, 감성 등 인간의 다양한 능력을 모두 갖추고 있답니다. 인간과 대화하고 생활하는 것도 가능하지요. **인간의 수준을 뛰어넘는 인공 지능은 초 인공 지능(Super AI)**이라고 불러요. 인간보다 몇 백 배 이상 뛰어난 지능과 능력을 가지고 있어 인간을 지배할지도 모른다는 두려움을 갖게 하는 존재이기도 하지요.

이러한 인공 지능의 등장 이후 현실적으로는 일자리가 가장 크게 위협받고 있어요. 물론 인공 지능 산업이 확대되면 새로운 일자리도 창출되겠지만 새로운 일자리는 그 분야가 한정되어 있다는 문제가 있지요. 제조업이나 서비스업에서는 인공 지능의 수요가 늘어 일자리가 줄어드는 반면, 인공 지능을 연구하고 개발할 인력에 대한 수요는 많이 늘어날 것이기 때문이에요.

#약 인공 지능   #강 인공 지능   #초 인공 지능

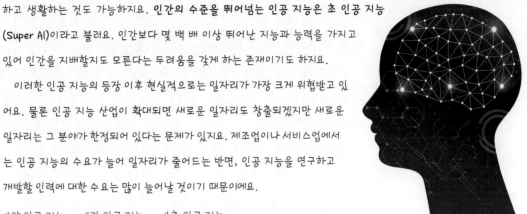

어 휘 · 어 법

1~4

다음 뜻풀이에 알맞은 단어를 〈보기〉의 글자를 조합하여 빈칸에 써 보자.

보기

진	추	화	점	월	착	강	안

1 뒤에서 따라잡아서 앞의 것보다 먼저 나아감. (　　　　　)
2 일이나 사물 따위가 점점 발달하여 감. (　　　　　)
3 남보다 우세하거나 더 뛰어난 점. (　　　　　)
4 어떤 일을 주의하여 봄. 또는 어떤 문제를 해결하기 위한 실마리를 잡음. (　　　　　)

5~8

다음에 제시된 단어의 사전적 의미를 찾아 바르게 연결해 보자.

5 달구다 　•
6 대체하다 　•
7 양극화 　•
8 비약적 　•

• ㉠ 서로 점점 더 달라지고 멀어짐.
• ㉡ 다른 것으로 대신하다.
• ㉢ 분위기, 사상, 감정 따위를 고조하다.
• ㉣ 지위나 수준 따위가 갑자기 빠른 속도로 높아지거나 향상되는. 또는 그런 것.

Tip • 진화(나아갈 進, 될 化) 일이나 사물 따위가 점점 발달하여 감. ⑩ 오늘날 우리가 쓰는 달력은 오랜 진화를 거친 것이다.
　　　• 진화(누를 鎭, 불 火) 불이 난 것을 끔. ⑩ 세찬 바람 때문에 산불 진화에 어려움을 겪었다.

온도계의 발명과 온도 센서

오늘날 일상생활에서 매우 유용하게 사용되고 있는 온도계는 누가 언제 처음 발명했을까? 온도계는 이탈리아의 물리학자 갈릴레이에 의해 17세기 초에 처음 발명된 것으로 알려져 있다. 이 온도계는 공기를 이용한 것으로, 공기가 팽창하면(따뜻해지면) 유색의 액체 수면이 내려가는 구조였다. 이는 오늘날 사용하는 수은 온도계와는 다른 구조이며, 수은 온도계는 공기가 팽창하면 수은이 상승하는 구조로 되어 있다. 5

온도계의 가장 획기적인 발전은 화씨온도계와 섭씨온도계의 발명이었다. 미국에서 주로 사용되는 화씨온도계는 1714년 독일의 물리학자인 파렌하이트가 수은을 이용하여 발명한 것으로, 물의 어는 온도를 32℉, 끓는 온도를 212℉로 정하고, 그 사이를 180등분하여 나타낸 것이다. 화씨온도는 파렌하이트(Fahrenheit)의 첫 자를 따서 ℉(화씨도)라는 단위를 사용한다. 또한 오늘날 전 세계에서 공통적으로 사용되고 10 있는 섭씨온도계는 1742년 스웨덴의 천문학자인 셀시우스가 물의 어는 온도를 0℃, 1기압 하에서 끓는 온도를 100℃로 정하고, 그 사이를 100등분하여 만든 것이다. 섭씨온도는 셀시우스(Celsius)의 첫 자를 따서 ℃(섭씨도)라는 단위로 나타낸다.

최근에는 과학 기술의 발전에 따라 수은 온도계 대신에 온도를 감지하는 온도 센서가 개발되어 광범위한 분야에서 사용되고 있다. 온도 센서는 피측정물에 직접 센서를 15 접촉하여 측정하는 접촉형 온도 센서와 피측정물에서 방사되는 적외선을 측정하여 온도를 알아내는 비접촉형 온도 센서로 분류할 수 있다. 일반적으로 접촉형 온도 센서는 피측정물에 직접 접촉함으로써 물체의 내부 온도를 측정할 수 있다는 점이 특징이지만, 작은 물체의 감지가 어렵고, 빠르게 움직이는 물체의 온도를 측정하기 어렵다는 점에서 사용상의 한계가 있다. 따라서 감지 온도의 범위가 넓은 경우에는 20 비접촉형 온도 센서를 사용하는 경우가 많으며, 비접촉형 온도 센서는 이동하는 물체나 온도 변화가 심한 물체의 온도 감지에 용이하다는 점에서 활용 범위가 점점 확대되고 있다.

비접촉형 온도 센서가 활용된 대표적인 사례로는 공중 화장실의 손 건조기를 들 수 있다. 사람들이 공중 화장실에서 손을 씻은 후에 물기를 말리기 위하여 사용하는 건 25 조기에는 적외선 온도 센서가 달려 있다. 기계 작동 원리는 사람이 손을 건조기 아랫부분에 가까이 대면, 적외선 온도 센서가 손에서 나오는 열에너지를 감지하여 전기적인 신호로 바꾼 다음, 온풍기를 작동시켜서 더운 바람이 손에 있는 물기를 말리도록 하는 것이다. 이 밖에도 작업자가 회로 기판 등에 납땜을 할 때 온도를 일정하게 제어하기 위하여 사용하는 온도 조절이 가능한 납땜인두, 물을 끓이거나 일정한 온 30 도로 데우는 전기 포트, 방 안의 온도를 일정하게 유지시키는 보일러의 온도 조절 장치 등 온도 센서를 활용한 사례는 많이 있다.

문제 풀이
지문 해제
관련 영상
어휘 퀴즈

◆ **방사** 물체로부터 열이나 전자기파가 사방으로 방출됨. 또는 그 열이나 전자기파.
적외선 파장이 가시광선보다 길며 극초단파보다 짧은 0.7μm ～ 1mm의 전자기파. 눈으로는 볼 수 없고 일반적으로 공기 가운데에서 산란되기 어려우며, 가시광선보다 투과력이 강하다.
납땜 금이 가거나 뚫어진 쇠붙이를 납과 주석의 합금인 땜납으로 때움.

1

윗글의 내용과 일치하지 <u>않는</u> 것은?

① 17세기 초에 갈릴레이는 공기를 이용한 온도계를 처음으로 발명하였다.

② 수은 온도계는 공기가 따뜻해지면 수은이 상승하는 구조로 되어 있었다.

③ 피측정물에 직접 접촉할 수 없는 경우에 비접촉형 온도 센서를 사용할 수 있다.

④ 화씨온도계의 단위인 °F는 발명자인 파렌하이트의 이름 첫 자에서 유래한 것이다.

⑤ 온도 변화가 심한 물체의 온도를 감지할 때는 접촉형 온도 센서를 사용하는 것이 좋다.

2

윗글을 읽고 〈보기〉의 뉴스 기사에 대해 보인 반응으로 가장 적절한 것은?

> 보기

최근에 독감 환자가 자주 발생하고 있어서 열화상 카메라 수요가 크게 늘고 있습니다. 주로 사람이 많이 오가는 공항이나 기업체, 학교, 호텔 등에서 열화상 카메라를 구입해 설치하고 있습니다. 열화상 카메라는 체온이 높을수록 몸에서 나오는 적외선의 파장이 짧아진다는 점을 이용해 온도의 높낮이를 색상으로 표현하게 됩니다. 또한 체온이 독감 의심 기준인 37.5도보다 높을 경우에 자동으로 경보음이 울리게 설정할 수 있습니다. 그러므로 고열 환자만 1차로 걸러 낸 뒤 필요한 검사를 추가로 실시할 수 있어서 효율적인 방역◆ 수단으로 주목받고 있습니다.

◆ **방역** 감염병이 발생하거나 유행하는 것을 미리 막는 일.

① 피측정물의 내부 온도를 측정해야 하기 때문에 접촉형 온도 센서를 활용했을 것이다.

② 온도의 높낮이를 색상으로 표시해야 하기 때문에 비접촉형 온도 센서를 활용했을 것이다.

③ 피측정물에서 방사되는 적외선을 직접 측정해야 하기 때문에 접촉형 온도 센서를 활용했을 것이다.

④ 온도 감지 범위가 넓고 이동하는 대상을 측정해야 하기 때문에 비접촉형 온도 센서를 활용했을 것이다.

⑤ 온도를 일정하게 제어해야 하기 때문에 보일러의 온도 조절 장치와 같은 온도 센서를 활용했을 것이다.

1 각 문단의 중심 내용과 관련 있는 것을 연결해 보자.

1문단 •		• 최초의 온도계와 그 구조
2문단 •		• 온도 센서의 종류와 특징
3문단 •		• 화씨온도계와 섭씨온도계의 발명과 원리
4문단 •		• 비접촉형 온도 센서가 활용된 사례

2 다음 빈칸을 채워 가며 이 글의 내용을 정리해 보자.

최초의 온도계

- 17세기 초, 갈릴레이가 발명함.
- 구조: (　　　　　　)가 팽창하면 유색의 액체 수면이 내려감.

▼

화씨온도계	섭씨온도계
• 1714년 파렌하이트가 발명함. • 구조: 공기가 팽창하면 수은이 (　　　). (수은 온도계) • 화씨온도: 물의 어는 온도를 32°F, 끓는 온도를 212°F로 정하고, 그 사이를 (　　　) 등분함. 단위는 °F(화씨도).	• 1742년 셀시우스가 발명함. • 구조: 공기가 팽창하면 수은이 (　　　). (수은 온도계) • 섭씨온도: 물의 어는 온도를 0℃, 끓는 온도를 100℃로 정하고, 그 사이를 (　　　) 등분함. 단위는 ℃(섭씨도).

▼

온도 센서

접촉형 온도 센서	• 특징: 피측정물에 직접 센서를 (　　　　　)하여 물체의 내부 온도를 측정함. • 한계: 작은 물체의 (　　　　　)가 어렵고, 빠르게 움직이는 물체의 온도를 측정하기 어려움.
비접촉형 온도 센서	• 특징: 감지 온도의 범위가 (　　　　) 경우에 주로 사용되며 (　　　　)하는 물체나 온도 변화가 (　　　　) 물체의 온도 감지에 용이함.
활용 사례	• (　　　　　), 납땜인두, 전기 포트, 보일러의 온도 조절 장치 등

기술
02

배 경 지 식

온도의 종류에는 어떤 것들이 있을까?

온도는 물체의 차고 뜨거운 정도를 숫자로 나타낸 것이에요. 온도의 종류에는 섭씨온도, 절대온도, 화씨온도가 있는데, 우리가 일상생활에서 주로 사용하는 온도는 섭씨온도이지요.

섭씨온도는 1기압에서 순수한 물의 어는점을 0℃, 끓는점을 100℃로 하여 그 사이를 100등분한 온도로, 단위는 ℃(섭씨도)를 사용한답니다. 예를 들어 25℃는 섭씨 25도라고 읽지요. 한편 **절대온도**는 물체를 이루는 분자 운동의 활발한 정도를 나타내는 온도예요. K(켈빈)을 단위로 사용하며 분자 운동이 완전히 멈춘 상태를 0K로 하는데 섭씨온도에 273을 합하면 절대온도가 된답니다. 마지막으로 **화씨온도**는 1기압에서 순수한 물이 어는 온도를 32℉, 끓는 온도를 212℉로 하여 그 사이를 180등분한 온도를 말해요. 파렌하이트 온도라고도 부르지요. 단위는 ℉(화씨도)를 사용하는데, 70℉는 화씨 70도라고 읽지요. 현재 대부분의 나라들이 섭씨온도를 우선적으로 사용하고 있지만, 미국 및 과거 영어권 국가에서는 고온을 측정할 때나 비과학적 분야에서 화씨온도를 계속 사용하고 있답니다.

#섭씨온도　　#절대온도　　#화씨온도

어 휘 · 어 법

1~4

다음 뜻풀이에 알맞은 단어를 〈보기〉에서 찾아 빈칸에 써 보자.

> 보기
>
> 　　　　　　방역　　　팽창　　　접촉　　　획기적

1 부풀어서 부피가 커짐. (　　　　　　)
2 어떤 과정이나 분야에서 전혀 새로운 시기를 열어 놓을 만큼 뚜렷이 구분되는 것. (　　　　　　)
3 감염병이 발생하거나 유행하는 것을 미리 막는 일. (　　　　　　)
4 서로 맞닿음. (　　　　　　)

5~6

다음 문장에 들어갈 올바른 단어를 골라 ○를 표시해 보자.

5 화물 무게 제한이 있어서 개인이 10킬로그램을 넘으면 안 되니 무게를 미리 (측정 / 접촉)해야 한다.
6 숙제를 하다가 컴퓨터 편집 프로그램이 오류가 나서 (작동 / 사용)되지 않는다.

Tip ・팽창(부풀 膨, 부을 脹) ① 부풀어서 부피가 커짐. ⓔ 부피 팽창
　　　　　　　　　　② 수량이 본디의 상태보다 늘어나 범위, 세력 따위가 본디의 상태보다 커지거나 크게 발전함.
　　　　　　　　ⓔ 인구 팽창
　　　　・확대(넓힐 擴, 클 大) 모양이나 규모 따위를 더 크게 함. ⓔ 사건의 확대

태양 에너지 이용 기술은 얼마나 발전했을까

문제 풀이
지문 해제
관련 영상
어휘 퀴즈

태양 에너지가 미래 에너지로 본격적으로 등장하게 된 시기는 전 세계적으로 제2차 석유 파동이 일어난 직후인 1970년대 말부터였다. 그러나 사람들에게 '태양 에너지'에 대해 자신이 알고 있는 정보를 말해 보라고 하면, 일반적으로 가장 먼저 떠올리는 것이 지붕 위에 커다란 집열판을 올린 태양열 주택이나 태양 전지를 달고 달리는 자동차 정도이다. 1970년대 말부터 구체적인 모델이 제시되었던 태양 에너지는 무엇이 5 며, 그 활용 기술은 지금 어디쯤 와 있을까?

일반적으로 태양 에너지 이용 기술은 ㉠'태양광 발전'과 ㉡'태양열 발전'으로 크게 나눌 수 있다. 우선 태양광 발전은 금속에 빛을 쪼일 때 전자가 튀어나오는 현상인 광전 효과에 의해 전기를 생산하는 발전 방식으로, 태양광 발전 시스템은 태양 전지 모듈(module)과 축전지 및 전력 변환 장치로 구성되어 있다. 그리고 태양열 발전은 10 태양 광선의 파동 성질을 이용하여 전기를 생산하는 발전 방식으로, 태양열의 흡수, 저장, 열 변환 과정을 통해 건물의 냉난방 및 급탕 등에 활용하고 있다. 태양열 발전 시스템은 집열부, 축열부, 이용부로 구성된다.

태양 에너지 이용 기술은 친환경적인 발전 방식으로 대기의 오염이나 소음의 발생이 거의 없고, 에너지원이 무한하여 화석 연료와 같이 고갈될 염려가 없다는 점에서 15 매력적이다. 최근에는 태양광 발전 기술이 국내외적으로 큰 주목을 받고 있는데, 태양 전지를 핵심으로 하는 태양광 발전은 다양한 크기로 시스템을 구성할 수 있다는 장점 때문에 실제 적용이 매우 용이하다. 이는 주로 대규모의 설비가 필요한 태양열 발전에 비해 상대적으로 소형화 설비가 용이하다는 점에서 유용하다.

태양광 발전 기술은 태양빛을 받을 수 있고, 전력을 필요로 하는 모든 곳에 활용이 20 가능하다. 태양광 발전의 핵심 구성 요소인 태양 전지는 초기에 우주 시설이나 무인 등대의 에너지원, 응급용품 등에만 사용되었다. 하지만 현재는 가로등은 물론이고 주택이나 건물의 지붕과 벽체에 기존의 건축 자재를 대신하여 사용되는 등 우리 주변에서 쉽게 볼 수 있다. 또한 최근에는 태양 전지를 사용하는 자동차, 비행기 등도 주목을 받고 있다. 25

태양 에너지 이용 기술은 다음 세대의 새로운 성장 동력으로서의 가능성이 매우 크다고 할 수 있다. 해외에서는 이미 오래전부터 태양 에너지 이용에 관한 연구 개발을 국가적인 차원에서 계획하고 추진해 왔으며, 선진국들은 관련 기술을 상당 부분 선점하고 있는 상태이다. 현재 국내에서도 정부와 민간 기업들이 협력하여 태양 전지 사업을 추진하는 등 태양 에너지를 이용하는 산업에 적극적인 관심을 보여 주고 있다. 30 에너지 자원이 부족한 우리나라가 태양 에너지 이용 기술을 통해 장기적으로 에너지 독립을 이루어 나가기를 기대해 본다.

◆ **석유 파동** 1970년대에 두 차례에 걸친 석유 공급 부족과 석유 가격 폭등으로 세계 경제가 큰 혼란과 어려움을 겪은 일.
태양 전지 모듈 한곳에 모여 있지 않고 흩어져 있는 태양광을 받기 위한 평판형의 태양 전지 셀과 그것을 보호·유지하는 기구.
축전지 전기 에너지를 화학 에너지로 바꾸어 모아 두었다가 필요한 때에 전기로 재생하는 장치.

1

윗글의 ㉠과 ㉡에 대한 설명으로 적절하지 <u>않은</u> 것은?

① ㉠은 태양 전지를 핵심 구성 요소로 한 발전 방식이다.

② ㉡은 태양 광선의 파동 성질을 이용하는 발전 방식이다.

③ ㉠은 ㉡과 달리 광전 효과에 의해 전기를 생산하는 방식이다.

④ ㉡은 ㉠과 달리 우주에서 활용할 목적으로 개발된 발전 방식이다.

⑤ ㉠과 ㉡은 모두 대기 오염이 거의 없는 친환경적인 발전 방식이다.

2

윗글을 바탕으로 〈보기〉의 ㉮에 들어갈 내용을 추론한 것으로 가장 적절한 것은?

> **보기**
>
>
> 특허청에 따르면 휴대용 장비에 전원을 공급할 수 있는 태양광 발전기의 특허 출원은 2013년 이후 최근 5년간 모두 97건이었다. 특히 휴대용 조명 등 캠핑용품 전원에 대한 출원이 38%로 가장 많았고, 휴대 전화 등 모바일 기기의 케이스에 부착한 뒤 햇빛이나 전등의 빛을 이용해 전기를 생산하는 기술 출원이 19%를 차지하는 등 캠핑용품과 모바일 기기 충전기 출원(57%)이 전체 출원 증가세를 주도하고 있다. 이처럼 캠핑용품, 모바일 기기와 같은 휴대용 장비 충전기의 전원으로 태양광 발전기의 특허 출원이 많은 이유는 태양광 발전이 _____㉮_____ 때문이다.

① 발전 효율이 매우 높기

② 소형화 설비가 용이하기

③ 무한한 에너지원을 지녔기

④ 정부 주도로 추진되고 있기

⑤ 기술 발전의 역사가 오래되었기

1 문단 요약

각 문단의 중심 내용과 관련 있는 것을 연결해 보자.

1문단 •

2문단 •

3문단 •

4문단 •

5문단 •

• 태양 에너지가 주목받기 시작한 계기

• 태양 에너지 이용 기술의 장점

• 태양 에너지 이용 기술의 전망과 기대

• 태양광 발전 방식을 활용하는 분야

• 태양 에너지를 이용한 발전 방식의 종류와 그 구성

2 글의 구조

다음 빈칸을 채워 가며 이 글의 내용을 정리해 보자.

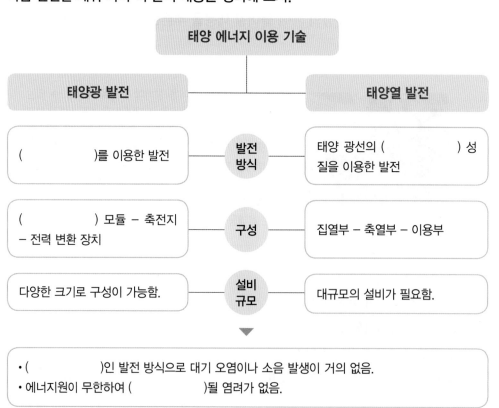

태양 에너지 이용 기술

태양광 발전 — 태양열 발전

발전 방식: (　　　　　　)를 이용한 발전 — 태양 광선의 (　　　　　　) 성질을 이용한 발전

구성: (　　　　　) 모듈 – 축전지 – 전력 변환 장치 — 집열부 – 축열부 – 이용부

설비 규모: 다양한 크기로 구성이 가능함. — 대규모의 설비가 필요함.

• (　　　　　　)인 발전 방식으로 대기 오염이나 소음 발생이 거의 없음.
• 에너지원이 무한하여 (　　　　　)될 염려가 없음.

배경지식

미래에는 어떤 에너지를 사용하게 될까?

　오랜 기간 동안 인류의 주된 에너지원으로 사용되어 온 석탄, 석유, 천연가스 등을 모두 화석 연료라고 해요. 이 화석 연료는 재생 불가능한 에너지인데 인류의 에너지 사용량이 급격하게 증가하면서 고갈될 위기에 처해 있어요. 그리하여 우리에게는 화석 연료를 대체할 새로운 미래 에너지가 필요하게 되었지요. 이러한 미래 에너지로 관심을 끄는 것이 바로 재생 에너지입니다. **재생 에너지는 고갈되지 않고 끊임없이 재생되는 에너지원**으로, 태양의 빛과 열, 바람, 파도, 지구 내부에서 발생하는 열 등이 있지요. 이 중 대표적인 것이 끊임없이 공급되는 태양 에너지랍니다. 태양의 빛 에너지와 열에너지를 이용하는 것이지요. 물을 분해하여 얻을 수 있는 수소로 에너지를 저장하는 방식인 수소 에너지는 기존에 있던 에너지원에 새로운 기술을 도입한 신 에너지에 해당해요. 연료가 산화할 때 발생하는 에너지를 직접 전기 에너지로 전환하는 연료 전지 기술 등도 이에 해당하지요. **미래 에너지는 환경 오염을 유발하지 않고 자원의 한계성이 없어야 해요. 또한 효율성이 좋아서 충분한 양을 만들 수 있어야 하지요.** 미래 에너지 개발은 우리 모두의 과제랍니다.

#화석 연료　#재생 에너지　#미래 에너지

어휘·어법

1~3　**다음 밑줄 친 표기가 맞으면 ○, 틀리면 ×를 표시해 보자.**

1 이 나무는 햇볕을 <u>쪼지</u> 못해 잘 크지 못하고 있다. (　　　　)

2 도서 목록은 책을 찾는 데 아주 <u>유용하다</u>. (　　　　)

3 여가를 자기 계발에 잘 <u>활용하는</u> 사람만이 성공할 수 있다. (　　　　)

4~6　**다음 내용이 맞으면 ○, 틀리면 ×를 표시해 보자.**

4 '벽을 이루는 구조 부분.'을 '벽체'라고 한다. (　　　　)

5 '목표를 향하여 밀고 나아감.'을 '선진'이라고 한다. (　　　　)

6 '남보다 앞서서 차지함.'을 '선점'이라고 한다. (　　　　)

Tip • **쪼이다** 어 볕이나 불기운 따위를 몸에 받다. = 쬐다 **⑩** 화롯불에 손을 쪼이다.
　　• **쪼이다** 02 뾰족한 끝에 쳐져 찍히다. **⑩** 정으로 돌을 쪼다가 왼손이 정에 쪼였다.
　　• **쪼이다** 03 느슨하거나 헐거운 것이 단단하거나 팽팽하게 되다. 또는 그렇게 되게 하다. **⑩** 발이 쪼여 버선을 못 신겠다.

지능형 교통 체계

문제 풀이
지문 해제
관련 영상
어휘 퀴즈

교통 체계를 연구하는 전문가들은 가능한 한 많은 차를 안전하게 고속으로 통과시킴으로써 도로 용량을 극대화하려는 노력을 꾸준히 해 왔다. 그러나 도로 위의 여러 돌발 상황을 모두 ㉠감안한 교통 체계를 만든다는 것은 결코 쉬운 일이 아니었다. 전문가들의 오랜 노력 끝에 등장한 것이 바로 '지능형 교통 체계(ITS: Intelligent Transport Systems)'이다. ITS 기술은 모든 교통수단에 대해 첨단 정보 기술을 ㉡접목하는 기 ⟶5 술을 통틀어 이르는 말로, 점점 가속화되고 있는 정보화 사회에 알맞은 신속, 안전, 쾌적한 차세대 교통 체계를 ㉢구현하는 데 목적을 두고 있다.

ITS 기술이 활용되는 대표적인 예로 ⓐ대중교통의 운행 상황을 중앙 관제 센터에서 관리하여 이용자에게 전달하는 것을 들 수 있다. 예를 들어 특정 버스의 운행이 늦어지거나 빨라지면 운전자에게 알려 배차 간격을 ㉣조정하도록 하는 것이다. 그리 ⟶10 고 대중교통 이용객들에게는 목적지까지 가기 위해서는 어떤 버스를 타면 되는지, 시간이 얼마나 걸리는지, 다음 버스가 언제쯤 도착할지 등을 미리 알려 줌으로써 대중교통의 편리함을 제공하는 것이다.

또한 ITS 기술은 ⓑ자동 안내 표지판이나 차량 내 단말기 혹은 휴대 전화를 통해 운전자들에게 교통 정보를 신속하게 전송하기도 한다. 이는 도심의 상습 정체 구간 ⟶15 에 대한 정보, 특정 도로의 교통량에 대한 정보, 사고 유무에 대한 정보 등을 제공함으로써 운전의 효율성을 높이는 데 기여하게 된다. 이 기술의 적용 사례로는 최적 경로 안내 시스템, 주차장 안내 시스템, 여행 정보 시스템 등이 있다.

이밖에도 ITS 기술은 ⓒ도로상에 차량의 특성, 속도 등을 감지할 수 있는 시스템을 설치하여 교통 상황을 실시간으로 분석함으로써 최적의 신호 체계를 구현하기도 ⟶20 하고, 화물을 실은 각 차량의 위치 및 운행 상태를 컴퓨터를 통해 파악하여 효율적인 운행을 지시함으로써 물류비용을 줄일 수 있도록 돕기도 한다. 또한 차량에 ⓓ교통 상황이나 장애물을 인식하는 고성능 센서와 자동 제어 장치를 부착하여 운전을 자동화하기도 하고, ⓔ도로상에 설치된 지능형 통신 시설과 정보를 주고받으며 차량을 일정 간격으로 주행하도록 함으로써 교통사고를 예방하고 도로의 흐름을 원활하게 ⟶25 하기도 한다.

과거에도 ITS 기술은 선진국들을 중심으로 많이 사용되고 있었지만, 최근 들어 급속도로 발전하고 있다. 정보 수준의 ㉤향상과 기술의 발전으로 속도가 더 빨라지고 비용도 감소했으며, 편리한 교통에 대한 시민의 기대가 높아져 정부의 과감한 투자가 이루어지고 있기 때문이다. 우리나라에서도 최근에 ITS 시범 도시를 선정하여 운영 ⟶30 하는 등 많은 개발과 투자가 이루어지고 있다. 따라서 ITS 기술의 발전은 전망이 밝다고 할 수 있다.

◆ **정보화 사회** 정보가 유력한 자원이 되고 정보의 가공과 처리에 의한 가치의 생산을 중심으로 사회나 경제가 운영되고 발전되어 가는 사회.
관제 관리하여 통제함. 특히 국가나 공항 따위에서 필요에 따라 강제적으로 관리하여 통제하는 일을 이른다.
시범 도시 도시의 경제적·사회적·문화적인 특성을 살리고 이를 지속적으로 발전시키기 위하여 지정하는 도시. 생태·정보 통신·과학·문화·관광·교육·안전·교통 및 경관 분야별로 국토 교통부 장관이 직접 지정하거나 관계 중앙 행정 기관의 장이나 시장·도지사의 요청에 따라 지정한다.

1

윗글의 서술상 특징으로 가장 적절한 것은?

① ITS 기술의 발전 과정을 순서대로 나열하고 있다.

② ITS 기술과 기존 교통 체계의 차이점을 대비하고 있다.

③ ITS 기술의 장단점을 언급하고 보완 방향을 안내하고 있다.

④ ITS 기술이 활용되는 여러 유형들을 구체적 사례와 함께 제시하고 있다.

⑤ ITS 기술에 대한 우려를 드러냄과 동시에 새로운 기술 개발을 촉구하고 있다.

2

윗글의 ⓐ~ⓔ 중 〈보기〉의 설명에 해당하는 것은?

> **보기**
>
>
>
> 버스 정류장에 설치된 왼쪽의 표지판은 버스에 설치된 GPS(Global Positioning System) 수신기와 무선 통신 장치를 통해 버스의 운행 상황을 실시간으로 파악할 수 있도록 한 것이다. 이는 인공위성으로부터 받은 버스의 위치와 사전에 입력된 정류장의 좌표가 일치하는 지점을 통과하는 버스의 운행 정보를 파악하는 원리를 이용한 것이다. 이 정보는 실시간으로 버스 운전자에게 전송되며, 버스 정류장의 표지판에도 안내되어 대중교통을 이용하는 시민들이 버스 운행 정보를 쉽게 알 수 있도록 하고 있다.

① ⓐ   ② ⓑ   ③ ⓒ   ④ ⓓ   ⑤ ⓔ

3 어휘

㉠~㉤의 사전적 의미로 적절하지 <u>않은</u> 것은?

① ㉠: 여러 사정을 참고하여 생각함.

② ㉡: 둘 이상의 다른 현상 따위를 알맞게 조화하게 함.

③ ㉢: 어떤 내용이 구체적인 사실로 나타나게 함.

④ ㉣: 한번 정한 대로 변경하지 아니함.

⑤ ㉤: 실력, 수준, 기술 따위가 나아짐.

각 문단의 중심 내용을 다음과 같이 정리할 때, 맞으면 ○, 틀리면 ×를 표시해 보자.

1문단 ITS 기술은 정보화 사회에 알맞은 신속, 안전, 쾌적한 차세대 교통 체계를 구현하는 데 목적을 두고 있다. ( )

2문단 ITS 기술을 이용하여 대중교통의 운행 상황을 대중교통 운전자와 이용객에게 제공한다. ( )

3문단 ITS 기술을 적용하여 최적의 경로나 주차장 정보 등을 안내하여 운전의 효율성을 높이고 있다. ( )

4문단 ITS 기술을 적용하여 도로 차량 분석, 항공과 우주 시설 파악 및 점검을 자동화한다. ( )

5문단 우리나라는 ITS 기술에 대한 인식과 관심에 비해 정부와 민간의 투자가 적으므로 제도의 개선이 시급하다. ( )

다음 빈칸을 채워 가며 이 글의 내용을 정리해 보자.

지능형 교통 체계(ITS)의 기술이 활용되는 유형

유형 1	유형 2	유형 3	유형 4	유형 5
대중교통 운행 상황을 ( )에서 관리하여 버스 운전자와 이용객에게 전달하는 기술	( )들에게 교통 정보를 여러 매체로 신속하게 전송하는 기술	도로상의 차량 특성, 속도 등을 감지하여 교통 상황을 ( )으로 분석하는 기술	화물 차량의 위치 및 운행 상태 등을 파악하여 ( )을 줄여 주는 기술	운전을 ( )하고, 도로의 차량들을 일정 간격으로 주행하게 하여 ( )을 원활하게 하는 기술

• 컴퓨터 기술의 발전 → ( ) 수준 향상과 기술의 발전 → 속도 향상 및 비용 감소
• 시민의 높은 기대에 따른 ( )의 과감한 투자
➡ 우리나라 ITS 기술의 전망은 ( ) 것이다.

배경지식

ITS보다 더 좋은 C-ITS(차세대 지능형 교통 체계)가 있다고?

자동차의 대중화는 인간의 삶을 풍요롭게 만들었지만 교통사고의 가능성은 인간의 생명과 안전을 여전히 위협하고 있어요. 이에 따라 최근에는 교통사고 발생을 사전에 차단하는 첨단 도로 환경 구축 체계인 차세대 지능형 교통 체계(C-ITS: Cooperative Intelligent Transport Systems) 시행을 추진하고 있지요.

C-ITS란 차량과 도로에 설치된 단말기를 활용해 주변 차량, 사고, 낙하물, 공사장 등의 교통 정보를 바탕으로 교통사고를 예방하는 시스템이랍니다. 즉 도로 교통 정보뿐 아니라 낙하물이나 고장 차량 발생 정보를 실시간으로 받아 사람들에게 안내해 주는 것이지요. 기존의 지능형 교통 체계(ITS)가 정보의 전달에 초점이 맞추어져 있다면, C-ITS는 실시간으로 정보를 주고받으며 능동적으로 대응하는 정보 공유 체계를 갖춘 것이라 볼 수 있어요. 즉, ITS 기술에서 한 단계 더 발전한 것이라고 할 수 있지요. 앞으로 우리는 C-ITS를 통해 더욱 신속하고 능동적으로 교통사고에 대응하고 사고를 예방할 수 있을 거예요.

#자동차의 대중화   #차세대 지능형 교통 체계

어휘·어법

1~3

다음에 제시된 초성과 뜻을 참고하여 빈칸에 알맞은 단어를 써 보자.

1 뜻밖의 일이 갑자기 일어남. (ㄷ ㅂ ➡   )
2 속도를 더하게 됨. 또는 그렇게 함. (ㄱ ㅅ ㅎ ➡   )
3 편하고 이로우며 이용하기 쉬움. (ㅍ ㄹ ➡   )

4~8

다음 내용이 맞으면 ○, 틀리면 ×를 표시해 보자.

4 '매우 날쌔고 빠름.'을 '신속'이라고 한다. (   )
5 '도움이 되도록 이바지함.'을 '기여'라고 한다. (   )
6 '과단성이 있고 용감하다.'를 '과감하다'라고 한다. (   )
7 '앞날을 헤아려 내다봄. 또는 내다보이는 장래의 상황.'을 '유망'이라고 한다. (   )
8 '생각이나 느낌 따위를 언어나 몸짓 따위의 형상으로 드러내어 나타냄.'을 '구현'이라고 한다.

(   )

Tip 늦추다 '정해진 때보다 지나게 하다.'라는 의미로, '늦다'의 사동사이다.
　　　사동사는 문장의 주체가 자기 스스로 행하지 않고 남에게 그 행동이나 동작을 하게 함을 나타내는 동사이다.
　　　📝 등교 시간을 늦추어 주다.

날개 없는 선풍기의 등장

문제 풀이
지문 해제
관련 영상
어휘 퀴즈

회전 날개를 돌려 발생된 바람으로 더위를 쫓겠다는 아이디어의 제품은 1850년대에 최초로 등장했다. 이전에 귀족들이 하인이나 노예를 시켜 부채를 흔들게 하던 것을 기계로 대치하겠다는 것이었다. 이때 당시의 동력원은 태엽이었다. 전기로 작동되는 선풍기는 1882년 미국에서 최초로 개발되었는데, 이 선풍기의 날개 수는 두 개였다. 이후 선풍기를 천장에 단다든지 혹은 날개 수를 서너 개로 늘린다든지 하는 등 5
의 개선은 있었지만 전기의 힘으로 날개를 돌려 바람을 만든다는 기본 개념은 오랫동안 변하지 않았다.

그런데 2009년에 어느 회사가 혁신적인 선풍기를 새로 출시했는데 놀랍게도 이 선풍기에는 회전 날개가 없었다. 이름 하여 '날개 없는 선풍기'였다. 선풍기라면 당연히 회전 날개가 있어야 한다고 생각했던 소비자들에게는 충격 그 자체였다. 특히 선풍기 10
회전 날개로 인한 안전사고를 걱정하던 전 세계의 부모들에게 크게 환영을 받았다. 왜냐하면 아이들이 호기심에 기존의 선풍기 철망 사이로 손가락을 집어넣을지 모른다는 부모들의 불안감을 불식할 수 있었기 때문이었다.

그러면 이 선풍기는 날개도 없는데 바람이 어떻게 나오는 것일까? 이 제품의 생김새를 15
자세히 살펴보면 그 해답을 찾을 수 있다. 이 선풍기의 아래쪽에는 원통 모양의 지지대가 있고 그 위에 반지처럼 가운데가 뻥 뚫린 둥근 고리가 올려져 있다. 그리고 아래쪽의 원통
지지대 안에는 전기 모터와 팬이 설치되어 있다. 전기 모터는 팬을 돌려 원통 측면의 20
작은 구멍들을 통해 공기를 빨아들이는데, 이 공기가 비행기 날개 모양을 닮은, 속이 빈 둥근 고리 내부를 지나는 동안에 공기의 흐름이 빨라지게 되고, 이 공기가 둥근 고리의 안쪽 면과 바깥 면 사이의 작은 틈을 통해 강하게 불어 나오게 되는 것이다. 이 과정에서 둥근 고리 바깥쪽에 있는 주변 공기가 고리 안쪽으로 유입되어 고리를 통과하면서 강한 기류가 생기게 되는데, 이때 만들어진 공기의 양은 팬에 의해 처음 만들어진 25
것보다 약 15배 정도 증폭된 것이기 때문에 바람이 빠른 속도로 분출되는 것이다.

날개 없는 선풍기는 바람을 부드럽게 분출할 수 있다는 장점이 있다. 기존의 선풍기는 회전 날개에 의해 공기의 흐름이 단절되기 때문에 선풍기를 마주 보고 "아." 하고 길게 말하면 소리가 뚝뚝 끊기지만, 날개 없는 선풍기는 회전 날개가 없어서 마주 보고 말해도 소리가 끊어지지 않는 것이다. 이는 날개 없는 선풍기의 둥근 고리의 30
내·외부 생김새가 바람이 끊어지지 않고 자연스럽게 분출하는 것을 극대화하도록 디자인되어 있기 때문이라고 할 수 있다.

◆ **대치** 다른 것으로 바꾸어 놓음.
불식 먼지를 떨고 훔친다는 뜻으로, 의심이나 부조리한 점 따위를 말끔히 떨어 없앰을 이르는 말.
팬(fan) 날개가 빙글빙글 돌아가면서 공기를 배출하여 환기시키거나 열을 식히는 기계 장치.
유입 액체나 기체, 열 따위가 어떤 곳으로 흘러듦.

날개 없는 선풍기는 바람을 분출하는 원리가 기존의 선풍기와 다르고, 디자인이 기존 선풍기의 것과 차별화되어 고급스러운 이미지를 갖추었지만, 가격이 비싼 탓에 널리 사용되지 못하였다. 하지만 최근 들어 가격을 낮춘 날개 없는 선풍기 제품들이 많이 출시되고 있고, 기존의 선풍기들도 디자인에 변화를 주고 성능을 개선하기 위 5 해 많이 노력하고 있다. 이처럼 날개 없는 혁신적인 선풍기의 등장은 기존의 선풍기 시장에 큰 변화를 몰고 왔다고 할 수 있다.

■ 정답과 해설 28쪽

1

윗글의 내용과 일치하지 <u>않는</u> 것은?

① 최초의 전기 선풍기는 두 개의 날개만을 이용해서 바람을 만들었다.

② 기존의 전기 선풍기의 날개 수를 늘린 것은 바람의 세기를 개선하지 못했다.

③ 날개 없는 선풍기의 등장은 선풍기에 대한 고정 관념을 깬 충격적인 사건이었다.

④ 날개 없는 선풍기는 선풍기 회전 날개로 인한 안전사고를 걱정하던 부모들에게 환영받았다.

⑤ 날개 없는 선풍기는 부드러운 바람이 끊어지지 않고 분출하는 것을 극대화하도록 디자인되었다.

2

윗글을 읽고 〈보기〉에 대해 보인 반응으로 가장 적절한 것은?

> **보기**
>
> 비행기가 날기 위해서는 공기가 비행기를 위로 밀어 올리는 힘이 필요하다. 이 힘의 비밀은 비행기 날개 모양에 있다. 비행기 날개는 윗면이 아랫면보다 볼록한 형태이다. 공기가 비행기의 평평한 아랫면보다 볼록한 윗면을 지나갈 때 마치 좁은 관 속을 지나는 것처럼 속도가 더 빨라지게 되는 것이다. 날개 없는 선풍기도 이 원리를 이용하여 디자인되었다.

① 날개 없는 선풍기의 둥근 고리 외부를 볼록하게 디자인해야겠군.

② 날개 없는 선풍기의 둥근 고리 위쪽 부분이 좁아지도록 디자인해야겠군.

③ 날개 없는 선풍기의 둥근 고리 내·외부를 모두 볼록하게 디자인해야겠군.

④ 날개 없는 선풍기의 둥근 고리 아래쪽 부분이 좁아지도록 디자인해야겠군.

⑤ 날개 없는 선풍기의 둥근 고리 내부 단면을 비행기 날개 모양처럼 디자인할 필요가 있겠군.

1 각 문단의 중심 내용과 관련 있는 것을 연결해 보자.

1문단 •
    • 선풍기의 역사

2문단 •
    • 날개 없는 선풍기가 가져온 시장의 변화

3문단 •
    • 날개 없는 선풍기가 분출하는 바람의 특징

4문단 •
    • 날개 없는 선풍기의 구조와 작동 원리

5문단 •
    • 날개 없는 선풍기의 등장과 소비자의 반응

2 다음 빈칸을 채워 가며 이 글의 내용을 정리해 보자.

날개 있는 선풍기
태엽으로 작동되는 선풍기 → (　　　　　　)로 작동되는 선풍기

▼

날개 없는 선풍기	
작동 원리	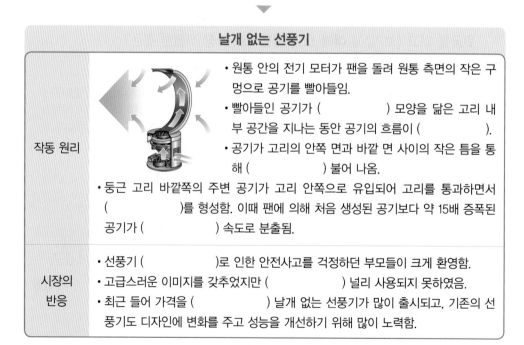 • 원통 안의 전기 모터가 팬을 돌려 원통 측면의 작은 구멍으로 공기를 빨아들임. • 빨아들인 공기가 (　　　　　　) 모양을 닮은 고리 내부 공간을 지나는 동안 공기의 흐름이 (　　　　　). • 공기가 고리의 안쪽 면과 바깥 면 사이의 작은 틈을 통해 (　　　　　) 불어 나옴. • 둥근 고리 바깥쪽의 주변 공기가 고리 안쪽으로 유입되어 고리를 통과하면서 (　　　　　)를 형성함. 이때 팬에 의해 처음 생성된 공기보다 약 15배 증폭된 공기가 (　　　　　) 속도로 분출됨.
시장의 반응	• 선풍기 (　　　　　)로 인한 안전사고를 걱정하던 부모들이 크게 환영함. • 고급스러운 이미지를 갖추었지만 (　　　　　) 널리 사용되지 못하였음. • 최근 들어 가격을 (　　　　　) 날개 없는 선풍기가 많이 출시되고, 기존의 선풍기도 디자인에 변화를 주고 성능을 개선하기 위해 많이 노력함.

배 경 지 식 **제트 엔진의 원리와 베르누이의 원리가 합쳐진다면?**

날개 없는 선풍기는 공기를 아래쪽으로 빨아들이기 위해 제트 엔진의 원리를 이용해요. 제트 엔진은 비행기에 사용되는 엔진으로, 내부에 있는 팬이 엔진 내부로 공기를 빨아들여요. 공기가 연료와 함께 연소되면 고온의 기체가 외부로 분출되며 추진력을 갖게 되지요. 날개 없는 선풍기도 제트 엔진처럼 팬과 전기 모터로 공기를 빨아들인답니다.

한편 날개 없는 선풍기의 빈 고리 내부는 비행기 날개 모양처럼 바깥쪽은 평평하고 안쪽은 둥그렇답니다. 여기에서 베르누이의 원리를 확인할 수 있어요. 베르누이의 원리는 공기나 물 같은 것이 빠르게 흐르면 압력이 감소하고 느리게 흐르면 압력이 증가한다는 것이에요. 날개 없는 선풍기의 둥근 고리에 있는 작은 틈을 통해 공기가 강하게 불어 나오면

공기는 둥근 면에서 더 빠르게 흐르므로 고리 안쪽을 지나는 공기가 바깥쪽보다 빠릅니다. 그러면 고리 안쪽의 기압은 바깥쪽보다 낮아지게 되겠지요. 공기는 기압이 높은 곳에서 낮은 곳으로 이동하므로 고리의 바깥쪽 공기가 고리 안쪽으로 이동하게 되고, 이런 베르누이의 원리가 적용되어 날개 없이도 시원한 바람이 나올 수 있는 것이지요.

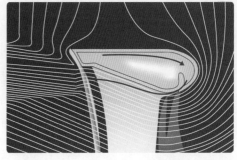

#날개 없는 선풍기   #제트 엔진   #베르누이의 원리

날개 없는 선풍기의 고리 내부

어 휘 · 어 법

1~5 다음에 제시된 단어의 사전적 의미를 찾아 바르게 연결해 보자.

1 불식 • • ㉠ 얇고 긴 강철 띠를 돌돌 말아 그 풀리는 힘으로 시계 따위를 움직이게 하는 장치.

2 증폭 • • ㉡ 잘못된 것이나 부족한 것, 나쁜 것 따위를 고쳐 더 좋게 만듦.

3 태엽 • • ㉢ 사물의 범위가 늘어나 커짐. 또는 사물의 범위를 넓혀 크게 함.

4 기류 • • ㉣ 온도나 지형의 차이로 말미암아 일어나는 공기의 흐름.

5 개선 • • ㉤ 먼지를 떨고 훔친다는 뜻으로, 의심이나 부조리한 점 따위를 말끔히 떨어 없앰을 이르는 말.

6~8 다음 뜻풀이에 알맞은 단어를 〈보기〉에서 찾아 빈칸에 써 보자.

> 보기
>
> 극대화   분출   혁신

6 액체나 기체 상태의 물질이 솟구쳐서 뿜어져 나옴. (   )

7 아주 커짐. 또는 아주 크게 함. (   )

8 묵은 풍속, 관습, 조직, 방법 따위를 완전히 바꾸어서 새롭게 함. (   )

Tip 천장 지붕 안쪽의 구조물을 가리키기도 하고 지붕 밑과 반자 사이의 빈 공간에서 바라본 반자를 가리키기도 한다. 표준어는 '천장'이다. 단, 물가 따위가 한없이 오르기만 함을 비유적으로 이르는 말인 '천정부지(天井不知)'에서는 '천정'이다.

전기 자동차의 구조는 어떠할까

기술 06

문제 풀이
지문 해제
관련 영상
어휘 퀴즈

전기 자동차(electric vehicle)는 자동차의 구동 에너지를 화석 연료의 연소로부터가 아닌 전기 에너지로부터 얻는 자동차를 말한다. 따라서 자동차로부터 나오는 배기가스가 전혀 없으며, 소음이 아주 적다는 장점이 있다. 사실 전기 자동차는 가솔린 자동차보다 앞선 시기인 1873년에 이미 제작되었으나, 축전지(배터리)가 지나치게 무겁고, 충전 시간이 오래 걸리는 등의 문제 때문에 실용화되지 못하다가 최근에 자동차로 인한 환경 문제의 심각성을 인식하게 되면서 다시 관심을 끌게 되었다. 5

그렇다면 전기 자동차의 구조는 어떠할까? 전기 자동차는 축전지로 전동기(모터)를 구동하여 자동차를 움직인다. 그리고 ㉮전기 자동차를 감속할 때는 운동 에너지를 전기로 변환하여 축전지에 충전하기도 한다. 전기 자동차는 축전지, 전동기, 제어 장치의 세 가지 주요 부분으로 구성되는데, 이는 내연 기관을 이용하는 자동차와 비교했을 때 상대적으로 그 구조가 매우 간단하다고 할 수 있다. 10

전기 자동차는 내연 기관 자동차의 화석 연료 대신 축전지의 전기 에너지를 사용하고, 내연 기관 대신에 전동기와 제어 장치를 사용한다. 그런 이유로 축전지의 성능은 전기 자동차의 성능에 큰 영향을 미친다. 초기 전기 자동차에는 납축전지가 사용되었다. 그러나 1회 충전당 주행 거리가 짧고, 차지하는 무게와 부피가 크며, 전지 수명이 매우 짧다는 것이 단점이었다. 현재는 이러한 단점을 극복한 니켈-수소 전지, 리튬-이온 전지가 주로 사용되고 있는데, 이 전지들은 고가이지만 에너지 밀도가 높고, 수명이 납축전지에 비해 길다는 장점이 있다. 15

초기의 전기 자동차에는 직류 전동기가 주로 사용되었지만, 최근에는 교류 전동기로 대체되었다. 직류 전동기는 구조가 간단하고 가속 발진이 양호하며, 간단한 제어 장치로 가속과 변속을 쉽게 조절할 수 있다는 장점이 있지만, 효율이 낮으며 고속 회전에 적합하지 않고 크기도 크다는 단점이 있었다. 반면에 교류 전동기는 전지에서 얻어진 직류 전류를 인버터를 통해 교류 전류로 변환시켜 구동하는 방식으로, 직류 전동기에 비해 크기가 작으며 효율이 높고 회전수를 높일 수 있다. 20

전기 자동차는 내연 기관 자동차와는 전혀 다른 방식의 제어 특성을 갖고 있다. 전기 자동차는 내연 기관 자동차와 달리 공회전이나 정지할 때에 동력을 차단하는 클러치와 같은 장치를 둘 필요가 없고, 전동기를 구동하는 전류의 방향을 반대로 하기만 하면 차량을 역방향으로 간단하게 움직일 수 있기 때문에 역전 기어 장치가 필요하지도 않다. 따라서 전기 자동차를 제어하기 위해서는 전동기의 회전 속도와 방향 등을 제어할 수 있는 전자식 제어 장치만 있으면 된다. 25

30

전기 자동차는 무엇보다도 친환경적이라는 점에서 기존의 자동차 산업에 새로운 변화의 가능성을 ⓐ보여 주고 있다. 하지만 전기 자동차의 가격이 내연 기관 자동차

연소 물질이 산소와 화합할 때에, 많은 빛과 열을 내는 현상.
전동기 전기 에너지로부터 회전력을 얻는 기계.
내연 기관 실린더 속에 연료를 집어넣고 연소 폭발 시켜서 생긴 가스의 팽창력으로 피스톤을 움직이게 하는 원동기를 통틀어 이르는 말.
클러치(clutch) 한 축에서 다른 축으로 동력을 끊었다 이었다 하는 장치.

들에 비해 비싸다는 점은 소비자의 입장에서 선택의 부담이 되고 있다. 전기 자동차 보급 확대를 위해 전기 자동차와 관련된 정부의 지원을 더욱 확대할 필요가 있다.

■ 정답과 해설 29쪽

1

윗글을 통해 알 수 있는 내용이 <u>아닌</u> 것은?

① 전기 자동차는 배기가스가 전혀 없고, 소음이 적어 친환경적이다.

② 전기 자동차는 내연 기관 자동차에 비해서 그 구조가 매우 간단하다.

③ 직류 전동기는 간단한 제어 장치로 가속과 변속을 쉽게 조절할 수 있다.

④ 초기의 전기 자동차에는 에너지 밀도가 높은 납축전지를 주로 사용하였다.

⑤ 전기 자동차의 보급 확대를 위해 가격 부담을 낮추는 정부의 정책이 필요하다.

2

윗글의 내용을 바탕으로 ㉮에 대해 설명한 내용으로 가장 적절한 것은?

① 전기 자동차를 감속하려면 전기를 차단해야 한다.

② 전기 자동차를 감속하려면 역전 기어 장치를 사용해 변속해야 한다.

③ 전기 자동차를 감속하려면 클러치를 이용해 전동기의 동력을 차단해야 한다.

④ 전기 자동차를 감속하려면 인버터로 직류 전류를 교류 전류로 변환해야 한다.

⑤ 전기 자동차를 감속하려면 전자식 제어 장치로 전동기의 회전 속도를 늦춰야 한다.

3 어휘

ⓐ와 바꾸어 쓰기에 가장 적절한 것은?

① 알아보고　　　　② 살펴보고　　　　③ 짐작하고

④ 적용하고　　　　⑤ 드러내고

1 각 문단의 중심 내용과 관련 있는 것을 연결해 보자.

1문단 •	• 전기 자동차의 구조
2문단 •	• 전기 자동차의 개념과 장점
3문단 •	• 전기 자동차용 제어 장치의 특성
4문단 •	• 전기 자동차용 전동기의 종류와 차이점
5문단 •	• 전기 자동차에 사용되는 축전지의 종류와 특징
6문단 •	• 전기 자동차의 전망과 정부 지원의 필요성

2 다음 빈칸을 채워 가며 이 글의 내용을 정리해 보자.

전기 자동차	
관심을 받게 된 계기	1873년에 가솔린 자동차보다 먼저 제작됨. → 배터리가 무겁고 충전 시간이 오래 걸려 실용화되지 못함. → 환경 문제가 심각해짐. → 전기 자동차는 (　　　　)가 전혀 없고 (　　　　)이 아주 적다는 장점이 있어 관심을 받고 있음.
구동 방식	축전지의 (　　　　) 에너지로 (　　　　)를 구동하여 자동차를 움직임.
주요 부분	• (　　　　): 니켈-수소 전지, 리튬-이온 전지는 (　　　　)에 비해 에너지 (　　　　)가 높고, 수명이 길어 최근에 많이 사용함. • 전동기 　– (　　　　) 　┌ 장점: 구조가 간단하고 가속 발진이 양호하며, 간단한 제어 장치로 가속과 변속을 조절함. 　└ 단점: 효율이 낮고, 고속 회전에 부적합하며 크기가 큼. 　– 교류 전동기: 크기가 작으며, (　　　　)이 높고 (　　　　)를 높일 수 있음. • 제어 장치: 내연 기관 자동차와는 달리 (　　　　) 제어 장치만 필요함.
전망	(　　　　)이지만 가격이 비싸 소비자에게 부담이 됨. → 정부가 전기 자동차 관련 지원을 더욱 (　　　　)할 필요가 있음.

배경지식

전기 에너지가 변신을 한다고?

우리는 생활 속에서 다양한 형태의 에너지를 사용해요. 그중에서도 우리는 콘센트나 전지를 통해 쉽게 전기 에너지를 공급받고, 여러 가지 전기 기구를 이용해 다른 형태의 에너지로 전환하여 사용하지요.

전기 자동차는 휘발유, 경유 등의 연료를 이용하는 엔진과 전기 에너지를 함께 사용하는 하이브리드 자동차와는 달리, 전동기만으로 작동된답니다. 이는 전기 에너지가 역학적 에너지로 전환되어 사용되는 대표적인 경우에 해당하지요. 이뿐만 아니라 전기 자동차는 자동차에 필요한 열, 빛, 운동, 소리 에너지 등 모든 에너지를 축전지의 전기 에너지로부터 전환하여 사용하지요.

축전지에 축적된 전기 에너지로 전동기(모터)를 회전시켜서 자동차를 구동시키는 전기 자동차는 배기가스를 분출하지 않아 친환경적이며, 소음이 적게 발생한다는 장점이 있답니다.

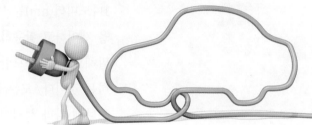

#전기 에너지   #전기 자동차   #축전지

어휘·어법

1~3

다음 뜻풀이에 알맞은 단어를 〈보기〉에서 찾아 빈칸에 써 보자.

> **보기**
>
> 제어   발진   실용화

1 기계나 설비 또는 화학 반응 따위가 목적에 알맞은 작용을 하도록 조절함. (   )
2 실제로 쓰거나 쓰게 함. (   )
3 출발하여 나아감. 주로, 엔진의 힘으로 배나 비행기 따위가 기지에서 출발하는 것을 이른다.

(   )

4~7

다음 빈칸에 들어갈 알맞은 단어를 〈보기〉에서 찾아 써 보자.

> **보기**
>
> 수명   부담   구동   공회전

4 자동차 운전 시 (   )을 심하게 하면 엔진이 마모될 뿐만 아니라 연료도 낭비된다.
5 전기로 움직이는 모든 장치는 축전지를 통해 장치가 (   )된다.
6 지금 같은 때에 해외여행은 경제적으로 크게 (   )이 된다.
7 시계가 작동하지 않는 것을 보니 건전지의 (   )이 다했나 보다.

Tip • **축전지** 전기 에너지를 화학 에너지로 바꾸어 모아 두었다가 필요한 때에 전기로 재생하는 장치.
　　　• **건전지** 전해액과 화학 물질을 종이나 솜에 흡수시키거나 반죽된 형태로 만들어 유동성 액체를 사용하지 않고 제조한 전지.

07 아주 작은 세상, 나노 기술

문제 풀이
지문 해제
관련 영상
어휘 퀴즈

'나노 기술'은 미래 과학과 산업 및 사회를 근본적으로 변화시키는 핵심 기술로 평가받고 있다. 18세기 중엽 산업 혁명이 일어나 우리의 삶을 송두리째 바꾸었다면 오늘날 나노 기술은 새로운 세계로 들어가는 입구와 같다고 할 수 있다. 그렇다면 '나노'는 무엇이며, '나노 기술'이 어떻게 이와 같은 영향을 미치게 된다는 것일까?

나노(nano)는 고대 그리스어의 '난쟁이'를 뜻하는 나노스(nanos)에서 나온 말로, 1나노미터(nm)는 1미터의 10억분의 1에 해당하고, 이 정도 수준의 아주 작은 물질들을 제어하고 활용하는 기술을 '나노 기술(Nano technology, NT)'이라고 한다. 쉽게 말해 나노 ⊙규모란 단지 작은 덩어리를 가리킨다기보다 원자나 분자의 크기를 의미하는 것이다. 모든 물질은 원자나 분자로 이루어져 있는데, 그것이 어떤 구조를 이루느냐에 따라 성질이 달라진다. 따라서 나노 규모를 다룬다는 것은 원자나 분자를 다룬다는 뜻이고, 이를 ⓒ조작함으로써 기존에는 불가능했던 전혀 새로운 성질이나 기능이 기술적으로 가능해지도록 하는 것이 바로 나노 기술이라고 할 수 있다.

나노 기술 전문가들은 이 기술이 매우 다양한 분야에 활용될 수 있을 것으로 ⓒ전망하고 있는데, 특히 정보 통신 기술, 생명 공학·의학 기술, 환경 기술과의 접목 가능성을 매우 높게 보고 있다. 나노 기술을 정보 통신 기술과 접목했을 때 가장 먼저 영향을 받는 것은 바로 컴퓨터 분야일 것이다. 컴퓨터의 정보 처리 속도를 높이고 크기를 작게 하기 위해서는 좁은 면적의 반도체♦ 칩 안에 회로를 많이 ⓔ집적시켜야 하는데 나노 기술이 이를 가능하게 할 수 있을 것이기 때문이다. 나노 기술이 더 발전한다면 향후에는 거대한 슈퍼컴퓨터를 주머니 속에 가지고 다닐 수 있게 될지도 모른다.

나노 기술은 생명 공학·의학 기술 분야에도 많은 영향을 미칠 것으로 보인다. 예를 들어 인공 뼈를 형성하는 분자들이 손상된 뼈의 위치에 가서 스스로 일정한 모양을 잡아 결합하게 되면 강철이나 세라믹을 쓰지 않고도 ⓜ치유가 가능할 것이다. 그리고 나노 캡슐에 약물을 주입해 암세포까지 전달할 수 있다면 몸속의 다른 기관에 영향을 주지 않아 환자의 고통도 덜어 주고 치료 효과도 훨씬 클 것이기 때문이다. 최근에는 나노 규모의 센서를 인체에 삽입해 환자의 상태를 정확하게 진단하거나 치료하는 방법도 꾸준히 연구되고 있다.

나노 기술은 환경 오염을 막는 데도 큰 역할을 할 것으로 기대되고 있다. 석탄이나 석유 같은 화석 연료를 사용하면 각종 환경 오염 물질이 많이 발생하게 되는데, 탄소 나노 튜브♦를 활용한 연료 전지를 상용화하게 되면 무공해 에너지를 사용할 수 있기 때문이다. 또한 이 탄소 나노 튜브는 물리적·전기적 성질이 독특해서 무척 가볍고 유연하기 때문에 비행기나 고급 스포츠 장비, 의료 기구의 재료로도 활용이 가능할 것으로 보인다.

♦ **반도체** 상온에서 전기 전도율이 도체와 절연체의 중간 정도인 물질. 낮은 온도에서는 거의 전기가 통하지 않으나 높은 온도에서는 전기가 잘 통한다.

세라믹(ceramics) 고온에서 구워 만든 비금속 무기질 고체 재료. 유리, 도자기, 시멘트, 내화물 따위를 통틀어 이른다.

탄소 나노 튜브 나노 크기의 탄소로만 이루어진 관상(대롱 같은 모양) 물질.

상용화 일상적으로 쓰이게 됨. 또는 그렇게 만듦.

1

윗글의 서술상 특징으로 가장 적절한 것은?

① 나노 기술에 대한 학계의 찬반 입장을 제시한 뒤 이를 절충하고 있다.

② 나노 기술이 발전해 온 과정을 시간 순서대로 요약하여 제시하고 있다.

③ 나노 기술을 다른 기술과 비교하여 나노 기술의 장점을 부각하고 있다.

④ 나노 기술의 특징을 나열한 뒤 나노 기술의 부정적 미래를 전망하고 있다.

⑤ 나노 기술의 개념을 밝히고 기술의 활용 분야를 구체적으로 드러내고 있다.

2

윗글을 읽고 〈보기〉에 대해 보인 반응으로 적절하지 <u>않은</u> 것은?

> **보기**
>
> 나노 크기의 원격 바이오센서가 개발됨에 따라 정밀한 의료 서비스를 실현할 수 있게 되었다. 이 바이오센서를 인체에 삽입하게 되면 앞으로 원격 의료 및 재택 진료 서비스가 점차 확대될 것으로 보인다. 여기에 정보 통신 기술을 융합하여 각 의료 기관의 의료 정보 시스템과 환자 개개인의 건강 정보 관리 시스템을 통합하여 통합 의료 데이터베이스를 구축하고, 상호 모니터링 가능한 양방향 통신 기반을 구축한다면, 언제 어디서나 '내 손 안의 병원'을 구현할 수 있는 본격적인 U-헬스 케어(Ubiquitous Health Care) 시장이 열리게 될 것이다.

◆ **융합** 다른 종류의 것이 녹아서 서로 구별이 없게 하나로 합하여지거나 그렇게 만듦. 또는 그런 일.

① 의료용 바이오센서를 개발하는 데 탄소 나노 튜브를 활용하면 좋겠군.

② 통합 의료 데이터베이스를 구축하고 이를 처리하기 위해 나노 기술을 활용한 슈퍼컴퓨터가 필요하겠군.

③ 바이오센서를 인체에 삽입하기 위해서는 체내 다른 기관에 영향을 주지 않도록 나노 크기로 만들어야겠군.

④ '내 손 안의 병원'을 구현하기 위해서 나노 기술을 접목하여 슈퍼컴퓨터를 휴대할 수 있는 크기로 소형화하면 좋겠군.

⑤ U-헬스 케어 시장이 열리면 환경 오염 물질이 많이 발생하게 되므로 화석 연료를 사용한 연료 전지를 상용화하면 좋겠군.

3 어휘

㉠~㉤의 사전적 의미로 적절하지 <u>않은</u> 것은?

① ㉠: 사물이나 현상의 크기나 범위.

② ㉡: 어떤 일을 사실인 듯이 꾸며 만듦.

③ ㉢: 앞날을 헤아려 내다봄.

④ ㉣: 모아서 쌓음.

⑤ ㉤: 치료하여 병을 낫게 함.

지문
분석

1

각 문단의 중심 내용과 관련 있는 것을 연결해 보자.

1문단 •
　　　　　　　• 나노의 개념과 나노 기술의 특징

2문단 •
　　　　　　　• 미래 사회의 핵심 기술인 나노 기술

3문단 •
　　　　　　　• 정보 통신 기술 분야에 활용되는 나노 기술

4문단 •
　　　　　　　• 환경 기술 분야에 활용되는 나노 기술

5문단 •
　　　　　　　• 생명 공학·의학 기술 분야에 활용되는 나노 기술

2

다음 빈칸을 채워 가며 이 글의 내용을 정리해 보자.

나노 기술
나노 단위(1나노미터는 1미터의 (　　　　　)분의 1) 수준의 물질들을 제어하고 활용하는 기술

▼

활용 분야	활용 가능 사례
정보 통신 기술 분야	• 좁은 면적의 (　　　　　) 칩 안에 회로를 많이 집적할 수 있음. • 거대한 (　　　　　)를 소형화할 수 있을 것임.
생명 공학·의학 기술 분야	• (　　　　　)를 형성하는 분자들이 손상된 뼈에 스스로 결합할 수 있을 것임. • (　　　　　)에 약물을 주입해 암세포에 전달하면 몸속의 다른 기관에 영향을 주지 않을 것임.
환경 기술 분야	• 탄소 나노 튜브를 활용한 연료 전지를 상용화하면 (　　　　　) 에너지를 사용할 수 있음. • 탄소 나노 튜브는 무척 (　　　　　) 유연하여 고급 스포츠 장비, 의료 기구 재료로 활용 가능함.

배 경 지 식

우리 생활 속에는 어떤 나노 기술이 숨어 있을까?

첨단 과학은 우리 생활 가까이에 있어요. 예를 들어 화장품을 제조할 때 나노 기술을 사용하여 비타민 등의 여러 성분을 아주 작은 캡슐로 만들어 흡수력을 높이는 것이지요. 나노 기술은 나노미터(nm) 크기의 수준에서 물질을 가공하는 기술로, 전자 통신, 제조, 의료, 생명 공학, 환경, 에너지 등 많은 분야에서 사용되고 있답니다. 일찍이 1960년대에 물리학자 리처드 파인먼은 당시에는 실현 불가능할 것으로 생각한, 나노 기술이 가능한 시대가 올 것으로 예측했어요.

나노 기술의 발전은 나노 크기의 기계를 만드는 기술인 멤스(MEMS)의 개발과도 이어져요. 멤스는 반도체 제조 기술에서 파생되었으며, 실리콘 기판 위에 3차원의 공간을 마련해 회로를 배열하여 마이크로미터(μm: 100만분의 1미터) 크기의 초소형 기계 장치를 만드는 기술이에요. 이는 휴대 전화, 각종 센서 등에 이용된답니다. 이 기술은 인간의 몸속을 초소형 로봇이 돌아다니며 치료하고, 작은 벌레 크기의 로봇이 적군에 침투하여 정보를 빼 오는 일처럼 영화에서나 볼 수 있었던 일을 현실에서 가능하도록 해 주는 것이지요.

#나노 기술　　#리처드 파인먼　　#멤스(MEMS)

어 휘 · 어 법

1~5 다음 뜻풀이에 알맞은 단어를 〈보기〉의 글자를 조합하여 빈칸에 써 보자.

> **보기**
>
> 규　접　평　후　가　입　향　모　삽　목

1 이것에 뒤이어 오는 때나 자리. (　　　　　)
2 사물이나 현상의 크기나 범위. (　　　　　)
3 둘 이상의 다른 현상 따위를 알맞게 조화하게 함을 비유적으로 이르는 말. (　　　　　)
4 사물의 가치나 수준 따위를 평함. 또는 그 가치나 수준. (　　　　　)
5 틈이나 구멍 사이에 다른 물체를 끼워 넣음. (　　　　　)

6~9 다음에 제시된 단어의 사전적 의미를 찾아 바르게 연결해 보자.

6 상용화　・　　　・㉠ 있는 전부를 모조리.
7 덜다　　・　　　・㉡ 그러한 행위나 상태를 적게 하다.
8 송두리째　・　　・㉢ 일상적으로 쓰이게 됨. 또는 그렇게 만듦.
9 유연하다　・　　・㉣ 부드럽고 연하다.

Tip '송두리째'는 '그대로', 또는 '전부'의 뜻을 더하는 접미사 '-째'를 붙여, '송두리째'라고 적는다. '송두리채'는 틀린 표기이다.

작은 브로드웨이, 오프 브로드웨이

문제 풀이
지문 해제
관련 영상
어휘 퀴즈

뉴욕시에는 브로드웨이(Broadway) 공연 외에도 수많은 오프 브로드웨이(Off Broadway)와 오프-오프 브로드웨이(Off-Off Broadway) 공연들이 있다. 오프 브로드웨이란 오프(Off)가 뜻하는 바와 같이 브로드웨이에서 벗어난 공연을 가리키는데, 이는 공연하는 극장이 단순히 브로드웨이 극장가 바깥에 있다고 해서 생겨난 지역적인 개념만은 아니다. 오늘날 브로드웨이와 오프, 오프-오프 브로드웨이를 나누는 실질적인 기준은 극장의 위치가 아니라 객석의 규모와 그에 따른 세금 차이 그리고 작품의 상업성 여부 등이 복합적으로 적용된다. 뉴욕시의 공연장 관리 법규는 객석 수를 100석, 500석 기준으로 3등분하여 세율 및 관리에 차등을 두는데, 보통 99석 이하는 오프-오프 브로드웨이, 100석 이상 499석 이하는 오프 브로드웨이, 500석 이상은 브로드웨이로 나뉜다.

극장이 아담할수록 오프 브로드웨이의 느낌을 살릴 수 있기 때문에 중간 규모 이하의 극장에서는 주로 연극이나 오프 브로드웨이에서 출발한 중형 뮤지컬을 유치한다. 규모에 따른 구분이라고는 하지만 '오프'의 개념은 관객들이 정서적으로 느끼는 극장의 규모와 쇼의 성격과도 밀접하다. 대형 뮤지컬과 유명 배우가 출연하는 연극을 중심으로 상업적 논리로 운영되는 브로드웨이가 초대형 극장가라면, 오프 브로드웨이는 브로드웨이 극장가 바깥에 있으면서 연극, 뮤지컬, 행위 예술 등 보다 소규모 쇼를 공연하는 일종의 '작은 브로드웨이'라고 볼 수 있다.

오프-오프 브로드웨이는 오프 브로드웨이와 지역적인 차이는 없지만 쇼의 성격과 제작비 면에서 차이가 난다. 오프 브로드웨이가 브로드웨이의 10분의 1 수준의 제작비가 든다면, 오프-오프 브로드웨이는 다시 오프 브로드웨이의 10분의 1 수준의 제작비로 운영되고 있어 흥행 실패의 위험을 기꺼이 감수하며 공연을 올릴 수 있다. 극장 시설은 열악하지만 오프-오프 브로드웨이는 비상업적 논리로 접근하는 경우가 많다. 이 때문에 오프-오프 브로드웨이에서는 아무래도 ⃞ ㉠ ⃞

중요한 사실은 오프나 오프-오프 브로드웨이와 브로드웨이의 구분이 결코 작품의 수준 차이를 뜻하지는 않는다는 것이다. 오히려 브로드웨이에 올라가는 대형 공연보다 훨씬 뛰어난 작품성과 상업성을 겸비한 오프 또는 오프-오프 브로드웨이의 공연들도 있다. 여기에는 대규모 코러스와 댄스 앙상블 등은 없지만 브로드웨이에서 불가능한 일이 가능하기 때문이다. 오프 또는 오프-오프 브로드웨이 공연은 관객들이 무대 구석구석을 놓치지 않고 볼 수 있으며 배우와 관객이 함께 호흡할 수 있다. 무대와 객석의 거리가 가깝다는 강력한 무기를 가지고 관객이 직접 배우와 눈을 맞추며 진지하고 친밀한 분위기를 형성하기 때문에 관객들은 여기서 강렬한 경험을 하게 된다.

◆ **브로드웨이** 미국 뉴욕시의 맨해튼을 남북으로 가로지르는 큰길. 극장가가 형성되어 있는 타임스 스퀘어에서부터 콜럼버스 서클까지를 이르기도 한다. 그리고 미국의 연극, 뮤지컬계를 일컫는 말이기도 하다.

코러스(chorus) 합창. 합창단.

앙상블(ensemble) ① 전체적인 어울림이나 통일. ② 배우 전원의 협력에 의하여 통일적인 효과를 얻으려는 연출법.

1

윗글을 바탕으로, 브로드웨이 공연과 오프-오프 브로드웨이 공연을 본 사람이 나눈 대화로 적절하지 <u>않은</u> 것은?

난 오프-오프 브로드웨이 뮤지컬을 보았는데, 객석 규모가 50석 정도로 생각보다 더 작더라구. …… ①

내가 본 뮤지컬은 1000석 규모의 대형 극장에서 상연되었는데, 전 세계적으로 흥행에 성공한 유명한 작품이었어. ② ……

작은 극장이라 그런지 배우들의 표정과 눈빛이 너무 생생하게 보여서 심리적인 거리감이 느껴졌어. …… ③

실제 크기의 헬기가 날아다니던 무대, 대규모 오케스트라와 배우 50여 명의 화려한 군무가 인상 깊었어. ④ ……

내가 본 공연은 상대적으로 제작비가 적게 들었겠지만, 작품성은 유명 브로드웨이 공연만큼 뛰어났어. …… ⑤

◆ **군무** 여러 사람이 무리를 지어 춤을 춤. 또는 그 춤.

2

㉠에 들어갈 문장으로 적절한 것은?

① 높은 출연료를 받는 유명한 배우를 캐스팅하여 흥행에 성공하고자 노력한다.

② 기본 제작비가 많이 드는 뮤지컬에 비해 작품의 수준과 완성도가 현저하게 떨어진다.

③ 실험적인 무대가 많고 새로운 작품, 신인 작가와 배우들에게 기회를 주는 경우가 많다.

④ 대중에게 친숙하지 않은 발레, 실험극, 시 낭송 등 다양한 장르의 공연은 시도하지 않는다.

⑤ 오프 브로드웨이 공연의 흥행 사례를 모방하여 관객들을 많이 끌어모으는 것에 노력을 기울인다.

1

각 문단의 중심 내용이 바르게 연결될 수 있도록 다음 사다리를 완성해 보자.

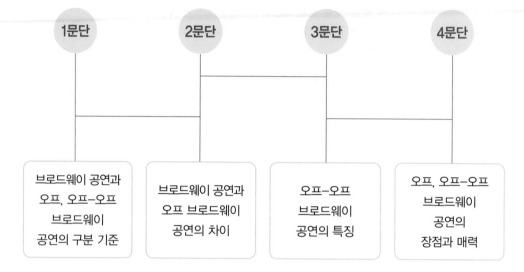

| 1문단 | 2문단 | 3문단 | 4문단 |

브로드웨이 공연과 오프, 오프-오프 브로드웨이 공연의 구분 기준

브로드웨이 공연과 오프 브로드웨이 공연의 차이

오프-오프 브로드웨이 공연의 특징

오프, 오프-오프 브로드웨이 공연의 장점과 매력

2

다음 빈칸을 채워 가며 이 글의 내용을 정리해 보자.

오늘날 브로드웨이 공연과 오프 브로드웨이, 오프-오프 브로드웨이 공연을 구분하는 실질적 기준

(　　　　　　　)와 이에 따른 세금의 차이, 작품의 (　　　　　　) 여부 등

▼

브로드웨이 공연
- 객석 수: (　　　)석 이상
- (　　　　)을 고려한 대형 뮤지컬과 (　　　) 배우가 출연하는 연극

오프 브로드웨이 공연
- 객석 수: (　　　)석 이상 (　　　)석 이하
- 제작비: 브로드웨이 공연의 (　　　) 수준
- 연극, 중형 뮤지컬 등

오프-오프 브로드웨이 공연
- 객석 수: (　　　)석 이하
- 제작비: (　　　　　) 의 1/10 수준
- (　　　　) 논리로 접근하여 실험적이면서도 새로운 작품, 신인 작가와 배우의 공연

▼

- 공연 규모의 구분이 작품의 (　　　　　　) 차이를 뜻하는 것은 아님.
- 대형 브로드웨이 공연에 비해 오프, 오프-오프 브로드웨이 공연이 가지는 매력과 장점이 있음.

배 경 지 식

브로드웨이를 아시나요?

브로드웨이는 미국의 연극, 뮤지컬 활동의 중심지이지요. 이곳을 중심으로 30여 개의 대규모 극장들이 밀집해 있어요. 이곳에서는 뮤지컬뿐만 아니라 일반 연극 및 버라이어티 쇼 등이 공연되는데, 예술적 가치를 추구하는 작품보다는 스타를 위주로 한 대중적인 작품이 주류를 이루고 있답니다. 이러한 **브로드웨이의 상업성에 반발하며 등장한 것이 오프 브로드웨이**예요. 오프 브로드웨이는 1950년대 초반에 등장하였으며 1960년대부터 본격적으로 예술적, 실험적 연극을 주로 선보였지요. 문학적 가치나 사회성 있는 작품을 공연하는 등 모험적이며 실험적인 특징을 지녔으나, **이마저도 상업화되면서 브로드웨이의 등용문으로 전락했고**, 이에 반발하여 1960년대 말 오프–오프 브로드웨이가 등장했지요. 오프–오프 브로드웨이 연기자들은 오프 브로드웨이 극단보다 출연료를 훨씬 덜 받으면서도 예술적·정치적으로 더욱 극단적인 경향을 보여 주었답니다.

브로드웨이 거리

#브로드웨이　　#오프 브로드웨이　　#오프–오프 브로드웨이

어 휘 · 어 법

1~4

다음 문장의 밑줄 친 단어와 같은 형태로 볼 수 있는 것은 ○, 볼 수 <u>없는</u> 것은 ×를 표시해 보자.

> 보기
>
> 어머니의 분식집에 <u>초</u>대형 냉장고를 들여놓았다.

1 언젠가 우리나라는 <u>초</u>강대국이 될 것이다. (　　　　　)
2 달까지 가는 로켓은 <u>초</u>음속으로 날아간다. (　　　　　)
3 아침 출근길 버스 안은 언제나 <u>초</u>만원이었다. (　　　　　)
4 싱그러운 나뭇잎의 <u>초</u>록색이 마음까지 가볍게 만들었다. (　　　　　)

5~7

다음 제시된 단어의 사전적 의미를 찾아 바르게 연결해 보자.

5 열악 •　　　　• ㉠ 알맞게 이용하거나 맞추어 씀.
6 유치 •　　　　• ㉡ 행사나 사업 따위를 이끌어 들임.
7 적용 •　　　　• ㉢ 품질이나 능력, 시설 따위가 매우 떨어지고 나쁨.

Tip 세율(세금 稅, 비율 率) 과세 표준에 의하여 세금을 계산하여 매기는 법정률(法定率).
　　본음이 '랴, 려, 례, 료, 류, 리'인 한자가 단어 첫머리에 올 적에는 두음 법칙에 따라 '야, 여, 예, 요, 유, 이'로 적고, 단어의 첫머리 이외의 경우에는 본음대로 적는다. 다만 모음이나 'ㄴ' 받침 뒤에 이어지는 '렬, 률'은 '열, 율'로 적는다.

동물 문양의 상징성

문제 풀이
지문 해제
관련 영상
어휘 퀴즈

문양은 물건의 표면에 나타나는 모든 특징 있는 모양을 의미한다. 언어가 발달하지 않았던 시대에는 의사 표현의 수단으로 ⓐ표식이나 기호가 이용되었는데, 이것이 시간이 흐름에 따라 문자와 그림으로 발달하였고, 그림은 다시 회화와 문양으로 나누어지게 되었다. 전통 주택의 실내 공간과 가구를 살펴보면 다양한 문양으로 장식되어 있는데, 이러한 문양들은 조상들의 생활 관습과 아울러 그 당시의 사회적 배경, 5 개인적 염원, 신앙 등을 이해하는 데 도움을 준다. 이 중 동물 문양은 서수서금문(瑞獸瑞禽紋)이라고 하는데 용, 호랑이, 박쥐, 학, 기러기, 봉황, 물고기 등이 문양의 소재로 많이 이용되었다.

수호를 상징하는 대표적인 동물 문양에는 용과 호랑이가 있다. 용은 상상의 동물로서 힘의 수호신을 상징하였다. 또한 자연에게 힘을 주는 상징, 또는 비나 폭우 등 10 자연을 새롭게 하는 봄의 상징으로 여겼다. 호랑이는 서쪽을 지켜 주는 상징적인 동물로 여겼는데, 고분 벽화 사신도에 백호가 그려져 있는 것이 그 예이다. 그 밖에도 호랑이는 권위와 위엄의 상징 또는 인간의 도움을 받으면 은혜를 갚는 보은의 동물로 묘사되었다.

박쥐는 장수 동물이면서 번식력이 있기 때문에 안방 가구의 금속 장식이나 여성 소 15 지품의 문양으로 많이 이용되었다. 박쥐는 편복(蝙蝠)이라고도 하는데, 편복의 '복(蝠)' 자가 행운과 행복을 뜻하는 '복(福)'과 발음이 같아서 복을 상징하기도 하였다. 박쥐 문양이 의복, 가구의 금속 장식, 그릇, 떡살 등에 이용된 것은 복을 상징하기 위함이다. 또 박쥐 다섯 마리를 넣어 오복을 표현하기도 하였는데, 오복이란 오래 살고, 부귀를 누리며, 건강하고, 덕이 있고, 명대로 살다가 편하게 죽는 다섯 가지 복을 말한다. 20

새들도 다양한 상징성을 가지고 문양으로 사용되었다. 학은 단학 또는 쌍학의 형태로 구름, 소나무와 함께 상서로움을 상징하는 문양으로 널리 사용되었다. 구름과 학이 그릇의 장식 문양으로 쓰인 것은 통일 신라 시대 유물에서부터 찾아볼 수 있으며, 고려 시대에는 상감 청자에 선학이 구름 사이로 나는 모습을 새겼다. 기러기는 언제나 짝을 지어 날고 결코 두 번 짝을 맺지 않는다고 하여, 전통 혼인 풍속에서 백 25 년해로를 상징하는 나무 기러기가 쓰여 왔다. 봉황은 덕(德), 인(仁), 믿음(信), 의리(義)를 갖춘 아름다운 새로 천하가 태평할 때 출현한다고 여겨 왔다.

물고기는 어로 생활을 통한 풍요를 기원하는 주술적인 의미를 지니고 있었다. 신석기 시대에 그려진 암벽의 물고기를 비롯하여 삼국 시대에는 장신구, 토우, 금이나 은으로 만든 그릇에, 고려 시대에는 관복의 허리띠에 물고기 문양이 그려져 있었다. 30 물고기 문양이 각종 물건이나 혼수 의복 등에 이용되는 것은 부귀, 다산, 번영을 의미하기 때문이다.

사신도 청룡, 백호, 주작, 현무 등 네 방위를 맡은 신의 그림.
떡살 떡을 눌러 갖가지 무늬를 찍어 내는 판. 또는 그것으로 찍어 나타나는 무늬.
상서롭다 복되고 길한 일이 일어날 조짐이 있다.
상감 금속이나 도자기, 목재 따위의 표면에 여러 가지 무늬를 새겨서 그 속에 같은 모양의 금, 은, 보석, 뼈, 자개 따위를 박아 넣는 공예 기법. 또는 그 기법으로 만든 작품.
토우 흙으로 만든 사람이나 동물의 상. 종교적·주술적 대상물, 부장품, 완구 따위로 사용하였다.

1

윗글의 내용과 일치하는 것은?

① 물고기 문양은 신석기 시대부터 장수의 상징으로 사용되었다.

② 문양을 통해 조상들의 생활 관습, 개인적 염원 등을 이해할 수 있다.

③ 학은 고려 시대에 최초로 여러 가지 물건의 문양으로 사용되기 시작하였다.

④ 용은 수호를 상징할 뿐만 아니라 권위, 위엄, 보은의 상징으로도 사용되었다.

⑤ 호랑이, 봉황, 구름, 소나무는 서수서금문(瑞獸瑞禽紋)의 소재로 활용되었다.

2

〈보기〉의 ㉠에 들어갈 동물로 가장 적절한 것은?

> **보기**
>
> 수진이는 다음 주 칠순을 맞이하시는 할머니께 자개 장식 손거울을 선물하기로 했다. 여러 가지 문양 중 _____㉠_____ 문양을 골랐다. 그 이유는 할머니께서 항상 건강하셔서 가족들과 함께 오랫동안 지내기를 바라는 마음을 담아 선물하고 싶었기 때문이다.

① 용   ② 박쥐   ③ 학   ④ 기러기   ⑤ 물고기

3 어휘

〈보기〉는 ⓐ의 뜻과 함께 ⓐ와 의미가 유사한 어휘의 뜻을 정리한 것이다. 이를 참고할 때, 밑줄 친 어휘의 사용이 적절한 것은?

> **보기**
>
> • 표식(表式): 무엇을 나타내 보이는 일정한 방식.
> • 표지(標識): 표시나 특징으로 어떤 사물을 다른 것과 구별하게 함.
> • 표시(表示): 겉으로 드러내 보임.

① 골목길에서 통행금지 <u>표식</u>을 봤다.

② 성의의 <u>표식</u>으로 작은 선물을 주었다.

③ 요즘은 공중전화 <u>표지</u>를 찾기 힘들다.

④ 머리를 쓰다듬는 것은 애정의 <u>표지</u>이다.

⑤ 수요와 공급의 균형은 재생산의 <u>표시</u>이다.

지문 분석

문단 요약

1 각 문단의 중심 내용과 관련 있는 것을 연결해 보자.

1문단 •	• 물고기 문양의 상징적 의미
2문단 •	• 문양의 발생과 서수서금문의 뜻
3문단 •	• 용과 호랑이 문양의 상징적 의미
4문단 •	• 새의 종류에 따른 다양한 상징성
5문단 •	• 박쥐 문양의 상징적 의미

글의 구조

2 다음 빈칸을 채워 가며 이 글의 내용을 정리해 보자.

의사 표현의 수단으로 표식이나 기호 이용 → (   )와 그림으로 발달 → 그림은 회화와 (   )으로 분화

▼

(   )의 상징성

▼

용과 호랑이	박쥐	새	( )
• 용: ( )의 수호신, 자연에게 힘을 주는 존재, 봄 • 호랑이: 서쪽 수호, 권위와 위엄, ( )	• ( ), 자손의 번성, 오복(장수, 부귀, ( ), 덕, 명대로 살다가 편하게 맞이하는 죽음)	• ( ): 상서로움 • 기러기: ( ) • 봉황: 천하태평	• ( ), 부귀, 다산, 번영

예술
02

배 경 지 식

문양을 표현할 때 무엇을 고려할까?

문양에는 집단의 가치와 감정이 상징적으로 담겨 있어요. 즉, 문양은 개인의 주관적인 사상이나 정서를 표현한 것이

아니라, 그것을 향유하는 집단 사이에서 약속된 부호와도 같은 성격을 지니는 것이지요.

문양은 장식의 측면에서 공예나 회화, 건축 등의 공간을 구성하는 요소에 해당해요. 문양은 소재, 형식, 의미에 따라

그 종류를 구분할 수 있는데, 동식물과 같은 자연적인 것, 자연의 소재에서 세부를 단순화하여 기호화한 것, 점이나 선

으로 구성된 기하학적인 것 등이 있지요. **문양은 전해 내**

려오는 틀에 맞게 표현하기 때문에, 보는 사람들은 문양

이 상징하고 있는 것이 무엇인지 떠올릴 수 있답니다.

즉, 문양을 표현하는 사람은 특정 문양이 어떠한 다른

세계를 떠올리게 한다든가, 현실적 욕망을 성취하게 한

다든가 하는 것을 생각하며 그 문양을 그리게 되는 것이

지요.

#문양의 종류   #문양의 상징   #문양의 성격

창경궁 명정전 천장의 봉황 문양

어 휘 · 어 법

1~5

다음에 제시된 단어의 사전적 의미를 찾아 바르게 연결해 보자.

1 염원 •   • ㉠ 무늬.

2 관습 •   • ㉡ 어떤 사회에서 오랫동안 지켜 내려와 그 사회 성원들이 널리 인정하는 질서나 풍
                     습.

3 문양 •   • ㉢ 마음에 간절히 생각하고 기원함. 또는 그런 것.

4 수호 •   • ㉣ 믿고 받드는 일.

5 신앙 •   • ㉤ 지키고 보호함.

6~9

다음 뜻풀이에 알맞은 단어를 〈보기〉에서 찾아 빈칸에 써 보자.

> **보기**
>
> 선학   보은   관복   토우

6 은혜를 갚음. (   )

7 두루밋과의 새. (   )

8 흙으로 만든 사람이나 동물의 상. (   )

9 군이나 관에서 지급한 제복이나 정복. (   )

Tip 백년해로(일백 百, 해 年, 함께 偕, 늙을 老) 부부가 되어 한평생을 사이좋게 지내고 즐겁게 함께 늙음. = 백년동락(百年同
樂), 백년해락(百年偕樂)

우리나라와 서양의 건축, 지붕

　지붕은 어느 문화권의 건축에서나 중요하게 Ⓐ다룬다. 건물을 바라볼 때 가장 먼저 눈에 들어오는 부분일 뿐 아니라 하늘과 맞닿는 끝을 마무리하는 요소이기 때문이다. 이러한 지붕은 건물에 필요한 캐릭터를 가장 정확하게 전달하기도 하고, 한 문화의 기본 사상을 농축하는 상징성을 갖기도 한다.

　한국과 서양의 지붕은 각각의 건축 방식대로 다양한 형태를 보여 준다. 우선 ㉠한국 　5
의 지붕은 고래등 같은 대궐의 지붕부터 둥근 보름달 같은 초가지붕까지, 모양도 크기도 종류도 다양하다. 그러나 한국 지붕의 진정한 멋은 한 건물 안에서 그 모양이 수시로 변한다는 점, 즉 변화무쌍하다는 것이다. 보는 각도와 거리에 따라 한 건물의 지붕이라고는 믿어지지 않을 만큼 다른 모습을 보여 준다. 예를 들어 창경궁의 환경 전 지붕에는 치마폭 같은 포근함과 예각의 날카로움이 함께 담겨 있다. 함인정 앞에　10
서 바라보면 수평선에 가까운 완만한 곡선의 모습이었다가, 경춘전 쪽으로 이동하며 대각선 방향으로 올려다보면 이내 긴장감 넘치는 삼각형의 모습으로 변해 있다. 멀리서 바라보면 마치 한복의 소매 끝처럼 은근한 곡선을 그리며 살며시 올라가 있는 처마도, 가까이 다가가 모서리에서 올려다보면 하늘을 향해 긴박하게 열리며 사선과 예각으로 인한 흥분을 느끼게 한다.　15

　반면, ㉡서양의 지붕은 한 가지 이미지를 명쾌하고 분명하게 보여 준다. 예를 들어 땅 위의 인본주의를 바탕으로 완성한 그리스 헬레니즘 건축은 수평선의 이미지로 지붕을 마감한다. 지붕의 수평선을 통해 하늘을 우러르기보다는 땅을 굽어보겠다는 지상의 의지를 분명히 하고 있다. 이에 비해 천상 세계를 향한 종교적 신비성을 바탕으로 창조된 고딕 성당은 극단적인 수직선의 이미지로 지붕을 처리한다. 날카로운 예각　20
의 첨탑에 드러나는 강한 수직선은 땅을 버리고 하늘을 우러르겠다는 의지뿐만 아니라 정복욕, 개척 정신 등으로 표현되는 서양 문명의 특징이 종교라는 주제를 통해 드러난 것이기도 하다.

　이러한 두 지붕 간의 차이는 하늘과 땅에 대한 두 문명권의 시각 차이에서 비롯된다. 하늘과 땅을 상호 보완의 개념으로 보는 철학 사상이 반영된 한국의 지붕은 하늘　25
을 우러르는 동시에 땅을 굽어보는 두 가지 모습을 함께 나타낸다. 용마루 선을 따라 수평선을 형성하는 동시에 처마 끝이 올라가면서 하늘을 향한 개천의 의지를 함께 표현하는 방식이다. 이와는 대조적으로 서양의 건축은 하늘과 땅을 별개의 개념으로 보는 철학 사상을 반영한다. 서양 건축에는 한 건물 안에 하늘과 땅의 이미지가 동시에 존재하지 않는다. 지붕으로 환언하자면, 서양 건축의 지붕에서는 땅을 닮은 수평　30
선과 하늘을 향하는 수직선이 동시에 표현되지 않는 것이다.

변화무쌍 변하는 정도가 비할 데 없이 심함.
예각 직각보다 작은 각.
첨탑 뾰족한 탑.
용마루 지붕 가운데 부분에 있는 가장 높은 수평 마루.
환언 앞서 한 말에 대하여 표현을 달리 바꾸어 말함.

1

윗글의 내용 전개 방식으로 가장 적절한 것은?

① 한국 지붕의 특징을 서양 지붕과 비교하여 설명하며 한국 전통 건축의 우수성을 강조하고 있다.

② 한국 지붕과 서양 지붕이 시대에 따라 변해 온 모습을 바탕으로 지붕의 변천사를 제시하고 있다.

③ 한국 지붕과 서양 지붕의 특징을 제시하고 지붕의 형태에 반영된 두 문명권의 차이를 밝히고 있다.

④ 한국 지붕과 서양 지붕의 모습을 소개하고 한국과 서양의 대표적인 건축가의 일화를 소개하고 있다.

⑤ 한국 지붕과 서양 지붕의 공통점을 중심으로 서로 다른 문명권이 공유하는 사상이 무엇인지 탐구하고 있다.

2

㉠과 ㉡에 대한 이해로 적절하지 않은 것은?

① ㉠과 ㉡은 한 건물 안에서 그 모양이 수시로 변함으로써 건물을 바라볼 때 가장 먼저 눈에 들어오는 부분이다.

② ㉠은 보는 각도와 거리에 따라 곡선의 포근함을 주거나, 사선의 긴장감을 주는 등 고정되지 않은 멋을 느끼게 한다.

③ ㉡은 현대 도시의 마천루에서도 흔히 볼 수 있으며, 이는 강한 수직선을 통해 정복욕, 개척 정신 등을 표현한 것이라고 볼 수 있다.

④ ㉠에서 수평선과 사선을 동시에 볼 수 있는 것은 하늘을 우러르는 동시에 땅을 굽어보는 상호 보완적 철학 사상이 반영된 것이라고 볼 수 있다.

⑤ ㉡에서 수평선과 수직선이 동시에 표현되지 않는 것은 하늘 혹은 땅 중 하나만을 택하겠다는 서양의 이분법적 사고가 반영된 것이라고 볼 수 있다.

◆
마천루 하늘을 찌를 듯이 솟은 아주 높은 고층 건물.

3 어휘

ⓐ와 문맥상 의미가 가장 가까운 것은?

① 이 상점은 주로 전자 제품만을 다룬다.

② 기술자들은 공구를 자신의 분신처럼 다룬다.

③ 모든 신문에서 남북 회담을 특집으로 다루고 있다.

④ 그는 상대 선수를 마음대로 다루며 쉽게 승리했다.

⑤ 짐승의 가죽을 다루어 옷을 만드는 일은 주로 여자들이 했다.

지문 분석

문단 요약

1 **각 문단의 중심 내용을 다음과 같이 정리할 때, 빈칸에 들어갈 내용을 써 보자.**

1문단 (   )은 어느 문화권에서나 건축에서 중요하게 다루는 요소임.

▼

2문단 한국의 지붕은 보는 (   )와 거리에 따라 한 건물 안에서도 그 모양이 수시로 변함.

▼

3문단 (   )의 지붕은 한 가지 이미지를 명쾌하고 분명하게 보여 줌.

▼

4문단 한국 지붕과 서양 지붕의 차이는 (   )에 대한 두 문명권의 시각 차이에서 비롯됨.

글의 구조

2 **1의 내용을 바탕으로 글 전체의 내용을 정리해 보자.**

건축의 중요 요소인 지붕

지붕은 건물에 필요한 (   )를 가장 정확하게 전달하기도 하고, 한 문화의 기본 사상을 농축하는 (   )을 갖기도 함.

한국의 지붕

- 보는 각도와 거리에 따라 한 건물 안에서도 그 모양이 (   ).

예 환경전의 지붕 → 완만한 (   )의 포근함과 사선과 예각으로 인한 흥분을 동시에 느낄 수 있음.

서양의 지붕

- 한 가지 이미지를 명쾌하고 분명하게 보여 줌.

예 그리스 헬레니즘 건축 → 지붕의 수평선을 통해 (   )의 의지를 드러냄.

예 고딕 성당 → 첨탑의 (   )을 통해 서양 문명의 특징을 드러냄.

하늘과 땅에 대한 두 문명권의 시각 차이

한국	↔	서양
( ) 개념으로 봄.		( ) 개념으로 봄.
▼		▼
수평선과 수직선을 동시에 표현함.		수평선과 수직선이 동시에 표현되지 않음.

배 경 지 식

지붕에 숨겨진 과학이 있다고?

우리가 살고 있는 집, 공부하는 학교에도 모두 지붕이 있지요. 그런데 이러한 지붕에는 여러 가지 과학적인 요소들이 포함되어 있다고 해요. 우선 **지붕의 경사**는 지역마다 다른데, 이는 기후적 특성에 따라 차이가 드러나요. 눈이나 비가 많이 내리는 지역의 경우에는 지붕에 물이 고이면 건축물의 안전성에 위험을 유발할 수 있기 때문에 물을 빨리 흘려보내야 해서 지붕의 경사가 급한 편이지요. 이에 비해 비교적 강수량이 적은 지역의 경우에는 지붕의 경사가 대체로 완만하지요. 그렇다면 비가 거의 내리지 않는 사막 지역의 경우는 어떠할까요? 사막 지역은 어쩌다 내리는 비가 매우 소중하기 때문에 이를 저장하기 위해 지붕의 경사가 없는 수평으로 구성하지요.

또한 지붕의 **처마**는 눈이나 비로부터 집의 외벽을 보호하는 기능을 해요. 그리고 태양의 고도가 높은 **여름**에는 직사광선을 막아 일조량을 줄이고, 태양의 고도가 낮은 겨울에는 일조량을 늘려 계절에 따라 집안의 온도를 조절해 준답니다.

한옥의 지붕

#지붕의 경사   #지붕의 처마   #지붕의 기능

어 휘 · 어 법

1~4

다음 뜻풀이에 해당하는 단어를 괄호 안의 초성을 참고하여 빈칸에 써 보자.

1 경사가 급하지 않다. (   )

⟨예⟩ 산세가 험준하지 않고 평지처럼 (ㅇㅁㅎㄷ).

2 관련성이 없이 서로 다름. (   )

⟨예⟩ 그는 자신의 삶과 동생의 삶은 (ㅂㄱ)라고 생각하였다.

3 비스듬하게 비껴 그은 줄. (   )

⟨예⟩ 강풍의 영향으로 비가 (ㅅㅅ)으로 내리쳤다.

4 높은 위치에서 고개나 허리를 굽혀 아래를 내려다보다. (   )

⟨예⟩ 높은 언덕에서 마을을 (ㄱㅇㅂㄷ).

5~8

다음 빈칸에 알맞은 단어를 〈보기〉에서 찾아 써 보자.

> **보기**
>
> 소매   첨탑   환언   변화무쌍

5 멀리 있는 성당의 (   )이/가 뚜렷하게 솟아올라 있다.

6 그녀가 입은 옷은 손등까지 덮은 긴 (   )이/가 인상적이었다.

7 그의 성격은 매우 (   )하여 속마음을 종잡을 수 없었다.

8 지금까지 한 말을 (   )하면 끝까지 우리의 전통을 지키자는 것이다.

Tip **직각** 두 직선이 만나서 이루는 90도의 각. / **예각** 직각보다 작은 각. / **둔각** 90도보다는 크고 180도보다는 작은 각.

판소리의 유파

문제 풀이
지문 해제
관련 영상
어휘 퀴즈

가 판소리는 오랜 기간 전승되면서 자연스럽게 유파를 형성했는데, 크게 동편제, 서편제, 중고제의 세 유파로 구분할 수 있다. 먼저 동편제와 서편제가 대립적으로 존재했고, 후에 중고제가 생겨난 듯하다. 판소리는 전승 지역에 따라 가창 방식을 비롯한 여러 면에서 차이를 보인다. 이렇게 구분하던 판소리의 유파를 책을 통해 처음으로 언급한 사람은 정노식인데, 그는 일제 강점기에 판소리의 원로 명창들을 조사하여 5 그 결과를 정리하였다. 그러나 개화기 무렵부터 이미 뛰어난 명창들이 서울에 많이 거주하게 되어 후대의 유파 구분은 지역적 기준보다는 명창을 기준으로 나누게 되었다. 정노식이 설명한 각 판소리 유파의 특징은 다음과 같다.

나 먼저 동편제는 전승지가 운봉, 구례, 순창 등 주로 호남의 동북부 지역으로서 산악 지대였다. 그래서인지 동편제 판소리는 전반적으로 씩씩한 우조(羽調)◆적 경향이 10 강하다. 정노식은 동편제가 호령조가 많고, 처음 발성할 때 소리를 아주 진중하게 내고, 구절을 끝마칠 때는 쇠망치로 내려치는 듯이 되게 한다고 지적했다. 장단의 운용에서도 동편제는 '잔가락 없는 장단'을 주로 사용한다. 정리하면 동편제의 음악적 특징은 웅장하고 씩씩하며, 장단에 소리를 맞춰 붙여 나가고, 잔기교를 부리지 않아 선천적인 음량을 소박하게 그대로 드러내어 노래하는 것이라고 말할 수 있다. 15

다 서편제의 전승지는 광주, 나주, 보성 등 호남의 서남부 지역으로 주로 평야 지대였다. 그래서인지 서편제 판소리는 전반적으로 부드러운 계면조(界面調)◆적 경향이 강하다. 정노식은 서편제가 처음 발성할 때 가벼운 발성으로 시작하고 구절을 끝마칠 때는 좀 길게 끌어서 꽁지가 붙어 다닌다고 지적했다. 장단의 운용에서는 서편제는 잔가락이 많고 기교적이어서 소리 한 꼭지가 몇 장단씩 끌고 나간다. 이로 인해 20 서편제는 온갖 나무에 꽃이 화려하게 피듯 현란하게 소리하는 것과 같은 느낌을 준다. 서편제의 음악적 특징은 슬프고 원망스러운 느낌을 처절하게 잘 그려 내고, 장단의 변화를 통해 뛰어난 기교를 보여 주며, 정교하고 화려하게 노래하는 것이라고 말할 수 있다.

라 중고제는 충청도와 경기도 지역에 기반을 두고 있다. 중고제는 노래를 할 때 비 25 교적 낮은 음성에서 평평하게 시작하여 중간에서 높이고, 한계점에 이르렀을 때 음성을 낮추어 부른다. 따라서 성량이 풍부한 사람이 불러야 제격인 수준 높은 기교를 요구한다. 음의 높고 낮음이 분명하여 사설◆을 명확히 구분하여 들을 수 있으며, 노래의 곡조가 소박한 맛이 있다.

◆ **명창** 노래를 뛰어나게 잘 부르는 사람.
우조 동양 음악에서, '우' 음을 으뜸음으로 하는 조. 다른 곡조보다 맑고 씩씩하다.
계면조 국악에서 쓰는 음계의 하나. 슬프고 애타는 느낌을 주는 음조로, 서양 음악의 단조와 비슷하다.
사설 판소리에서, 창을 하는 중간중간에 가락을 붙이지 않고 이야기하듯 엮어 나가는 사설. 아니리.

1

윗글에 대해 보인 반응으로 가장 적절한 것은?

① 판소리는 시작될 때부터 동편제, 서편제, 중고제의 유파로 구분되었군.

② 판소리 유파의 구분 기준은 원래 명창이었으나 개화기 무렵부터 전승 지역으로 바뀌었군.

③ 동편제는 씩씩하고 웅장한 느낌의 소리이므로 잔기교 없이 선천적 음량을 표현하는 것이 중요하겠군.

④ 서편제는 음의 높낮이가 분명해 수준 높은 기교가 필요하므로 성량이 풍부한 사람이 부르기에 적합하겠군.

⑤ 중고제는 노래에 슬프고 원망스러운 느낌을 담아내는 것이 중요하므로 정교하고 화려하게 부르는 것이 좋겠군.

2

윗글의 구조를 도식화한 것으로 가장 적절한 것은?

①

②

③

④

⑤

◆ **도식화** 사물의 구조, 관계, 변화 상태 따위를 그림이나 양식으로 만듦.

1 각 문단의 중심 내용과 관련 있는 것을 연결해 보자.

1문단 •		• 판소리 유파의 구분 기준
2문단 •		• 서편제의 전승 지역과 음악적 특징
3문단 •		• 동편제의 전승 지역과 음악적 특징
4문단 •		• 중고제의 전승 지역과 음악적 특징

2 다음 빈칸을 채워 가며 이 글의 내용을 정리해 보자.

	전승 지역	음악적 특징
동편제	호남의 동북부 (　　　　) 지대	• (　　　　)적 경향이 강함. → 웅장하고 씩씩함. • 잔가락 없는 장단에 소리를 맞춰 붙여 나감. • (　　　　) 없이 선천적인 음량을 (　　　　) 그대로 드러내어 노래함.
서편제	호남의 서남부 (　　　　) 지대	• (　　　　)적 경향이 강함. • (　　　　) 원망스러운 느낌을 잘 그려 냄. • (　　　　)의 변화를 통해 뛰어난 기교를 보여 주며, 정교하고 (　　　　) 노래함.
중고제	(　　　　)와 경기도 지역	• 풍부한 (　　　　)과 수준 높은 기교를 요구함. • (　　　　)의 높고 낮음이 분명하여 사설을 명확히 구분하여 들을 수 있음. • 곡조가 (　　　　)한 맛이 있음.

▼

(　　　　　　) 무렵부터는 지역적 기준보다는 (　　　　　　)을 기준으로 판소리 유파를 구분하게 됨.

예술
04

판소리를 왜 종합 예술이라고 할까?

판소리는 일종의 음악극으로 소리꾼과 고수(북 치는 사람)가 즉흥적으로 이루어 내는 노래극이에요. 극적인 구성을 바탕으로 한 능청스런 창법이 어우러져 고도의 예술성을 띠고 있는 것이 바로 판소리이지요. 판소리는 노래인 '창', 말을 읊는 '아니리', 소리꾼이 상황에 따라 하는 동작인 '발림' 혹은 '너름새'로 극을 엮어 나간답니다. 고수는 북을 치며 '추임새'를 넣는데, 이때 청중 역시 고수처럼 추임새를 넣으며 공연에 참여할 수 있어요. 이런 면에서 판소리는 **문학적, 음악적, 극적 요소가 어우러진 종합 예술**이라고도 할 수 있지요.

판소리의 소리꾼은 사회 하층민의 설움과 고단한 삶을 솔직하게 표현하였고, 민중은 판소리를 들으며 위로를 받았지요. 이러한 매력 때문에 주로 서민 계층에게 사랑받던 판소리는 결국 양반 계층의 사랑까지 받게 되었지요.

#판소리   #소리꾼, 고수   #창, 아니리, 발림

1~5

다음 글의 빈칸에 들어갈 알맞은 말을 〈보기〉에서 찾아 써 보자.

보기				
현란	소박	운용	진중	발성

다음 음악 시간에 가창 시험을 본다고 해서 하루 종일 떨리는 마음으로 준비를 했다. 소리를 내어 **1** (   ) 연습을 하고 **2** (   )한 태도로 순서를 기다렸다. 옆에 앉은 태웅이는 **3** (   )한 노래를 준비했는지, 노래하는 내내 자신의 음량을 잔기교 없이 그대로 드러내는 모습을 보였다. 내 노래는 기교가 많아서 **4** (   )하게 들리진 않을지 걱정이 되었다. 반주용 피아노는 선생님이 효율적으로 **5** (   )한 덕분에 순서대로 사용할 수 있었다.

6~9

다음 내용이 맞으면 ○, 틀리면 ×를 표시해 보자.

6 '한 가지 일에 오래 종사하여 경험과 공로가 많은 사람.'을 '원로'라고 한다. (   )

7 '그 지닌 바의 정도나 신분에 알맞은 격식.'을 '제격'이라고 한다. (   )

8 '능력이나 책임 따위가 더 이상 미치지 못하는 막다른 지점.'을 '한계점'이라고 한다. (   )

9 '사상, 작품, 학설 따위에 일관해서 흐르는 기본적인 경향이나 방향.'을 '기반'이라고 한다.
(   )

Tip '잔−' (몇몇 명사 앞에 붙어) '가늘고 작은' 또는 '자질구레한'의 뜻을 더하는 접두사. 예 잔가지 / 잔꾀 / 잔소리 등

멀리서도 잘 보이는 표지판을 만들려면

노란 바탕에 쓰인 검은 글씨는 멀리 있어도 아주 잘 보인다. 그래서 반드시 주목해야 할 교통 표지판은 노란 바탕에 검은 글씨 또는 검은 상징으로 제작한다. 멀리 있어도 잘 보이도록 표지판을 제작하는 규칙은 다음과 같다.

1) 표지판의 바탕은 주위 환경과 가장 커다란 대조를 이루어야 한다. 예를 들어 사막에서는 노랑보다는 초록이 바탕으로 적합하다.

2) 표지판에 사용하는 색은 상징과 명도 차이가 가장 커야 한다. 노랑은 빨강보다 명도가 높기 때문에 빨강보다 바탕색으로 적합하다. 노랑이나 하양과 같은 밝은 바탕에 명도가 낮은 검은 상징을 사용하면 시각적 효과가 매우 크다.

3) 글씨보다 바탕색의 명도가 더 높아야 한다. 글씨에는 명도가 낮은 색이 적합하다. 어두운 바탕에 밝은 색 글씨는 흔들리는 인상을 주기 때문에 읽기 어렵다.

4) 유채색은 무채색인 검정이나 하양과 결합해야 한다. 두 개 이상의 유채색이 나란히 있으면 상쇄 효과가 생겨서 전체적인 인상이 불분명해진다. 빨강과 초록처럼 강렬한 유채색을 나란히 사용하면 인상이 흐려진다. 특히 파랑과 초록처럼 같은 계열의 유채색을 나란히 사용하면 더욱 더 인상이 불분명하다.

이 규칙들이 시각 효과 전체에 절대적으로 유효한 것은 아니다. 장거리 시각 효과와 단거리 시각 효과는 전달하는 정보가 다르기 때문에 색채 사용에서 차이가 난다. 장거리에서 인지해야 하는 정보는 간결하게 표현해야 하고 보편적인 상징을 사용해야 한다. 하지만 단거리에서 인지해야 하는 정보는 대개 양이 많고 새로운 것이다. 따라서 단거리 표지판의 경우 사람들의 주목을 끌어야 하는 문구를 제작할 때에는 집중력을 떨어뜨리는 화려한 색은 피하는 것이 좋다. 멀리서 시각적으로 눈에 잘 띄는 표지판일지라도 가까운 곳에서 보면 눈이 피곤하다.

최적의 장거리 시각 효과를 갖는 색깔은 노랑이다. 이 때문에 프랑스 국제 사이클 경주 대회에서 그날 종합 성적이 가장 우수한 선수는 다음날 멀리서도 눈에 띄도록 노란 유니폼을 입는다. 테니스공도 원래 흰색이었는데 윔블던 국제 테니스 대회에서 노란색 공을 사용하기 시작했다. 텔레비전 중계를 하면 노란색 공이 흰색 공보다 더 잘 보이기 때문이다. 비슷한 맥락에서 주목을 끄는 미국의 풍습이 있다. 친구나 친척이 전쟁터에 나가거나 그와 비슷한 위험한 사업에 참가하면, 나무나 정원 울타리 또는 자동차 안테나에 '노란 리본'을 매다는 풍습이다. 멀리서도 눈에 확 띄는 '노란 리본'은 소중한 사람의 일을 염려하며 안전한 귀향을 바라는 마음을 표시하는 신호이다.

상징 추상적인 개념이나 사물을 구체적인 사물로 나타냄. 또는 그렇게 나타낸 표지(標識)·기호·물건 따위.
명도 색의 밝고 어두운 정도. 색의 삼요소 가운데 하나이다.
상쇄 상반되는 것이 서로 영향을 주어 효과가 없어지는 일.

1

윗글을 읽고 보인 반응으로 가장 적절한 것은?

① 장거리 표지판을 만들 때는 빨강색 바탕에 녹색 글씨를 사용하는 것이 좋아.

② 노란 리본을 매다는 미국의 풍습은 멀리서도 잘 보이는 노란색의 특성을 이용한 것이야.

③ 단거리 표지판은 많은 정보를 담아야 하기 때문에 명도가 높은 화려한 색으로 글자를 써야겠어.

④ 노란색 테니스공을 사용하는 것은 선수들이 짧은 거리 내에서도 공에 집중할 수 있도록 돕기 위해서야.

⑤ 검은색 바탕에 흰색으로 글씨를 써서 글자가 흔들림 없이 분명하게 보이도록 표지판을 디자인하는 게 좋아.

2

〈보기〉의 표지판에 대해 평가한 것으로 가장 적절한 것은?

보기

① 같은 계열의 강한 유채색을 나란히 사용한 탓에 표지판의 인상이 전체적으로 흐릿해.

② 표지판에 사용된 색들은 명도 차이가 커야 하는데, 저 표지판은 바탕과 그림의 명도 차이가 크지 않군.

③ 사막에서는 길을 잃을 수 있으니 노랑 바탕에 검정 글씨로 표지판을 만들어서 멀리서도 잘 보이게 했네.

④ 표지판 바탕은 주위 환경과 대조를 이루어야 하는데 사막의 모래와 표지판의 노란색이 잘 구분되지 않아.

⑤ 명도가 낮은 색이 바탕색으로 적합하니까, 바탕색과 상징의 색을 서로 바꿔서 그리면 더욱 더 효과적일 거야.

1

각 문단의 중심 내용을 다음과 같이 정리할 때, 맞으면 ○, 틀리면 ×를 표시해 보자.

1문단 노란 비탕에 검정 글씨는 멀리서도 잘 보이기 때문에 교통 표지판 제작에 사용된다. ( )

2문단 표지판은 바탕색의 명도가 더 높아야 하기 때문에, 바탕색으로는 검정, 빨강보다 하양, 노랑이 적합하다. ( )

3문단 장거리 표지판과 단거리 표지판은 전달하는 정보는 다르지만 사용하는 색채 사용에는 차이가 없다. ( )

4문단 노랑은 멀리서도 눈에 잘 띄므로 경기용 공의 색으로 사용될 뿐만 아니라 위험한 일을 겪는 이의 안녕을 기원하는 리본의 색으로도 사용된다. ( )

2

다음 빈칸을 채워 가며 이 글의 내용을 정리해 보자.

멀리서도 잘 보이는 표지판을 만드는 규칙
1) 표지판의 바탕은 주위 환경과 ( )를 이루어야 함.
2) 표지판에 사용하는 색은 상징의 색과 ( ) 차이가 커야 함.
3) ( )은 명도가 높아야 하며, 글씨는 명도가 ( ) 함.
4) 빨강이나 초록 같은 ( )은 검정이나 하양과 같은 ( )과 결합해야 함.

▼

( ) 표지판
• 정보를 ( )하게 표현하고, ( )적인 상징을 사용해야 함.
• 교통 표지판은 ( ) 바탕에 ( ) 글씨나 상징으로 제작함.

⟷

( ) 표지판
• 대개 양이 많고 새로운 정보를 인지해야 하므로 주목을 끌어야 하는 문구는 ( ) 저하를 막기 위해 화려한 색은 피해야 함.

▼

최적의 장거리 효과를 갖는 ( )색을 활용한 사례
사이클 경주 대회의 선수 유니폼, 테니스 대회의 ( ), 미국의 리본을 매다는 풍습

이웃뿐만이 색별에 이렇게 은남깨 아이렇별다가

배경지식

색은 어떻게 구분하고 활용할까?

　색은 크게 무채색과 유채색으로 구분되는데 하얀색, 회색, 검은색과 같이 색상과 채도가 없고 명도만으로 구분되는 색을 무채색이라고 하고, 그 밖의 모든 색을 유채색이라고 해요. 색에는 색상, 명도, 채도의 3가지 성질이 있는데, 빨강, 노랑, 파랑 등 다른 색과 구별되는 색의 성질을 색상, 색의 밝고 어두운 정도를 명도, 색의 맑고 탁한 정도를 채도라고 하지요.

　색은 저마다 고유의 느낌이 있어서 두 가지 이상의 색을 동시에 배치하면 다양한 효과를 낼 수 있어요. 신호등의 보행 신호는 초록색이며 정지 신호는 빨간색이지요. 여기에서 초록색은 안전, 빨간색은 위험 등과 같은 메시지를 전달하여 우리 생활을 안전하게 하는 기능을 가지고 있어요.

　멀리서 두 색을 보았을 때 뚜렷하게 잘 보이는 정도를 명시성이라고 합니다. 그래서 기찻길에서 멈춤을 알리는 표지판은 명시성이 높은 색인 검은색과 노란색을 배색하지요. 한편 노란색, 빨간색과 같이 색 자체가 자극이 강하여 눈에 잘 띄는 성질은 주목성이라고 하며, 대표적으로 응급차와 소화기는 주목성이 강한 빨간색을 사용한답니다.

#무채색　　#유채색　　#색상, 명도, 채도　　#명시성　　#주목성

어휘·어법

1~5

다음 뜻풀이에 알맞은 단어를 〈보기〉의 글자를 조합하여 빈칸에 써 보자.

> **보기**
>
> | 합 | 작 | 적 | 제 | 향 | 쇄 | 귀 | 계 | 중 | 상 |
> |---|---|---|---|---|---|---|---|---|---|

1 재료를 가지고 기능과 내용을 가진 새로운 물건이나 예술 작품을 만듦. (　　　　)

2 일이나 조건 따위에 꼭 알맞음. (　　　　)

3 상반되는 것이 서로 영향을 주어 효과가 없어지는 일. (　　　　)

4 극장, 경기장, 국회, 사건 현장 등 방송국 밖에서의 실황을 방송국이 중간에서 연결하여 방송하는 일.
(　　　　)

5 고향으로 돌아가거나 돌아옴. (　　　　)

6~7

다음 문장에 들어갈 올바른 단어를 찾아 ○를 표시해 보자.

6 멀리서 시각적으로 눈에 잘 (띄는 / 띠는) 표시일지라도 가까운 곳에서 보면 눈이 피곤하다.

7 '노란 리본'은 친구의 일을 (염려 / 념려)하며 안전한 귀향을 바라는 마음을 표시하는 신호이다.

Tip ・주목(부을 注, 눈 目) ① 관심을 가지고 주의 깊게 살핌. 또는 그 시선. ② 조심하고 경계하는 눈으로 살핌. 또는 그 시선.
　　・이목(귀 耳, 눈 目) ① 귀와 눈을 아울러 이르는 말. ② 주의나 관심. ③ 귀와 눈을 중심으로 한 얼굴의 생김새.

아카펠라와 캐럴은 어떻게 생겨났을까

문제 풀이
지문 해제
관련 영상
어휘 퀴즈

세상에서 가장 완벽한 악기는 무엇일까? 음을 내는 것이 악기라면 사람의 목소리는 다양하면서도 아름다운 음을 내는 최고의 악기이다. 특히 여러 명이 부르는 합창인 ㉠아카펠라는 악기 반주가 전혀 없는데도 듣기가 좋다. 아카펠라는 성당에서 악기 반주 없이 부르는 합창을 뜻하는데, 성당에서 신에 대한 찬미♦를 순수한 목소리로 표현하려고 한 음악이다.   5

아카펠라(a cappella)는 이탈리아어인데 이러한 명칭이 나온 때는 16세기이다. 옛날 이탈리아 성당 안에는 좌우로 작은 방들이 있었는데, 주로 귀족들이 그 안에서 기도를 했다. 그 방을 카펠라(cappella)라고 부르는데, 성당 안의 작은 성당, 즉 소성당이란 뜻이다. 아카펠라는 카펠라 앞에 '~풍으로'라는 뜻의 '아(a)'를 붙인 것으로, '소성당 풍으로' 또는 '성가대풍으로'라는 뜻을 가지고 있다.   10

그러나 '아카펠라'라는 명칭이 나타난 것이 16세기경일 뿐, 이러한 형식의 노래는 훨씬 오래전부터 불려 왔다. 이는 고대의 종교 음악이나 여러 나라의 민속 음악을 보면 알 수 있으며, 르네상스 시대의 세속♦ 마드리갈도 아카펠라 형식을 취한 경우가 많았다. 이러한 아카펠라는 오늘날 일반 음악으로도 많이 불리고 있다. 특히 1900년대 초반부터 아카펠라를 전문으로 부르는 가수들이 등장했고, 영화나 뮤지컬을 통해 대중음악으로 성장하였다.   15

한편, ㉡캐럴도 종교 음악으로 유명한데, 특히 크리스마스 때는 온 세상이 캐럴로 넘쳐 난다. 캐럴은 본래 크리스마스 때 부르는 노래만을 가리키지는 않았다. 캐럴은 '즐거운 음악'이라는 뜻을 지닌 말로, 야외에서 부르는 합창이었다. 특히 프랑스어로 캐럴은 둥글게 모여 춤을 추는 원무를 의미한다. 크리스마스 때 많이 불러서, 캐럴 하면 흔히 크리스마스 캐럴을 가리키게 된 것이다.   20

크리스마스 캐럴 중 가장 유명한 것은 「고요한 밤, 거룩한 밤」이다. 이 곡은 1818년 오스트리아 산골 마을 오베른도르프의 한 성당에서 만들어졌다. 크리스마스를 앞두고 성당의 파이프 오르간이 고장이 나 요제프모르 사제가 평소 알고 지내던 초등학교 교장 프란츠 그루버에게 말하자, 그는 오르간의 반주 없이 합창으로 부를 수 있는 곡을 만들었다. 그리고 제목을 '악기 소리가 없는 밤'이라는 뜻으로 「고요한 밤」이라고 붙였다고 한다. 이것이 훗날 「고요한 밤, 거룩한 밤」으로 바뀐 것이다.   25

우리나라에 알려진 크리스마스 캐럴 중에는 미국에서 건너온 것이 많다. 「화이트 크리스마스」는 1942년에, 「루돌프 사슴코」는 1948년에 미국에서 작곡되었다. 이 캐럴들은 6·25 전쟁 이후 우리나라에 들어와 종교와 상관없이 누구나 즐겨 듣고 부르는 음악이 되었다.   30

♦ **찬미** 아름답고 훌륭한 것이나 위대한 것 따위를 기리어 칭송함.
세속 세상의 일반적인 풍속.
마드리갈(madrigal) 14세기에 이탈리아에서 일어난 자유로운 형식의 가요. 보통 반주가 없이 합창으로 부른다.

1

윗글의 ㉠과 ㉡을 비교한 내용으로 가장 적절한 것은?

① ㉠의 명칭은 16세기 이전부터 널리 사용되었다.

② ㉡은 본래 크리스마스를 기념하기 위해 만들었다.

③ 우리나라에 알려진 ㉡은 대부분 유럽에서 건너왔다.

④ ㉠과 ㉡은 현재까지 종교적인 목적으로만 불려 왔다.

⑤ ㉠과 ㉡은 모두 여러 명이 함께 부르는 합창의 형태를 갖고 있었다.

2

윗글을 읽은 독자가 〈보기〉의 포스터에 보인 반응으로 가장 적절한 것은?

보기

아카펠라
콘서트
▶◀

20○○. 9. 15. 오후 7시
○○ 문화 회관

① 관객들이 대부분 특정 종교를 갖고 있겠어.

② 풍성한 성량을 가진 가수들의 솔로곡이 다수 공연되겠군.

③ 오케스트라 반주는 없겠지만 목소리들의 아름다운 화음이 기대되는군.

④ 영화나 뮤지컬에서는 접할 수 없는 장르의 음악이니 공연을 꼭 봐야겠어.

⑤ 아카펠라의 대표곡인 「루돌프 사슴코」와 「고요한 밤, 거룩한 밤」이 연주되겠군.

◆ **성량** 사람의 목소리가 크거나 작은 정도.

1 각 문단의 중심 내용과 관련 있는 것을 연결해 보자.

1문단 •	• 캐럴의 정의와 유래
2문단 •	• 아카펠라의 정의와 발생 이유
3문단 •	• 「고요한 밤, 거룩한 밤」의 창작 일화
4문단 •	• 아카펠라라는 명칭의 유래와 뜻
5문단 •	• 우리나라에 전래된 크리스마스 캐럴
6문단 •	• 아카펠라의 유래와 현황

2 '아카펠라'와 '캐럴'의 공통점을 써 보자.

(   )

3 다음 빈칸을 채워 가며 이 글의 내용을 정리해 보자.

( )
• 뜻: 성당에서 악기 반주 없이 부르는 ( ).
• 아카펠라 형식의 노래는 고대의 ( ) 음악, 여러 나라의 ( ) 음악, 르네상스 시대의 세속 마드리갈 등에서 찾아볼 수 있음.
• 오늘날에는 ( )으로 성장함.

캐럴
• 뜻: ( )으로, 야외에서 부르는 ( ).
• 주로 ( ) 때 많이 불림.
• 우리나라에는 6·25 이후 미국의 캐럴이 주로 전래되어 ( )와 상관없이 누구나 즐겨 듣고 부름.

배경지식 이탈리아가 유럽 음악의 중심지가 될 수 있게 한 장르가 마드리갈이라고?

　서양 클래식 음악의 기원은 '최초의 악기'라 할 수 있는 인간의 목소리로부터 시작되었어요. 중세 수도원 성가로 시작된 음악은 르네상스 시대가 시작되면서 신이 아닌 인간 세계를 중심으로 한 자유롭고 독자적인 길을 가게 되었지요. 이러한 분위기 속에서 **르네상스 후기인 16세기에 이탈리아에서 마드리갈(madrigal)이 발전**하게 되었답니다.

　마드리갈은 본래 14세기에 일어났다가 14세기 후반에 쇠퇴하였으나 16세기에 부활하여 성행하였어요. 마드리갈은 **목가적인 서정시에 붙인 악곡으로 종교적인 내용 대신 세속적인 내용을 주로 담았지요. 그래서 세속 성악곡**이라고도 불렸답니다. 주로 즐겁고 명랑한 분위기를 띠며 무반주의 중창이나 합창곡으로 불렸어요. 이후 시대의 흐름에 따라 반주가 붙기도 하고 형식이 변하기도 하였으며 종교적인 내용이 담기기도 하였지요. 마드리갈은 **오페라 탄생에 중요한 역할**을 했으며 성악의 발전에 지속적인 영향을 미쳤어요. 특히 **이탈리아를 유럽 음악의 중심지로 자리매김하게 한 장르**이기도 하답니다.

#르네상스　　#마드리갈　　#세속 성악곡　　#오페라

마드리갈 작곡가 몬테베르디

어휘·어법

1~5 다음에 제시된 단어의 사전적 의미를 찾아 바르게 연결해 보자.

1 반주　　•
2 원무　　•
3 대중음악　•
4 찬미　　•
5 사제　　•

• ㉠ 주교와 신부를 통틀어 이르는 말.
• ㉡ 아름답고 훌륭한 것이나 위대한 것 따위를 기리어 칭송함.
• ㉢ 대중을 대상으로 하는 음악.
• ㉣ 여럿이 둥그렇게 둘러서서 추거나 돌면서 추는 춤.
• ㉤ 노래나 기악의 연주를 도와주기 위하여 옆에서 다른 악기를 연주함. 또는 그렇게 하는 연주.

6~8 다음 중 표기가 올바른 것을 찾아 ○를 표시해 보자.

> 　중학교에 올라와서 별명이 생겼는데, 바로 강아지다. 초등학교 때에도 친구들에게 강아지라고 6 (불렸는데 / 불려졌는데) 중학교에서도 성이 강씨라는 이유로 친구들이 나를 강아지로 부르는 것이다. 누구라도 '강아지'라고 외치면 나를 7 (가르치게 / 가리키게) 된 것이다. 친구들은 귀여운 눈 때문에 내 별명을 강아지라고 8 (붙였다고 / 부쳤다고) 하는데 가끔은 스트레스를 받기도 한다.

Tip • **붙이다** 이름이 생기게 하다. '붙다'의 사동사. ◉ 사물에 이름을 붙이다.
　　　• **부치다** 편지나 물건 따위를 일정한 수단이나 방법을 써서 상대에게로 보내다. ◉ 아들에게 학비와 용돈을 부치다.

만화 속 등장인물과 커뮤니케이션하는 법

문제 풀이
지문 해제
관련 영상
어휘 퀴즈

말풍선은 만화에 나타나는 모든 대화를 표시하는 일종의 지침으로, 평면적 상황을 시공의 세계로 인도하는 신비로운 만화 요소이다. 말풍선으로 만화에서 한 장면은 고정된 장면 내에서 시간의 흐름을 획득하고 생동감을 얻게 되며, 이로써 주인공은 살아 움직이게 된다. 그러나 이와 같은 말풍선은 초기 만화에서는 찾아볼 수 없었다. 최근 만화에서도 스토리 만화를 제외한 카툰과 일러스트 등에서는 말풍선이 그다지 5 환영받고 있지 않다. 따라서 말풍선은 모든 만화의 기본 구성 요소라기보다 스토리 만화의 기본 구성 요소라고 보는 것이 정확하다. 초기의 스토리 만화에서도 현재와 같은 말풍선은 존재하지 않았다. 초기 만화 작품들은 말풍선 대신 칸의 하단부나 상단부에 그림에 대한 설명이나 등장인물의 대화를 수록했다. 그러다 점차 만화 형식이 진보하면서 칸과 구분되어 표기되었던 대화가 칸 안으로 들어오기 시작했고, 등 10 장인물의 대화를 표시하는 말풍선이 등장했다.

말풍선이 시각적 이미지를 구성하는 중요한 요소로 받아들여짐에 따라 예전에는 비교적 일률적이었던 말풍선의 모양이 점차 다양하게 변화되었다. 만화에서 작가의 연출 영역과 기법이 보다 세심하게 고민되면서 말풍선도 다양한 형태로 사용되고 있는 것이다. 말풍선은 일반적인 풍선 모양뿐만 아니라 네모난 모양이나 삼각형 모양 15 등으로 사용되기도 한다. 여기에는 작가가 의도한 시각적 효과가 반영되어 있는데, 한 등장인물의 말풍선 모양을 독특하게 변형시킴으로써 그의 말이 다른 인물들의 말과 다를 것이라고 기대하는 효과를 준다. 예를 들어 평범한 모양의 말풍선은 평범한 대사를, 굵은 선으로 그려진 말풍선은 좀 더 큰 소리의 대사를, 삐죽하게 처리된 말풍선은 커다란 소리를 나타낸다. 또한 다른 작가와 다른 독특한 말풍선을 써서 자기 20 작품만의 차별화된 효과를 얻기도 한다. 이처럼 말풍선은 인물의 대화와 내레이션 등을 소화하고 그 모양으로 대화 상태를 나타내는 놀라운 시각적 효과를 발휘한다.

말풍선을 이용한 시각적 효과 외에 글자나 부호를 이용한 의미 전달 체계도 있다. 이 중 가장 대표적인 것이 효과음이다. 의성어와 의태어로 구분되는 효과음은 말풍선을 벗어나 직접 소리가 나거나 행동이 진행되는 부분에서 효과적으로 사용된다. 25 독자에게 의미 전달을 위해 만화에서는 여러 가지 상징적 부호를 사용하기도 한다. 예를 들어 주인공이 화났을 때 등장하는 핵폭발 장면의 버섯구름, 난감하거나 애매할 때 주인공이 흘리는 눈물, 빨리 달릴 때 일어나는 먼지 등이 이러한 시각적 상징에 속한다. 이처럼 얼핏 간단하고 유치해 보이는 말풍선과 효과음, 시각적 상징 등은 오랜 시간 동안 작가와 독자가 교류하며 이룩해 낸 만화의 상징적 커뮤니케이션 수 30 단으로 자리 잡고 있다.

◆ **카툰** 주로 정치적인 내용을 풍자적으로 표현하는 한 컷 짜리 만화.
일러스트 어떤 의미나 내용을 시각적으로 전달하기 위하여 사용되는 삽화, 사진, 도안 따위를 통틀어 이르는 말. 일러스트레이션(illustration).

1

〈보기〉는 윗글을 읽고 내용을 정리한 것이다. ㄱ~ㄹ 중, 적절한 것만을 골라 묶은 것은?

> 보기
> • 말풍선은 모든 유형의 만화에 필수적인 요소이다. ··· ㄱ
> • 말풍선의 모양에는 작가가 의도한 효과가 반영되기도 한다. ······························· ㄴ
> • 초기 만화에서도 칸 안의 대화나 말풍선을 찾아볼 수 있다. ······························· ㄷ
> • 만화 속 등장인물의 감정과 상태는 말풍선 외 다른 수단을 통해서도 드러낼 수 있다. ········ ㄹ

① ㄱ, ㄴ   ② ㄴ, ㄷ   ③ ㄴ, ㄹ
④ ㄱ, ㄴ, ㄹ   ⑤ ㄱ, ㄷ, ㄹ

2

윗글을 읽고 만화를 그리기 위해 구상한 내용으로 가장 적절한 것은?

① 스토리가 없는 일러스트를 그릴 거니까 말풍선을 반드시 사용해야겠어.

② 주인공의 슬픈 마음은 핵폭발 때 나타나는 버섯구름으로 표현해야겠어.

③ 벽이 무너지는 장면에서는 '쾅쾅' 하는 효과음을 말풍선에 넣어 강조해야겠어.

④ 주인공의 마지막 대사는 스토리에서 중요하니 독특한 모양의 말풍선에 넣어야겠어.

⑤ 화가 난 주인공의 대사를 흐물흐물한 모양의 말풍선에 넣으면 감정이 잘 표현될 거야.

1 각 문단의 중심 내용을 다음과 같이 정리할 때, 맞으면 ○, 틀리면 ×를 표시해 보자.

| 1문단 | • 말풍선은 고정된 평면적 상황에 시간의 흐름을 부여하여 만화에 생동감을 주고 주인공을 살아 움직이게 해 주는 요소이다. | ( ) |
| | • 요즘에는 스토리 만화뿐만 아니라 카툰과 일러스트에서도 말풍선이 필수적인 요소로 자리 잡았다. | ( ) |

| 2문단 | • 만화에 다양한 연출 기법이 사용되고 있지만 말풍선은 한 가지 형태로 통일하여 사용한다. | ( ) |
| | • 작가가 말풍선의 모양을 다르게 변형하는 이유 중 하나는 다른 작가와의 차별화를 추구하기 위해서이다. | ( ) |

| 3문단 | • 의성어와 의태어로 구분되는 효과음은 직접 소리가 나거나 행동이 진행되는 부분에 사용된다. | ( ) |
| | • 말풍선과 효과음, 시각적 상징은 작가와 독자가 교류하며 이룩해 낸 만화의 상징적 커뮤니케이션 수단이다. | ( ) |

2 다음 빈칸을 채워 가며 이 글의 내용을 정리해 보자.

	초기 만화	최근 만화	
		카툰, 일러스트	스토리 만화
말풍선 사용 유무 (○, ×)			
말풍선 외의 의미 전달 체계	• 효과음: ( )을 벗어나 직접 소리 나는 부분, 행동이 진행되는 부분에 사용됨. • 시각적 ( ): 화가 날 때 등장하는 ( ), 주인공이 난감하거나 애매할 때 흘리는 ( ), 빨리 달릴 때 일어나는 ( ) 등		

말풍선

• 등장인물의 ( ) 을 표시하는 역할
• 말풍선의 형태에 따라 시각적 효과가 달라짐.
• 다른 작가와 다른 독특한 말풍선 사용 → 자기 작품의 ( )

배 경 지 식

만화에 사용되는 기호에는 어떤 것들이 있을까?

만화는 글과 그림을 다양하게 결합하여 이야기를 간결하고 익살스럽게 표현한 것이에요. 만화는 글 없이 그림으로 표현하는 경우, 그림 없이 글로만 표현하는 경우, 글과 그림을 모두 활용하여 표현한 경우로 나눌 수 있어요. **만화는 대개 말풍선을 통한 언어로 주된 내용을 전달하며 문학 갈래처럼 이야기를 전달**한다는 목적이 크지요.

이러한 만화에는 다양한 기호가 사용됩니다. 기본적으로 만화는 **그림과 글과 칸의 전개로 메시지를 전달**하는데, 만화가는 인물, 배경, 소품 등과 같은 것부터 인물의 동작, 표정, 반응 등 대부분의 요소를 기호로 드러내지요. 독자는 이러한 기호를 읽어 냄으로써 스토리를 파악하게 된답니다.

이 기호는 크게 **언어 기호, 그림 기호, 복합 기호의 세 종류**로 구분할 수 있어요. 먼저 언어 기호에는 대사와 내레이션이 포함되고, 그림 기호에는 말풍선을 포함한 효과선, 칸 등이 해당되는데, 이 그림 기호는 다른 갈래에서는 보기 힘든 만화만의 특징적인 기호라고 할 수 있어요. 마지막으로 복합 기호에는 그림 문자가 해당된답니다.

#만화   #언어 기호   #그림 기호   #복합 기호

어 휘 · 어 법

1~5

다음 뜻풀이에 알맞은 단어를 〈보기〉에서 찾아 빈칸에 써 보자.

> **보기**
>
> 변형   진보   시공   일률적   이룩하다

1 시간과 공간을 아울러 이르는 말. (   )
2 정도나 수준이 나아지거나 높아짐. (   )
3 태도나 방식 따위가 한결같은. 또는 그런 것. (   )
4 모양이나 형태가 달라지거나 달라지게 함. 또는 그 달라진 형태. (   )
5 어떤 큰 현상이나 사업 따위를 이루다. (   )

6~7

다음과 같은 개념 설명에 해당하는 용어를 찾아 빈칸에 써 보자.

> **보기**
>
> 일러스트   카툰

6 주로 정치적인 내용을 풍자적으로 표현하는 한 컷짜리 만화. (   )
7 어떤 의미나 내용을 시각적으로 전달하기 위하여 사용되는 삽화, 사진, 도안 따위를 통틀어 이르는 말. (   )

Tip 지침(가리킬 指, 바늘 針) ① 지시 장치에 붙어 있는 바늘. **예** 나침반 지침, 시계 지침
② 생활이나 행동 따위의 지도적 방법이나 방향을 인도하여 주는 준칙. **예** 행동 지침, 처세의 지침

독해 실력
올리기

복합

같은 주제를 다룬 글, 관점이 서로 다른 글 등 2편의 글을
엮어 읽으며 좀 더 심화된 독해에 도전해 본다.

'인문'은 인간의 사상 및 문화를 대상으로 하는 학문 분야로, 철학, 심리학, 역사학, 윤리학, 종교학, 인류학, 논리학 등이 이에 속한다. 이러한 인문 영역의 독해는 제시된 사상의 개념과 특징이 무엇인지 확인하는 읽기가 중요하다.

'사회'란 인간 사회와 인간의 사회적 행위를 연구하는 학문 분야로, 정치, 경제, 법·제도, 미디어, 언론, 사회 문화 등을 주로 다룬다. 이러한 사회 영역의 독해에는 교과서에 제시되어 있는 사회 용어와 제도 등의 배경지식이 도움이 된다.

'과학'은 자연의 진리와 법칙을 발견하려는 체계적인 학문 분야로, 생명 과학, 물리학, 화학, 지구 과학, 수학 등이 이에 속한다. 이러한 과학 영역은 설명하고 있는 원리를 이해하는 읽기가 중요하다.

'기술'은 과학 이론을 실제로 적용하여 사물을 인간 생활에 유용하도록 가공한 것을 다루는 학문 분야이다. 이러한 기술 영역은 실생활에서 접하는 다양한 기계의 구조나 작동 원리에 관한 세부 정보를 이해하는 읽기가 중요하다.

'예술'은 상상력을 바탕으로 새로운 아름다움을 창조하는 활동을 다루는 학문 분야로, 음악, 미술, 디자인, 건축, 연극·영화, 만화 등을 주로 다룬다. 이러한 예술 영역은 지문이나 문제에 제시된 내용이 시각 자료에 어떻게 적용되는지 잘 살펴 읽도록 한다.

눈부신 도시의 밤

문제 풀이
지문 해제
관련 영상
어휘 퀴즈

가 도시에 밤이 찾아오면 낮과는 다른 새로운 풍경이 연출된다. 낮 동안 보이던 도시의 모습은 어둠 속에 가려지고 조명이 비추는 부분만 드러난다. 여행지에서 만나는 이와 같은 아름다운 야경은 낮의 풍경과는 또 다른 감성으로 관광객들을 매료시키기도 한다.

야간에는 조명이 비추는 부분에만 시선이 집중되므로 효율적인 경관 연출이 가능하다. 도시의 경관을 만들기 위해서는 오랜 세월이 소요되는 것에 비해, 야간 경관은 조명을 통해 짧은 기간 내에 상대적으로 적은 예산을 투자하여 원하는 모습을 만들 수 있다. 따라서 야간 조명은 도시의 관광 정책에서 중요한 전략 요소 가운데 하나라고 할 수 있다.

도시의 야간 조명은 단순히 어둠만 밝히기보다는 보는 이들의 감성을 자극할 수 있어야 한다. 또한 조명을 무조건 밝고 화려하게 하는 것만이 좋은 방법은 아니다. 강조할 곳에는 과감하게 조명 시설을 설치하고, 도시 전체적으로는 인공조명을 최소한으로 줄이는 등 적극적이면서 동시에 절제된 조명 계획이 적용되어야 한다.

야간 경관 조성을 위한 조명 활용을 시의 정책으로 추진하여 성공한 대표적 사례로 프랑스의 리옹시를 들 수 있다. 1989년 당시 리옹시 시장은 5년간 매년 시 재정의 5%씩을 야간 경관 조성 사업에 투자하여 도시 전체를 커다란 예술 작품으로 바꿔 놓았다. 이 계획은 리옹시를 세계적인 관광 도시로 부상시키는 데 큰 역할을 하였고, 리옹은 '빛의 도시', '밤이 아름다운 도시'라는 명성을 갖게 되었다.

야간 조명을 활용하는 것은 도시의 브랜드 가치를 높이는 방법 가운데 하나이다. 따라서 우리도 야간 조명을 통하여 도시 전체를 하나의 예술 작품으로 만들어나가기 위해 야간 조명의 도입을 보다 적극적으로 검토할 필요가 있으며, 도시의 장소적 특성과 연계한 빛의 적용 전략에 대하여 구체적인 논의를 시작해야 한다.

나 해가 저물면 도시는 화려한 불빛을 갈아입고 다시 태어난다. 도심 한가운데에 우뚝 솟아 화려한 불빛을 비추는 고층 빌딩과 오색찬란한 네온사인, 촘촘히 서 있는 가로등과 자동차 전조등까지, 도시의 밤은 빛의 잔치가 펼쳐진다. 이러한 인공 불빛이 도시의 생명체들에게는 어떤 영향을 미칠까?

여름밤에 요란하게 우는 매미 소리 때문에 잠을 깬 경험이 있을 것이다. 매미는 수컷만이 소리를 낼 수 있는데, 이 소리는 짝짓기를 하고 종족을 번식하는 데 없어서는 안 될 신호이다. 사실 매미는 낮에만 울고 어두워지면 울지 않는다. 그런데 인공 불빛들이 불야성을 이루자 낮인 줄 알고 밤에도 울어대는 것이다. 생태계 질서가 파괴된 셈이다.

매료 사람의 마음을 완전히 사로잡아 홀리게 함.
부상 어떤 현상이 관심의 대상이 되거나 어떤 사람이 훨씬 좋은 위치로 올라섬.
연계 어떤 일이나 사람과 관련하여 관계를 맺음. 또는 그 관계.

곤충들만 인공 불빛의 피해를 입는 것은 아니다. 새로 놓인 고속도로에 가로등이 설치되면서 그 불빛 아래의 작물들이 잘 자라지 못하게 된 것이다. 특히 벼의 경우 이삭이 영그는 데 장애가 되는 밝기는 5lx인데, 가로등의 밝기는 30~50lx나 된다. 밤하늘에서 가장 밝은 보름달도 0.3lx에 지나지 않으니, 인공 불빛에 노출된 벼 이삭
5 이 제대로 여물지 못하는 등 작물들이 심각한 영향을 받는 것이다.

인공 불빛의 피해는 사람에게도 이어진다. 사람의 몸에는 노화 억제 및 면역 기능을 강화하는 멜라토닌이라는 생체 리듬 호르몬이 있는데, 이것이 부족해지면 면역 기능이 떨어지고 암에 걸릴 수도 있다. 그런데 2004년 영국에서 열린 '국제아동 백혈병 학술회의'에 참가한 학자들은 야간 조명이 암을 유발할 수 있다고 경고하였다.
10 야간 조명이 세포의 증식과 사멸을 조절하는 멜라토닌 분비를 방해해서 암과 연관 있는 유전 변이를 일으킨다는 것이다.

생명체들이 건강하게 살아가려면 햇빛 못지않게 어둠과 고요의 시간도 반드시 필요하다. 어둠 속에서 편히 쉬어야 다시 생기를 얻을 수 있기 때문이다. 그러므로 모든 생명이 자연의 이치에 따라 건강하게 살아갈 수 있도록 밤의 휴식을 되찾기 위한
15 각고의 노력이 필요하다.

영글다 과실이나 곡식 따위가 알이 들어 딴딴하게 잘 익다.
럭스(lux) 빛의 조명도를 나타내는 단위. 기호는 lx.
사멸 죽어 없어짐.
각고 어떤 일을 이루기 위하여 어려움을 견디며 몸과 마음을 다하여 무척 애를 씀.

■ 정답과 해설 **38**쪽

가와 나에 대한 설명으로 가장 적절한 것은?

① (가)는 우리의 야간 경관 조성에 필요한 구체적 예산을 제시함으로써 설득력을 더하고 있다.

② (나)는 의문형 문장을 사용하여 앞으로 이어질 내용에 대한 독자의 궁금증을 유발하고 있다.

③ (가)와 (나) 모두 독자의 경험을 환기하며 문제 상황의 심각성을 부각하고 있다.

④ (가)와 (나) 모두 야간 인공 불빛의 문제점을 인지하되 서로 상반된 주장을 펴고 있다.

⑤ (가)와 (나) 모두 대상의 수치를 비교하는 자료를 제시하여 주장의 신빙성을 확보하고 있다.

2

나의 주장을 뒷받침할 근거를 추가하고자 할 때, 그 사례로 적절하지 않은 것은?

① 가로등이 설치된 지역의 작물은 낮에 일어나야 할 광합성을 밤에도 하게 되어 이삭을 만들지 못한다.

② 도시의 아이들은 불빛 아래에서 잠이 드는 데 걸리는 시간인 수면 잠복기가 길어 근시가 생길 확률이 높다.

③ 기상의 이변으로 일조량이 부족하면 식물의 광합성 작용이 활발하게 일어나지 않아 과일의 당도가 떨어진다.

④ 암컷 꽁무니의 불빛으로 짝짓기를 유도하는 반딧불이의 경우 인공 불빛이 이를 방해하여 개체 수가 줄어들 수 있다.

⑤ 성탄절을 맞아 가로수에 설치한 꼬마전구와 전선은 겨울철 나무의 휴식을 방해하여 가로수의 생체 리듬을 어지럽힌다.

◆ **일조량** 일정한 물체의 표면이나 지표면에 비치는 햇볕의 양.

3

나의 관점에서 가의 주장을 평가한 내용으로 적절하지 않은 것은?

① 야간의 인공 불빛이 도시 거주민의 건강에 해를 끼칠 수 있다는 사실을 간과하고 있어.

② 필요한 곳에 과감히 조명 시설을 설치한다는 전략은 조명 주변 생태계에 큰 피해를 줄 수 있어.

③ 도시의 브랜드 가치를 높이는 것에 집중하여, 자연의 이치에 따르는 삶의 가치를 고려하지 않고 있어.

④ 야간의 조명을 어둠을 밝히는 수단을 넘어 관광 산업의 전략 요소로 보는 등 자본주의적 관점을 취하고 있어.

⑤ 야간 조명을 활용하여 도시 전체를 하나의 예술 작품으로 만들어 나가는 것은 생태주의적 관점에 부합한다고 볼 수 있어.

＋ 복합 지문 살펴보기

가와 나는 야간의 인공 불빛에 대한 상반된 견해를 드러내고 있는 글이다. 가는 야간 경관 조성 사업을 추진하여 성공한 도시의 사례를 제시하며, 도시 관광 정책에서 중요한 요소인 야간 조명의 적용 전략에 대한 논의를 촉구하고 있다. 반면 나에서는 야간 인공 불빛의 피해를 근거로 자연의 이치에 따른 삶의 중요성과 야간 인공 불빛을 줄이기 위한 각고의 노력이 필요함을 강조하고 있다. 가와 나가 무엇에 대해 견해의 차이를 드러내는지를 먼저 확인하고, 각 견해를 뒷받침하는 근거가 무엇인지를 정리하며 읽도록 한다.

인터넷 내용 등급 서비스와 표현의 자유

복합
02

가 인터넷의 부정적인 영향으로부터 청소년을 보호하고자 하는 노력은 전 세계적인 추세이며, 이것은 이제 정보 제공자의 당연한 사회적 책임으로 받아들여지고 있다. 최근 들어 차단 소프트웨어나 키즈 존(Kids Zone) 마련, 관련 법 제정 등 다양한 해결책들이 시도되고 있다. 그중에서도 '인터넷 5 내용 등급 서비스'는 정보 제공자에게 정보의 신뢰성을 높여 사회적 책임을 다하도록 하고, 정보 이용자에게는 청소년 보호 장치를 제공한다는 점에서 많은 호응을 얻고 있다.

문제 풀이
지문 해제
관련 영상
어휘 퀴즈

국내에서는 방송 통신 심의 위원회가 한국적 문화 가치 및 국제 호환성 등을 고려하여 인터넷 내용 등급 서비스(SafeNet)를 개발·도입하여 2001년 9월부터 시행하 10 고 있다. 이 시스템은 사회 전체가 정보 제공자의 온라인에 대한 책임 이행을 요구하는 것이면서 동시에 정보 제공자 스스로 온라인에 대한 책임을 구현하는 방법이라고 할 수 있다. 또한 신뢰할 수 있는 온라인 세상을 만드는 것은 정보 제공자에게도 중요한 의미를 가진다는 점에서 큰 의의가 있다.

인터넷 내용 등급 서비스는 크게 두 가지 형태로 분류할 수 있다. 하나는 자율 등급 15 표시 서비스제로 정보 제공자가 공시된 등급 기준을 참조하여 자신의 사이트에 자발적으로 등급을 매기는 방식이다. 다른 하나는 제3자 등급 서비스로 정보 내용 자체에 등급을 부여하여 목록을 구축하면 정보 이용자들이 소프트웨어를 설치하고 적정한 등급 이용 수준을 정하여 정보 내용을 선별할 수 있도록 하는 방식이다. 등급 기준은 노출, 성행위, 폭력, 언어, 기타 등 5개 범주와 각 범주별 4~5단계로 분류되어 20 있다. 이는 정보 선택의 최종적 권한이 내용 선별 소프트웨어를 관리하는 청소년 보호자와 정보 이용자에게 주어진다는 점에서 검열 없는 자율적 규제를 가능하게 한다. 또한 청소년의 연령이나 지적 수준에 따라 정보 수용을 조절할 수 있어 학부모 및 교사들에게 교육적인 수단을 제공한다는 점에서 매우 유용하다.

나 인터넷 내용 등급 서비스는 학교, 도서관, PC방 등 공공장소에 설치된 모든 컴퓨 25 터에 차단 프로그램을 설치하고 유해 등급 유무를 표시하지 않은 모든 사이트를 유해 사이트로 간주하여 접근을 차단하도록 한 것이다. 무엇이든 제도를 통해 강제하려는 것은 네티즌들의 자정 능력을 믿지 못하는 데서 나온 생각이므로 근본적인 해결책이 될 수 없다. 이는 헌법에서 보장하는 표현의 자유를 침해한다는 점에서 또 다른 문제 상황에 부딪힐 수밖에 없을 것이다.
30 이 서비스가 정부의 주장처럼 유해 정보로부터 청소년을 보호하기 위한 목적만으로 시행된 것이라 하더라도, 이는 정보 생산과 유통을 자율적으로 선별할 수 있는 건

방송 통신 심의 위원회 방송의 공공성과 공정성을 보장하고, 정보 통신의 건전한 문화를 창달하며 올바른 이용 환경을 조성하기 위해 설립된 민간 독립 기구.

강한 사회적 양식과 정보 취득자의 판단에 따라 진행되어야 한다. 정부가 일일이 정보를 규제하고 통제하는 방식으로 진행되는 것은 적절하지 않다. 일반 시민의 비영리적 인터넷 표현물에 대한 청소년 유해 등급 부여 여부는 기본적으로 시민의 자율에 의해 이루어져야 할 것이다.

또한 인터넷 내용 등급 서비스는 정보 제공자가 공시된 등급 기준을 참조하여 자신의 사이트에 자발적으로 등급을 표시해야 하는데, 공시된 항목에 해당하는 등급을 일괄적으로 표시할 수밖에 없다는 점에서 현실적이지 않다. 사이트에 포함된 글이나 정보의 등급 수준이 하나로 통일되기 힘들 뿐만 아니라 그것을 판단하는 기준이 애매모호하기 때문이다. 인터넷 내용 등급제 시행을 주장하는 정부 측에서는 등급 자체에는 유해하다거나 퇴폐적이라는 가치 판단이 개입되지 않았다고 주장한다. 하지만 등급을 결정하기 위해서는 가치 판단이 개입될 수밖에 없으며, 이는 그 자체로 객관적일 수가 없다는 점에서 문제가 있다.

정보 이용자의 입장에서도 인터넷 내용 등급 체계가 혼란스럽기는 마찬가지이다. 정보 이용자는 자신이 접한 정보를 인터넷 내용 등급 체계가 제시하고 있는 획일적인 기준으로만 판단하지 않기 때문이다. 정보 이용자는 자신을 둘러싸고 있는 문화적인 배경, 그리고 자신의 경험과 학습 과정에서 얻어진 복잡하고 다양한 가치 체계들을 동원해서 정보를 판단하게 되는데, 인터넷 내용 등급 서비스는 이러한 정보 이용자의 자유로운 의사를 방해하고 있는 것이다. 요컨대 인터넷 내용 등급제는 정보 이용자가 정보에 대해 스스로 판단할 수 있는 권리를 궁극적으로 차단한다고 할 수 있다.

비영리적 재산상의 이익을 꾀하지 않는.
애매모호 말이나 태도 따위가 희미하고 흐려 분명하지 아니함.
획일적 모두가 한결같아서 다름이 없는 것.

1

가와 나의 글쓴이가 공통적으로 인정하는 바로 가장 적절한 것은?

① 인터넷의 통제에는 정치적 의도가 개입되어 있다.
② 인터넷 내용 등급 서비스의 시행은 전 세계적인 추세이다.
③ 인터넷의 유해한 정보는 청소년들에게 좋지 않은 영향을 준다.
④ 인터넷 내용 등급 서비스는 검열 없는 자율적 규제를 가능하게 한다.
⑤ 인터넷 내용 등급 서비스는 헌법에서 보장하는 표현의 자유를 침해한다.

2 나의 입장을 가진 사람이 〈보기〉를 읽고 보인 반응으로 가장 적절한 것은?

> **보기**
>
> 미켈란젤로의 대표작인 다비드상은 남성의 누드 작품이다. 인터넷 내용 등급 서비스의 등급 기준에 따르면 가장 높은 등급인 4등급이 책정되어야 한다. 하지만 이것이 예술 작품이라는 관점에서 보면 큰 문제가 없어 보인다.

책정 계획이나 방책을 세워 결정함.

① 정보 제공자는 청소년 이용자에게 이 정보가 제공되지 않도록 할 의무를 부여 받겠군.

② 정보 제공자는 공시된 등급 기준을 참고하여 등급을 매기는 데에 아무런 문제를 겪지 않겠군.

③ 정보 제공자는 예술 작품에 대한 자신의 가치 판단이 개입될 수밖에 없어 등급을 매기기 쉽지 않겠군.

④ 모든 정보 이용자는 공시된 객관적인 등급 기준에 따라서 획일적으로 이 정보를 퇴폐적이라고 판단하겠군.

⑤ 정보 이용자는 자신의 학습 과정에서 얻어진 가치 체계들을 동원해서 이 정보에 대한 객관적인 등급을 매기겠군.

3

가와 나의 글쓴이가 나눈 대화로 적절하지 <u>않은</u> 것은?

① (가): 인터넷에 돌아다니는 음란·폭력 정보가 청소년에게 부정적인 영향을 끼치므로 이에 대한 대책 마련이 시급합니다.

② (나): 인터넷은 자유로운 표현의 공간이므로 유해한 정보가 증가한다고 해서 이를 정부가 제재하는 것에는 동의할 수 없습니다.

③ (가): 정보 제공자에게 사회적 책임을 다하게 하고, 청소년 보호 장치를 제공하는 제도를 시행해야 합니다.

④ (나): 인터넷 표현물에 대한 유해 등급 부여는 기본적으로 정부의 정책에 의해 판단되고 결정되어야 합니다.

⑤ (가): '인터넷 내용 등급 서비스'를 시행하면 정보 이용자의 연령이나 지적 수준에 따라 정보 수용을 조절할 수 있어 교사들에게 교육적인 수단을 제공한다는 의미가 있습니다.

> ✚ **복합 지문 살펴보기**
>
> 가와 나는 '인터넷 내용 등급 서비스'에 대한 찬반 의견을 각각 제시한 글이다. 가에서는 인터넷 내용 등급 서비스의 의의와 인터넷 내용 등급 서비스의 두 가지 형태를 언급함으로써, 이 서비스가 단순히 정부의 '검열'을 위한 수단이 아님을 강조하고 있다. 나에서는 인터넷 내용 등급 서비스의 취지에는 공감하지만 이것의 실현 가능성과 권리 침해 가능성에 대해 부정적 의견을 제시함으로써 반대 입장을 분명히 하고 있다.

GDP는 우리 삶의 지표가 될 수 있을까

가 경제 지표란 어떠한 경제 현상을 통계적인 수치로 나타내어 한 나라의 경제 상태를 보여 주는 것이다. 국민 경제 지표 중에서 한 나라의 경제 규모와 생산 능력을 파악하기 위해서 가장 많이 사용되는 것이 국내 총생산(GDP)이다. GDP는 일정 기간 동안 한 나라 안에서 새로이 생산된 최종 생산물의 시장 가치를 합한 것이다. GDP가 널리 사용되는 이유는 한 나라의 경제력, 국민들의 생활 수준 등을 종합적으로 나타내는 경제 지표이기 때문이다. 세계의 경제 전문가들은 GDP를 통해 "경제 성과가 좋을수록 국민들 역시 더 행복하다."라는 생각을 가졌다.

GDP는 시장에서 거래되는 재화와 서비스의 가치만을 포함하는 개념이며 국가는 생산 활동을 통해 경제 규모를 키우고자 하였다. 일반적으로 한 나라가 다른 나라에 비해 GDP가 크면 국민들의 소득이 많고, 그에 따라 소비도 늘어난다. 이로 인해 국민들이 더 많은 상품을 소비할 수 있으므로 물질적으로 풍요로운 삶을 누릴 수 있다고 보았다. 또 국가에서는 경제가 성장하면 각종 편의 시설과 교육 및 의료 시설을 갖출 수 있는 능력을 가질 수 있기에 국민들의 생활 수준을 높일 수 있다고 판단한 것이다.

일례로 18~19세기 후반 산업 혁명이 일어나면서 강철, 전기, 화학, 엔진 부문의 기술이 급속하게 발전하자 인구가 증가되고 생활 수준이 향상되었다. 산업화와 경제 성장을 통해 숙련 노동자들의 실질 소득이 늘어나면서 많은 사람들이 이전보다 높은 생활 수준을 누리게 되었다. 그리고 위생과 생활 수준이 향상되면서 콜레라와 장티푸스 같은 질병이 퇴치됨에 따라 영아 사망률이 크게 낮아졌으며 인구도 증가하게 되었다. 결국 경제가 성장하지 않으면 늘어나는 인구 때문에 자연히 1인당 국민 소득이 감소하므로 국민들의 생활 수준이 낮아지게 된다. 따라서 대부분의 나라에서는 GDP를 증가시켜 경제 성장 및 생활 수준 향상을 이루기 위해 노력하게 된다.

나 경제학자 이스털린은 소득이 높아져도 반드시 행복으로 연결되는 것은 아니라고 주장하였다. 소득이 어느 일정 시점을 지나고 기본 욕구가 채워지면 행복도는 그와 비례하지 않는다는 현상을 발견한 것이다. 이로 인해 GDP는 한 나라의 경제 활동 규모를 평가하는 데 분명 유용하지만, 국민의 경제 복지 수준이나 삶의 질을 완벽하게 반영하지는 못한다는 의문이 제기되었다. GDP 속에는 성장을 위한 긍정적인 측면뿐만 아니라 성장 과정에서 발생하는 부정적인 측면 또한 모두 긍정적인 것으로 포함되기 때문이다. 예를 들어 도시의 대기 오염 지수가 10년 사이에 30%p(퍼센트포인트)나 높아지면서 마스크, 감기약, 전구, 안경 등의 지출이 증가하면 그것이 시장의 상품으로 소비되는 한 GDP 성장의 내용으로 포함된다. 오직 성장만이 달성해야

5

10

15

20

25

30

◆ **지표** 방향이나 목적, 기준 따위를 나타내는 표지.
콜레라 콜레라균에 의하여 일어나는 소화 계통의 감염병.
장티푸스 티푸스균이 창자에 들어가 일으키는 급성 법정 감염병.
퇴치 물리쳐서 아주 없애 버림.
퍼센트포인트 백분율로 나타낸 수치가 이전 수치에 비해 증가하거나 감소한 양. 예를 들어, 공장의 생산량이 50%에서 60%로 늘었다면, 퍼센트로는 20퍼센트, 퍼센트포인트로는 10퍼센트포인트 늘어난 것이다.

할 경제 목표가 된다는 점에서 얼마나 많이 만들어 내는지가 중요한 기준인 것이다.

　이런 한계를 극복하기 위해 대부분의 행복 연구는 행복에 영향을 미치는 '객관적 요인'을 고려한다. 경제적 부, 사회적 자본, 건강, 환경, 선택의 자유 등이 그 요인이다. 유엔(UN)이 올해 초에 발표한 『2018년 세계 행복 보고서』를 보면, 한국인의 행
5　복도는 평균 5.87점(0~10점)으로 조사 대상 157개국 중 57위이다. 한국의 국내 총 생산(GDP) 순위가 12위인 점에 비춰 보면, 한국은 '행복 없는 사회·경제'에 빠져 있음이 한눈에 드러난다. 특히 경제 협력 개발 기구(OECD)의 「한국 행복 지수 주요 항목별 점수」를 살펴보면, 공동체 의식과 환경, 소득에 대한 행복 지수가 매우 낮다는 것을 알 수 있다. 공동체 의식에는 봉사 활동 및 기부 문화, 이웃 간의 배려 등이 포
10　함될 수 있는데 경제는 성장하였지만 사람들이 현재 '남을 돕지도, 도움을 받지도 않고' 살고 있다는 뜻이다. 급속한 경제 성장을 이룩하기 위해 불가피하게 배출한 오염 물질로 인한 환경 오염 역시, 소득이 증가해 높아진 행복도를 상쇄하는 요인이 된 셈이다. 이와 같은 상황에서 삶의 만족도를 높이기 위해서는 GDP가 삶의 질 전체를 측정하는 기준이 될 수 없음을 인식하고, 우리가 나아가야 할 방향이 무엇인지 고민
15　해 보아야 할 것이다.

■ 정답과 해설 40쪽

1

가와 나의 글쓴이가 공통적으로 인정하는 바로 가장 적절한 것은?

① GDP는 한 나라의 경제 활동 규모를 평가하는 데 유용하다.

② GDP의 한계점을 보완할 수 있는 복지 지표를 개발해야 한다.

③ GDP가 상승하면 실질 소득이 늘어나 높은 생활 수준을 누리게 된다.

④ GDP가 상승하면 국가 이미지가 제고되어 국민들의 행복 지수에 영향을 미친다.

⑤ 정부는 안전과 고용을 가장 중시하여 국민들의 삶의 질을 향상하기 위해 노력한다.

제고 수준이나 정도 따위를 끌어올림.

2

다음은 **가**와 **나**를 읽고, 학생이 정리한 메모이다. **가**와 **나**의 내용을 고려할 때 적절하지 <u>않은</u> 것은?

> **[GDP 통계의 의의]**
> • 한 나라의 경제 규모와 생산 능력을 파악하기 위해 가장 많이 사용되는 지표임. ·········· ㄱ
> • GDP가 널리 사용되는 이유는 한 나라의 경제력, 생활 수준 등을 종합적으로 나타내는 경제 지표이기 때문임. ·········· ㄴ
>
> **[GDP 통계의 한계점]**
> • GDP는 성장 과정에서 발생하는 부정적인 시장 가치도 경제 성장의 일부로 봄. ·········· ㄷ
> • GDP는 사람들의 실질적인 행복 지수를 반영하는 지표로 더 적절함. ·········· ㄹ
> • GDP의 지수와 행복 지수가 반드시 일치하는 것은 아님. ·········· ㅁ

① ㄱ   ② ㄴ   ③ ㄷ   ④ ㄹ   ⑤ ㅁ

3

〈보기〉의 선생님의 질문에 따라 준비할 자료 계획으로 적절하지 <u>않은</u> 것은?

> **보기**
>
> **선생님:** 우리나라의 GDP는 매년 상승하고 있지만 이러한 GDP가 국민의 경제 복지 수준이나 삶의 질을 완벽하게 반영하지는 못한다는 의견이 제기되고 있어요. 이를 바탕으로 **나**의 입장에서 **가**를 비판하고자 할 때, 여러분이 활용할 수 있는 자료에는 무엇이 있을까요?

① GDP가 상승해도 근로자의 실질 소득은 감소하여 삶의 만족도가 낮다는 설문 조사 결과를 제시해야겠군.

② 범죄가 증가하여 보안 장치가 많이 팔리거나 수돗물이 오염되어 생수가 많이 팔려도 GDP는 증가하는 사례를 제시해야겠군.

③ 국민들의 여가 활동이나 자원 봉사 등 금전적인 거래가 없는 서비스는 반영하지 못하는 사례를 GDP 통계의 한계점으로 제시해야겠군.

④ GDP가 상승해도 정부의 아동 수당, 육아 휴직 등의 '가족 관련 복지 지출'이 OECD 국가 중에서 하위권이라는 신문 기사를 제시해야겠군.

⑤ GDP가 한 나라의 영역 안에서 생산된 시장 가치만을 인정하므로 세계 경제의 개방화 추세에 부적절하다는 경제 전문가의 인터뷰를 제시해야겠군.

＋ 복합 지문 살펴보기

가와 **나**는 GDP에 대해 서로 다른 관점을 제시하고 있는 글이다. **가**에서는 GDP가 증가하면 국민들의 생활 수준도 향상되므로 행복도 커진다고 본다. 반면 **나**에서는 국민들의 삶의 질을 측정하는 지표로 GDP가 갖는 한계점을 언급하며, 실제 국민들의 행복 지수와 GDP가 일치하지 않는다는 입장을 제시하고 있다. **가**와 **나**에서 공통적으로 드러나는 관점은 무엇이고, 각 글에서 GDP와 행복 간의 관계를 어떻게 보고 있는지에 초점을 맞추어 읽도록 한다.

 **빠작**으로 내신과 수능을 한발 앞서 준비하세요.

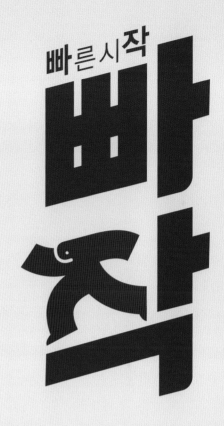

빠른 시작
빠작

정답과 해설

중학 국어
비문학 독해

2

동아출판

인문 01 착각 속에 사는 우리

1 ④   **2** ③

문단 요약

1문단	강의실에 들어갈 때 학생들은 각자의 성별과 일치하는 팻말이 붙은 문을 열고 들어갔다.
2문단	학생들이 남녀 구분 팻말에 따라 강의실에 들어가는 행동은 고정 관념이 작용한 결과이다.
3문단	사회는 인간의 마음에 영향을 주고 그 마음은 행동에 영향을 주는데 그 대표적인 예가 사회적 착각이다.
4문단	사회적 착각과 관련된 실험을 위해 대학 강의실 출입문 양쪽에 남녀를 구분하는 팻말을 붙였다.
5문단	사회적 착각은 고정 관념에 의해 형성되고, 이 고정 관념이 의식 체계의 한 요소가 되면 행동에도 영향을 미친다.

글의 구조

'숙녀용', '신사용' 팻말을 대학 강의실 출입문 양쪽에 각각 하나씩 붙임.

▼

 여학생들은 (숙녀용) 팻말이 붙은 문을 통해 건물 안으로 들어옴.

 남학생들은 (신사용) 팻말이 붙은 문을 통해 건물 안으로 들어옴.

▼

학생들이 팻말을 보고 반사적으로 자신의 성별에 해당하는 문을 연 것은 뇌가 이미 확립되어 있는 남녀 구분의 (고정 관념)을 통해 이 팻말의 정보를 처리했기 때문임.

1 확립   **2** 의아하다   **3** 고정 관념   **4** 무의식적   **5** 선입관
6 착각   **7** 불합리   **8** 반사적

해제 | 이 글은 사회적 착각이 고정 관념에 의해 형성되고, 이 고정 관념이 인간의 의식 체계를 형성하는 요소로 들어오면 행동에까지 영향을 미치게 됨을 설명하고 있다. 그리고 그 예로 사회적 착각과 관련된 팻말 실험을 통해, 대학생들의 남녀 구분의 고정 관념이 반사적으로 작용해 출입문을 여는 행위에 영향을 미치고 있음을 보여 주고 있다.

주제 | 사회적 착각이 인간의 행동에 미치는 영향

출전 EBS 제작팀, 『인간의 두 얼굴: 내면의 진실』

1 실험에서 대학생들이 강의실의 출입문을 여는 행위가 남녀 구분의 고정 관념에 영향을 준 것이 아니라, 성별을 상징하는 팻말로 남녀의 출입이 구분된다는 고정 관념이 대학생들이 강의실의 출입문을 여는 행위에 영향을 준 것이다. 따라서 ④는 앞뒤가 뒤바뀐 진술에 해당한다.

|오답 풀이|

① 제시된 실험은 고정 관념과 인간의 행동에 대한 것으로, 고정 관념이 인간의 행동에 영향을 미칠 것이라는 가설이 가능하다.
② 2문단에서 대학 강의실 출입문 양쪽에 '숙녀용', '신사용' 팻말을 붙여 대학생들의 반응을 살펴보았다는 내용을 확인할 수 있다.
③ 3문단에서 여학생들은 숙녀용 팻말이 붙은 문으로, 남학생들은 신사용 팻말이 붙은 문으로 출입하였음을 알 수 있다.
⑤ 5문단에서 사회적 착각은 고정 관념에 의해서 형성되고, 이 고정 관념이 인간의 의식 체계를 형성하는 요소로 들어오면 행동에까지 영향을 미친다고 하였다. 따라서 실험 결과 '고정 관념은 인간의 행동에 영향을 미친다.'라는 결론을 내릴 수 있다.

2 〈보기〉에서 학생은 같은 인물이 각기 다른 옷차림을 하고 찍은 사진에 대해 각각 다른 반응을 보이고 있다. 즉, 학생이 사진 속 인물이 화려한 새 옷을 입었으니 부유하고, 낡은 옷을 입었으니 가난하다고 대답한 것으로 보아, 학생은 옷차림과 빈부의 관계에 대한 고정 관념을 가진 사람임을 알 수 있다.

|오답 풀이|

① 학생의 말에서 남녀에 대한 고정 관념이 나타나지는 않았다.
② 학생은 어떤 사물이나 사건을 받아들일 때 새로운 각도에서 바라보는 노력을 했다기보다는 옷차림과 빈부의 관계에 대한 고정 관념에 따라 대답했다고 볼 수 있다.
④ 학생이 의도적으로 자신이 생각한 것과 반대로 말을 했다고 보기는 어렵다.
⑤ 학생은 고정 관념에서 벗어나지 못한 말을 했다고 볼 수 있다.

4 '자각이나 인식이 없는 의식 상태에서 일어나는 것.'을 의미하는 단어는 '무의식적'이다.
7 '개선'은 '잘못된 것이나 부족한 것, 나쁜 것 따위를 고쳐 더 좋게 만듦.'을 의미하는 단어이므로, 빈칸에는 '이론이나 이치에 합당하지 아니함.'을 의미하는 단어인 '불합리'가 들어가는 것이 적절하다.

1 ③   **2** ③   **3** ④

지 문 분 석

문단 요약

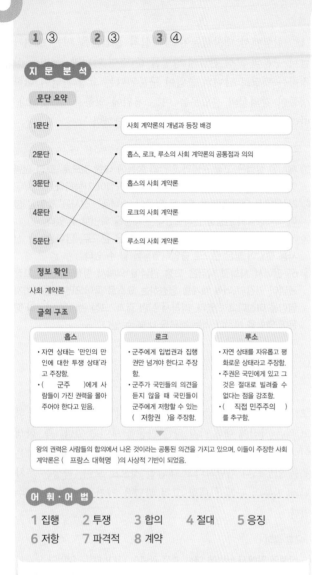

1문단 ────── 사회 계약론의 개념과 등장 배경

2문단 ────── 홉스, 로크, 루소의 사회 계약론의 공통점과 의의

3문단 ────── 홉스의 사회 계약론

4문단 ────── 로크의 사회 계약론

5문단 ────── 루소의 사회 계약론

정보 확인

사회 계약론

글의 구조

홉스	로크	루소
• 자연 상태는 '만인의 만인에 대한 투쟁 상태'라고 주장함. • (군주)에게 사람들이 가진 권력을 몰아주어야 한다고 믿음.	• 군주에게 입법권과 집행권만 넘겨야 한다고 주장함. • 군주가 국민들의 의견을 듣지 않을 때 국민들이 군주에게 저항할 수 있는 (저항권)을 주장함.	• 자연 상태를 자유롭고 평화로운 상태라고 주장함. • 주권은 국민에게 있고 그것은 절대로 빌려줄 수 없다는 점을 강조함. • (직접 민주주의)를 추구함.

왕의 권력은 사람들의 합의에서 나온 것이라는 공통된 의견을 가지고 있으며, 이들이 주장한 사회 계약론은 (프랑스 대혁명)의 사상적 기반이 되었음.

어 휘 · 어 법

1 집행   2 투쟁   3 합의   4 절대   5 응징

6 저항   7 파격적   8 계약

해제 | 이 글은 홉스, 로크, 루소 세 학자의 사회 계약론에 대해 설명하고 있다. 홉스는 자연 상태는 '만인의 만인에 대한 투쟁 상태'라고 주장하며, 군주에게 사람들이 가진 권력을 몰아주어야 한다고 믿었다. 반면 로크는 입법권과 집행권만 군주에게 넘겨야 한다고 주장하였으며, 군주가 국민들의 의견을 듣지 않을 때 국민들이 저항할 수 있는 저항권을 주장하였다. 그리고 루소는 자연 상태를 자유롭고 평화로운 상태라고 주장하였고, 주권은 국민에게 있고 그것은 절대로 빌려줄 수 없다는 점을 강조하며 직접 민주주의를 추구하였다. 이들의 주장에는 모두 왕의 권력은 사람들의 합의에서 나온 것이라는 공통된 의견이 담겨 있으며, 이러한 사회 계약론은 프랑스 대혁명의 사상적 기반이 되었다.

주제 | 홉스, 로크, 루소 세 학자의 사회 계약론

출전 박세준, 「WHY 루소 사회 계약론」

1 〈보기〉의 '로빈 후드'는 관리, 귀족, 성직자의 횡포를 응징하여 가난한 사람들을 도왔음을 알 수 있다. 즉, 권력을 가진 이들의 횡포를 응징한 것으로 볼 수 있는데, 이는 로크가 주장한 '저항권'과 관련된다고 볼 수 있다. '저항권'은 군주가 국민들의 의견을 듣지 않을 때 국민들이 군주에 대해 저항할 수 있는 권리를 말한다.

| 오답 풀이 |

① '로빈 후드'가 가난한 이들을 도운 것은 사실이지만 이를 '직접 민주주의'를 실현하기 위한 것이라고 보기는 어렵다.

② '왕권신수설'은 왕은 하늘에서 신이 정해 준다는 개념으로 〈보기〉와는 관련이 없다.

④ '로빈 후드'가 의적으로 활동한 것은 사실이지만, 이는 '왕이 곧 국가'라는 절대 군주 지배 체제를 옹호하기 위한 것이 아니라 오히려 비판하는 것과 관련된다.

⑤ '로빈 후드'의 행동이 '입법권'과 '집행권'이 분리된 현실과 관련이 있는지는 확인할 수 없다.

2 4문단에서 루소는 자연 상태를 투쟁 상태로만 봤던 홉스와는 달리, 오히려 자유롭고 평화로운 상태라고 주장했음을 알 수 있다.

| 오답 풀이 |

① 3문단에서 로크는 법을 만드는 입법권과 그 법을 집행하는 집행권만 군주에게 넘겨야 한다고 주장했음을 알 수 있다.

② 3문단에서 로크는 사람들의 권리를 사회의 대표자인 군주에게 빌려준다는 입장이었음을 알 수 있다.

④ 4문단에서 루소는 주권은 국민에게 있고 그것은 절대 빌려줄 수 없다는 점을 강조했음을 알 수 있다.

⑤ 5문단에서 홉스, 로크, 루소는 왕의 권력은 사람들의 합의에서 나온 것이라는 데 동의하고 있었음을 알 수 있다.

3 '주춧돌'은 '기둥 밑에 기초로 받쳐 놓은 돌.'이라는 의미로 문맥상 ⓒ에 들어가기에 적절한 단어이다.

| 오답 풀이 |

① '누름돌'은 '물건을 꾹 눌러두는 데 쓰는 돌.'이라는 뜻의 단어이다.

어 휘 · 어 법

1 '정책'은 '정치적 목적을 실현하기 위한 방책.'을 뜻하므로, '법률, 명령, 재판, 처분 따위의 내용을 실행하는 일.'을 의미하는 '집행'과 어울린다.

2 '투과'는 '장애물에 빛이 비치거나 액체가 스미면서 통과함.'을 의미한다.

1 ③　　**2** ②　　**3** ④

지 문 분 석

문단 요약

1문단 귀납 추리는 일반적인 사실이나 원리로서의 결론을 전제로 하여 개별적인 특수한 사실이나 원리를 이끌어 내는 방법으로, 인과 관계를 확정하는 데에 사용된다.　(×)

2문단 귀납 추리에 의한 결론은 확실한 진리가 될 수는 없지만, 그 결론을 뒷받침해 주는 사실들의 변화에 따라서 그 결론이 더 확실하게 될 수도 있고 덜 확실하게 될 수도 있다.　(○)

3문단 귀납 추리는 새로운 사실을 발견하고 지식을 확장하는 데에 큰 도움을 주었으며, 이를 통해 상당수의 과학 지식이 축적되며 발전을 거듭할 수 있었다.　(○)

글의 구조

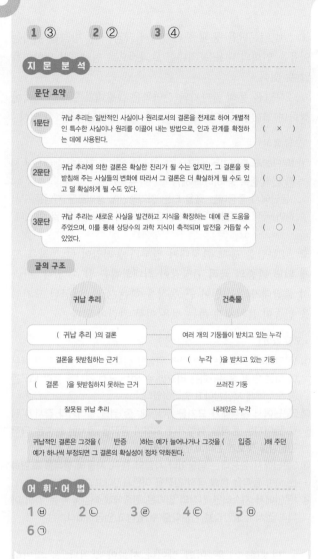

귀납 추리	건축물
(귀납 추리)의 결론	여러 개의 기둥들이 받치고 있는 누각
결론을 뒷받침하는 근거	(누각)을 받치고 있는 기둥
(결론)을 뒷받침하지 못하는 근거	쓰러진 기둥
잘못된 귀납 추리	내려앉은 누각

▼

귀납적인 결론은 그것을 (반증)하는 예가 늘어나거나 그것을 (입증)해 주던 예가 하나씩 부정되면 그 결론의 확실성이 점차 약화된다.

어 휘 · 어 법

1 ⓑ　　2 ⓒ　　3 ⓔ　　4 ⓓ　　5 ⓜ
6 ⓐ

해제 | 이 글은 귀납 추리에 대해 설명하고 있다. 귀납 추리는 개별적인 특수한 사실이나 원리를 전제로 하여 일반적인 사실이나 원리로서의 결론을 이끌어 내는 방법이다. 이는 인과 관계를 확정하는 데에 주로 사용되는데, 귀납 추리에 의해 내려진 결론은 개연적이고 확률적이지만 확실한 지식을 의미하는 것은 아니다. 따라서 귀납 추리는 불확실하고 불완전한 방법이라고 생각될 수도 있지만, 그럼에도 불구하고 귀납 추리는 새로운 사실을 발견하고 지식을 확장하는 데에 큰 도움을 주었다.

주제 | 귀납 추리의 개념과 특징

출전 소흥렬, 「논리와 사고」

---

1 이 글은 귀납 추리의 개념과 특징에 대해 설명하고 있다. 2문단에서 귀납 추리의 핵심 개념을 다른 대상인 건축물에 빗대어 표현하며 설명하고 있다.

| 오답 풀이 |

① 이 글에서 주장의 타당성을 확보하기 위해 통계 자료를 활용하고 있지는 않다.
② 귀납 추리에 대한 설명이 제시되어 있을 뿐, 특정 이론에 대한 비판들을 시대순으로 제시하고 있지는 않다.
④ 귀납 추리에 대한 서로 다른 이론의 차이점을 부각하고 있지는 않다.
⑤ 통념이 제시되어 있지 않으며, 새로운 관점을 제시하고 있지도 않다.

2 귀납 추리는 개별적인 특수한 사실이나 원리를 전제로 하여 일반적인 사실이나 원리로서의 결론을 이끌어 내는 방법이다. 이러한 추리를 활용하고 있는 것은 b와 c이다. b에서는 연필과 지우개의 사례에서 나타나는 사실을 전체 물체로 확대하여 적용하고 있다. c에서도 염소와 토끼의 사례에서 나타나는 사실을 사람의 사례에 적용하고 있다.

| 오답 풀이 |

a에서는 '미인은 잠꾸러기이다.'라는 주관적 전제를 바탕으로 '누나는 미인이 아니다.'라는 잘못된 개별적 사실을 결론으로 이끌어 내고 있으므로 귀납 추리에 해당하지 않는다. d에서는 '사람은 모두 죽을 존재이다.'라는 전제를 바탕으로 '소크라테스는 죽을 존재이다.'라는 개별적 사실을 결론으로 이끌어 내고 있으므로 귀납 추리에 해당하지 않는다.

3 '빛깔이 변하여 달라짐.'은 '변색(變色)'의 의미에 해당한다. '변화(變化)'의 사전적 의미는 '사물의 성질, 모양, 상태 따위가 바뀌어 달라짐.'이다.

| 오답 풀이 |

① '확정(確定)'은 '일을 확실하게 정함.'을 의미하는 단어이다.
② '반복(反復)'은 '같은 일을 되풀이함.'을 의미하는 단어이다.
③ '인정(認定)'은 '확실히 그렇다고 여김.'을 의미하는 단어이다.
⑤ '지탱(支撑)'은 '오래 버티거나 배겨 냄.'을 의미하는 단어이다.

어 휘 · 어 법

2 서술어인 '크다'와 어울리는 단어는 '일정한 조건 아래에서 어떤 사건이나 사상이 일어날 가능성의 정도.'를 의미하는 '확률'이다.
3 '경회루'가 건물이므로 이에 어울리는 단어는 '사방을 바라볼 수 있도록 문과 벽이 없이 다락처럼 높이 지은 집.'인 '누각'이다.

1 ③　　**2** ⑤　　**3** ③

지문 분석

문단 요약

1문단 줄타기는 연희의 내용을 최대한 효과적으로 전달하고자 긴장의 지속적인 압박과 이완을 반복하는 극적 구성 방식을 취한다. (○)

2문단 줄타기의 초반부에서는 줄광대가 줄 위를 걸어가다 갑자기 뒤로 떨어지는 동작을 취하거나 의외의 동작을 펼치며 관중에게 극적 긴장감을 형성한다. (○)

3문단 줄광대는 난도가 높은 동작을 통해 관중의 극적 긴장감을 해소한 후, 움직임이 큰 동작을 통해 관중의 느슨해진 극적 긴장감을 다시 압박한다. (×)

4문단 절정 부분이 끝나면 줄타기의 모든 긴장감은 해소되고, 줄광대가 줄에서 내려오면 줄타기가 종료된다. (○)

정보 확인

줄광대가 일부러 미숙한 척 줄 위에서 떨어질 듯한 연기를 하며 관중과 교감하는 것

글의 구조

줄광대가 줄 위에 올라가서 묘기를 부릴 때, 줄 위를 걸어가다 갑자기 뒤로 떨어지는 동작을 취하거나 의외의 동작을 펼침. ▶ (극적 긴장감) 형성

줄광대가 난도가 낮은 개별 동작과 (재담)을 반복하다가 절정 부분에서 움직임이 (큰) 동작을 함. ▶ 극적 긴장감 해소와 형성 반복

절정 부분이 끝나면 관중과 줄광대는 안식을 느끼며, 줄광대가 줄에서 내려옴으로써 줄타기가 종료됨. ▶ 극적 긴장감 (해소)

어휘·어법

1 이완한　**2** 고조되어(고조돼)　**3** 압박하여(압박해)
4 용의주도한　　**5** 난도　**6** 교감　**7** 연희

해제 | 이 글은 우리 전통 연희 중 하나인 줄타기의 과정과 특성을 설명하고 있다. 줄타기는 줄광대가 줄에 올라가 여러 가지 동작을 하며 대사를 하는 방식을 취한다. 줄타기의 극적 구성 방식 중 가장 일반적인 방법은 극적 긴장의 지속적인 압박과 이완의 반복이다. 긴장을 이완하기 위해 줄광대는 현장 상황에 맞는 흥미로운 재담을 구사하고 동물이나 사람의 행위, 사물의 형태를 표현하는 모방 동작 등을 선보인다. 그리고 묘기의 끝부분에서 관중의 느슨해진 극적 긴장감을 움직임이 큰 동작을 통해 최대화한 후 끝을 맺는다.

주제 | 우리의 전통 연희인 줄타기의 특성과 연행 과정

출전 이호승, 「전통 연희 곡예 종목과 줄타기 연구」

1 ㄷ. 1문단을 통해 줄타기에서 극적 구성 방식을 취하는 이유는 연희의 내용을 최대한 효과적으로 전달하기 위함임을 알 수 있다.
ㄹ. 2문단을 통해 줄타기의 진면목은 줄광대가 일부러 미숙한 척하며 떨어질 듯 연기를 하는 데에서 나타남을 알 수 있다.

| 오답 풀이 |
ㄱ. 1문단에서 줄타기는 삼국 시대 이후가 아닌 이전부터 행해졌던 전통 연희 종목 중 하나에 해당함을 알 수 있다.
ㄴ. 3문단에서 줄광대는 줄을 타는 중간중간에 흥미로운 재담을 구사하며 극적 긴장감을 형성하는 것이 아니라 이완시킴을 알 수 있다.

2 3문단을 통해 줄광대가 일부러 움직임이 큰 동작을 하게 되면 관중의 극적 긴장감이 최대화됨을 알 수 있다. 따라서 줄광대가 움직임이 큰 동작을 하는 것과, 계산된 묘기임을 관중이 눈치채게 하는 것은 아무 관련이 없다.

| 오답 풀이 |
① 1문단에서 줄타기는 자칫하면 위험한 상황이 일어날 수 있기 때문에 다른 연희 종목들과는 비교할 수 없는 극적 긴장을 줄광대와 관중 모두에게 제공한다고 언급하였다.
② 2문단에서 줄광대가 묘기를 부릴 때, 줄 위를 걸어가다 갑자기 뒤로 떨어지는 동작을 취하거나 의외의 동작을 펼치면 관중은 극적 긴장감을 맛보게 된다고 언급하였다.
③ 3문단에서 줄광대는 동물이나 사람의 행위, 사물의 형태를 표현하는 모방 동작을 통해 극적 긴장을 이완시킨다고 언급하였다.
④ 1문단에서 지속적인 긴장의 압박은 관중에게 쾌감을 주는 것이 아니라 정서적 불안감을 가져다줄 수 있다고 언급하였다.

3 '발생(發生)'은 '어떤 일이나 사물이 생겨남.'을 의미하므로 '발생할'은 문맥상 ⓐ와 바꾸어 쓰기에 적절하다.

| 오답 풀이 |
① '발전(發展)'은 '더 낫고 좋은 상태나 더 높은 단계로 나아감.'을 의미하는 단어이다.
② '발병(發病)'은 '병이 남.'을 의미하는 단어이다.
④ '도발(挑發)'은 '남을 집적거려 일이 일어나게 함.'을 의미하는 단어이다.
⑤ '도취(陶醉)'는 '어떠한 것에 마음이 쏠려 취하다시피 됨.'을 의미하는 단어이다.

어휘·어법

2 '사상이나 감정, 세력 따위가 한창 무르익거나 높아지다.'를 의미하는 단어는 '고조되다'이다.
4 '꼼꼼히 마음을 써서 일에 빈틈이 없다.'를 의미하는 단어는 '용의주도하다'이다.

1 ③　　**2** ②

지 문 분 석

문단 요약

1문단	•	'내일'에 해당하는 고유어의 존재 유무에 대한 의문 제기
2문단	•	고려 시대 자료를 통해 '내일'에 해당하는 고유어 추론
3문단	•	'내일'에 해당하는 고유어가 없다는 일부 사람들의 주장
4문단	•	언어의 흔적을 근거로 옛말을 재현할 것임을 강조

정보 확인

'날'과 관련된 시간 표현에 해당한다.

글의 구조

'그제', '어제', '오늘', '모레'는 모두 고유어인데, 유독 '(　내일　)'만 왜 한자어일까?
'(　내일　)'의 고유어는 존재했을까?

▼

	한자어	고려어	현대어
『계림유사』의 기록	전일(前日)	기재(記載)	그제
	금일(今日)	(오날(烏捺))	오늘
	명일(明日)	할재(轄載)	내일
	후일(後日)	모로(母魯)	(모레)

'내일'에 해당되는 '할재'가 고려 시대에 실제 어떻게 읽혔으며 왜 한자어 '내일'로 대치되었는가는 더 따져 봐야 할 문제이지만, 확실한 것은 '내일'에 해당하는 (고유어(고려어))가 분명히 존재했다는 사실이다.

어 휘 · 어 법

1 악의　　**2** 비하　　**3** 얼추　　**4** 방언　　**5** 유추
6 재현　　**7** 문헌　　**8** 변천　　**9** 고정불변

해제 | 이 글은 '내일'에 해당하는 고유어가 없다는 주장과 관련해 '내일'에 대응하는 고유어가 있었다는 점을 옛 문헌을 통해 추론하고 있다. 고려 시대의 『계림유사』라는 책에 '전일(前日)'은 '기재(記載)', '금일(今日)'은 '오날(烏捺)', '명일(明日)'은 '할재(轄載)', '후일(後日)'은 '모로(母魯)'라고 기록되어 있다. 글쓴이는 '내일'에 해당되는 '할재'가 고려 시대에 실제 어떻게 읽혔으며 왜 한자어 '내일'로 대치되었는가는 더 따져 봐야겠지만, 확실한 것은 '내일'에 해당하는 고려어가 분명히 존재했다는 점임을 강조하고 있다.

주제 | '내일'에 해당하는 고유어의 존재

출전 정주리 외, 『역사가 새겨진 우리말 이야기』

1 '그제', '어제', '오늘', '모레'는 모두 '날'과 관련된 고유어이다. 하지만 '내일(來日)'은 '날'과 관련된 단어이기는 하지만 한자어에 해당한다.

| 오답 풀이 |
① 4문단에서 어떤 말은 사라지면서 그 말의 흔적을 방언에 남기기도 함을 알 수 있다.
② 3문단에서 『계림유사』는 한자음을 이용하여 고려어를 기록한 자료에 해당함을 알 수 있다.
④ 3문단에서 '내일'이라는 단어가 없다고 해서 '내일'이라는 개념이 없을 수는 없다고 밝히고 있음을 알 수 있다.
⑤ 2문단에서 우리말에는 원래 '내일'에 해당하는 말이 없다고 주장하는 사람도 있음을 알 수 있다.

2 3문단에서 현대 국어의 '그제', '오늘', '내일', '모레'라는 말이 『계림유사』에는 '기재(記載)', '오날(烏捺)', '할재(轄載)', '모로(母魯)'로 표기되어 있음을 알 수 있다. 이 한자어들을 현대 한자음으로 읽으면 지금의 말과 그 표기는 정확히 일치하지 않으나 소리가 얼추 비슷하다. 이처럼 언어가 흔적을 남기며 변천되었다는 점에 주목해 볼 때, 언어는 고정불변의 것이 아니라 시대의 흐름에 따라 바뀌어 가는 역사성을 가짐을 추론할 수 있다.

| 오답 풀이 |
① 연속적인 자연의 세계를 불연속적인 것으로 인식한다는 것은 언어의 분절성과 관련된 것으로 '변천'에 주목한 특성이 아니다.
③ 유한한, 즉 일정한 한도나 한계가 있는 음운과 어휘를 가지고 무한한 문장을 생성할 수 있다는 것은 언어의 창조성과 관련된 것으로 '변천'에 주목한 특성이 아니다.
④ 사회적 약속으로서 한 개인의 힘으로 마음대로 바꾸지 못한다는 것은 언어의 사회성과 관련된 것으로 '변천'에 주목한 특성이 아니다.
⑤ 발음이나 형태소의 결합, 문장 배열 등에 일정한 법칙이 존재한다는 것은 언어의 규칙성과 관련된 것으로 '변천'에 주목한 특성이 아니다.

어 휘 · 어 법

2 '비상'은 '평범하지 아니하고 뛰어남.', '높이 날아오름.', '공중을 낢.' 등과 같은 여러 가지를 의미하는 단어이다.
5 '반추'는 '어떤 일을 되풀이하여 음미하거나 생각함. 또는 그런 일.'을 의미하는 단어이다.

1 ②　　**2** ④

지 문 분 석

문단 요약

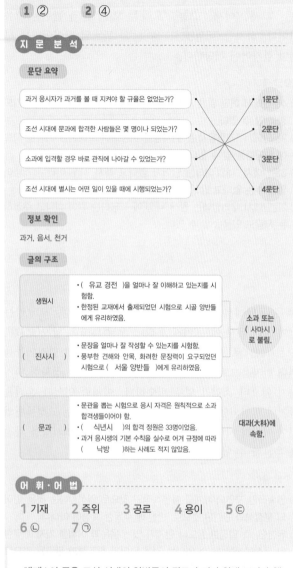

과거 응시자가 과거를 볼 때 지켜야 할 규율은 없었는가?	1문단
조선 시대에 문과에 합격한 사람들은 몇 명이나 되었는가?	2문단
소과에 입격할 경우 바로 관직에 나아갈 수 있었는가?	3문단
조선 시대에 별시는 어떤 일이 있을 때에 시행되었는가?	4문단

정보 확인

과거, 음서, 천거

글의 구조

생원시	• (유교 경전)을 얼마나 잘 이해하고 있는지를 시험함. • 한정된 교재에서 출제되었던 시험으로 시골 양반들에게 유리하였음.	소과 또는 (사마시) 로 불림.
(진사시)	• 문장을 얼마나 잘 작성할 수 있는지를 시험함. • 풍부한 견해와 안목, 화려한 문장력이 요구되었던 시험으로 (서울 양반들)에게 유리하였음.	
(문과)	• 문관을 뽑는 시험으로 응시 자격은 원칙적으로 소과 합격생들이어야 함. • (식년시)의 합격 정원은 33명이었음. • 과거 응시생의 기본 수칙을 실수로 어겨 규정에 따라 (낙방)하는 사례도 적지 않았음.	대과(大科)에 속함.

어 휘 · 어 법

1 기재　　**2** 즉위　　**3** 공로　　**4** 용이　　**5** ⓒ
6 ⓛ　　**7** ⓙ

해제 | 이 글은 조선 시대의 양반들이 관료가 되기 위해 보아야 했던 과거 시험에 대해 설명하고 있다. 과거는 3년마다 실시되는 정기 시험인 식년시와 부정기 시험인 별시로 나뉘어 있었다. 조선의 양반들이 주로 응시했던 과거는 생원시, 진사시와 문과였는데, 생원시는 유교 경전을 얼마나 잘 이해하고 있는지를, 진사시는 문장을 얼마나 잘 작성할 수 있는지를 주로 시험하였다. 조선 시대 과거의 백미는 대과에 속하는 문과였는데, 경쟁률이 치열하였고 절차와 규율이 까다로워 낙방하는 사례가 많았다.

주제 | 조선 시대 과거의 종류와 특징

출전 김학수, 「조선 양반의 일생」

1 2문단에서 '음직'은 가문 어른의 공로로 얻는 벼슬임을 알 수 있다. 그러므로 '음직'을 과거 참가자 본인의 공로를 인정받아 얻는 벼슬이라고 한 ②의 설명은 적절하지 않다.

| 오답 풀이 |
① 2문단에서 생원시는 유교 경전을 얼마나 잘 이해하고 있는지를 시험하였음을 알 수 있다.
③ 3문단에서 과거 합격자의 반수 이상을 서울의 대갓집 자제들이 차지했기에 시골 선비들이 과거 시험에 합격을 하는 것은 쉽지 않은 일이었음을 알 수 있다.
④ 1문단과 3문단에서 식년시는 3년마다 실시되는 정기 시험으로, 합격 정원이 33명이었음을 알 수 있다.
⑤ 2문단에서 생원시나 진사시는 정식 과거가 아니었기 때문에 합격 정원 안에 들더라도 합격이라고 하지 않고 입격이라고 하였음을 알 수 있다.

2 응시자가 규정을 어겨 과거 시험에서 낙방되는 사례는 4문단에서 확인할 수 있다. 왕의 이름이나 불교, 도교 등의 문자는 사용하지 말아야 했으므로, 왕의 이름을 거론하며 답안을 작성한 '갑'은 낙방 처리될 것이다(ㄱ). 또한 답안지도 종이를 파는 가게인 지물포에 가서 응시자가 직접 마련해야 했으므로, 시험장에 자신의 답안을 작성할 종이를 가져오지 않은 '을'은 낙방 처리될 것이다(ㄴ). 그리고 인적 사항을 증명할 호적 등본, 신원 보증서 등 갖추어야 할 행정 서류가 있었던 것으로 보아, 자신의 인적 사항을 증명할 호적 등본을 시험장에 제출하지 않은 '정'도 낙방 처리될 것이다(ㄹ).

어 휘 · 어 법

1 '기재'는 '문서 따위에 기록하여 올림.'을 의미하는 단어이다.
2 '즉위'는 '임금이 될 사람이 예식을 치른 뒤 임금의 자리에 오름.'을 의미하는 단어이다.
4 '용이하다'는 '어렵지 아니하고 매우 쉽다.'를 의미하는 단어이다.

생쥐 한 마리는 어디에 있었는가

1 ④   **2** ②

지문 분석

문단 요약

(2a)나 (2b) 중 어느 하나를 읽은 피험자들이 두 문장의 차이를 알아낼 수 있었던 이유는 무엇인가? • ── • 1문단

실험에 활용된 문장은 문장의 구조 측면에서 어떤 차이가 있었는가? • ── • 2문단

• 3문단

우리가 어떤 문장을 보고 그 내용을 기억할 때 중요한 역할을 하는 것은 무엇인가? • ── • 4문단

정보 확인

(1a) 그녀는 의자 위에 서 있었고, 생쥐 한 마리가 마루 위 의자 밑에 있었다.
(1b) 그녀는 의자 위에 서 있었고, 생쥐 한 마리가 마루 위 ⟨그녀⟩밑에 있었다.
(2a) 그녀는 의자 ⟨옆에⟩서 있었고, 생쥐 한 마리가 마루 위 의자 밑에 있었다.
(2b) 그녀는 의자 ⟨옆에⟩서 있었고, 생쥐 한 마리가 마루 위 ⟨그녀⟩밑에 있었다.

글의 구조

[의문 제기] 우리가 어떤 문장을 보고 그 내용을 어떻게 기억할까?

▼

(1a)나 (1b) 중 어느 하나를 읽은 피험자 ('의자')(와)과 '그녀'에 차이가 있었지만, 이것을 알아차리지 못함.

(2a)나 (2b) 중 어느 하나를 읽은 피험자 ('의자')(와)과 '그녀'에 차이가 있다는 것을 알아차림.

▼

(1a)와 (1b)를 그림으로 그려 보면 두 그림은 (같지만), (2a)와 (2b)의 그림은 같지 않다. 즉, 전자는 맥락이 동일하지만 후자는 맥락이 다르다.

▼

[결론] 문장의 (맥락)을 통해 형성되는 전체적인 인상이 기억에 중요한 역할을 한다.

어휘·어법

1 가설   2 실험   3 인상   4 증명   5 혼동
6 맥락

해제 | 이 글은 문장의 맥락을 바탕으로 형성되는 전체적 인상이 기억에 미치는 영향을 실험을 통해 설명하고 있다. 브랜스포드, 바클리, 프랭크는 짝지어진 문장들을 각각 피험자들에게 읽히고 시간이 흐른 후에 문장을 다시 떠올려 보게 하는 실험을 실시하였다. 실험 결과 우리가 어떤 문장을 보고 그 내용을 기억할 때에는 문장의 맥락을 통해 형성되는 전체적인 인상이 중요한 역할을 한다는 것을 알 수 있다.

주제 | 문장의 맥락을 바탕으로 형성되는 전체적 인상이 기억에 미치는 영향

출전 노명완, 「이해, 학습, 기억: 독서 과정에 관한 인지 심리학적 연구 분석」

1 4문단에서 (2a)와 (2b) 중 어느 하나를 읽은 피험자들이 두 문장의 차이를 알아낼 수 있었던 것은 문장의 맥락을 통해 형성되는 전체적인 인상이 달랐기 때문이었음을 알 수 있다.

| 오답 풀이 |
① 실험에 활용된 문장들의 구조가 거의 차이가 없었던 것은 사실이지만 이 때문에 피험자들이 두 문장의 차이를 알아낸 것은 아니다.
② 이 실험에서 피험자들이 주어진 문장 전체를 완전하게 암기하고 있었다고 볼 근거는 제시되어 있지 않다.
③ 문장의 구조가 대체로 간단한 문장들을 실험 문장으로 활용한 것은 사실이지만, 그것 때문에 피험자들이 두 문장의 차이를 알아냈다고 보기는 어렵다.
⑤ 실험에서 피험자가 두 문장의 상황이 동일하다고 느껴 차이를 알아차리지 못한 것은 (1a)와 (1b) 두 문장에 해당하므로 ㉠에 대한 답으로 보기 어렵다.

2 '두 대의 비행기가 대형 선박 위에 떠 있고, 잠수함은 그것들 밑에 있다.'라는 문장과 동일하게 파악할 가능성이 있는 문장은 '두 대의 비행기가 대형 선박 위에 떠 있고, 잠수함은 그것 밑에 있다.'이다. 두 문장을 그림으로 그려 보면 두 그림이 나타내는 상황은 동일하기 때문이다. 즉, 잠수함이 그것들(두 대의 비행기) 밑에 있든 그것(대형 선박) 밑에 있든 머릿속에 그려지는 상황은 동일하다.

| 오답 풀이 |
① 두 대의 비행기가 대형 선박 위에 떠 있는 것은 〈보기〉와 동일하지만, 잠수함이 그것(대형 선박) 옆에 있는 것은 〈보기〉와 동일하지 않다.
③ 잠수함이 그것(대형 선박) 밑에 있는 것은 〈보기〉와 동일하지만, 두 대의 비행기가 대형 선박 옆에 떠 있는 것은 〈보기〉와 동일하지 않다.
④ 두 대의 비행기가 대형 선박 위에 떠 있는 것은 〈보기〉와 동일하지만, 잠수함이 그것들(두 대의 비행기) 옆에 있는 것은 〈보기〉와 동일하지 않다.
⑤ 잠수함이 그것들(두 대의 비행기) 밑에 있는 것은 〈보기〉와 동일하지만, 두 대의 비행기가 대형 선박 옆에 떠 있는 것은 〈보기〉와 동일하지 않다.

어휘·어법

1 '낭설'은 '터무니없는 헛소문.'을 의미하는 단어이다.
3 '인상'은 '어떤 대상에 대하여 마음속에 새겨지는 느낌.'을 의미하는 단어이다.

세 개 먹을래, 네 개 먹을래?

1 ③ **2** ③

지문 분석

문단 요약

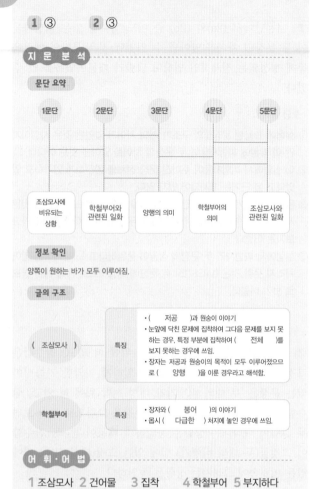

1문단	2문단	3문단	4문단	5문단
조삼모사에 비유되는 상황	학철부어와 관련된 일화	양행의 의미	학철부어의 의미	조삼모사와 관련된 일화

정보 확인

양쪽이 원하는 바가 모두 이루어짐.

글의 구조

(조삼모사) ─ 특징
- (저공)과 원숭이 이야기
- 눈앞에 닥친 문제에 집착하여 그다음 문제를 보지 못하는 경우, 특정 부분에 집착하여 (전체)를 보지 못하는 경우에 쓰임.
- 장자는 저공과 원숭이의 목적이 모두 이루어졌으므로 (양행)을 이룬 경우라고 해석함.

학철부어 ─ 특징
- 장자와 (붕어)의 이야기
- 몹시 (다급한) 처지에 놓인 경우에 쓰임.

어휘·어법

1 조삼모사 2 건어물 3 집착 4 학철부어 5 부지하다
6 술책 7 다급하다

해제 | 이 글은 '조삼모사(朝三暮四)'와 '학철부어(涸轍鮒魚)'와 관련된 이야기를 설명하고 있다. 특정 부분에 집착하여 전체를 보지 못하는 일을 범하는 사람들이 많은데 장자는 그런 사람들을 원숭이로 비유한다. '조삼모사'와 관련된 이야기에서 그들의 모습이 잘 드러난다. 그런데 살다 보면 때에 따라서는 '조삼'이냐 '조사'냐가 중요한 경우도 있다. 그 대표적 예가 '학철부어' 이야기이다. '학철부어'는 수레바퀴 자국에 고인 물이 말라붙어 거기에 살던 붕어가 곧 죽을 다급한 처지가 되었다는 이야기에서 유래되었다. 글쓴이는 내일을 기약할 수 있는 원숭이들에게는 조삼모사나 조사모삼이나 크게 다를 것이 없지만, 당장 말라 죽을 위기에 처한 붕어에게는 조삼이나 조사냐가 아주 중요한 문제가 될 수 있음을 설명하고 있다.

주제 | '조삼모사'와 '학철부어'의 고사

출전 전호근, 「장자 강의」

---

1 수레바퀴로 패인 자국에 고인 물에서 겨우 목숨을 부지하고 있던 붕어 한 마리에게는 물 한 바가지가 당장 필요한 상황이다. 장자가 내일 서강의 물을 모두 끌어다 주어도 위급한 지금 이 상황을 넘기지 못하면 아무 의미가 없다. 이러한 맥락에서 붕어가 장자에게 나중에 건어물 가게에서 보자고 한 것은 자신은 이제 곧 말라 죽을 것임을 의미한다.

| 오답 풀이 |

① 붕어에게는 내일 받을 서강의 물은 아무 의미가 없으므로 내일을 기약할 것이라는 의미라고 보기 어렵다.
② 붕어는 당장 물이 없으면 죽을 처지에 놓여 있으므로 이런 상황에서 자신은 살아날 수 있을 것이라고 말하지 않았을 것이다.
④ 위급한 상황과 관련된 내용으로, 자신의 잘못을 이야기하는 것과는 관련이 없다.
⑤ 붕어 자신이 곧 말라 죽을 것이라는 것을 의미하는 것이지, 자신은 더 가치 있는 삶을 살 것이라고 말했다고 보기는 어렵다.

2 내일 보강 수업을 하나 지금 보강 수업을 하나 사실상 수업을 하는 것에는 변화가 없다. 따라서 오늘 일어날 일만 생각하고 내일 해야 할 일은 고려하지 않았다고 보는 것이 적절하다.

| 오답 풀이 |

① '학철부어'는 수레바퀴 자국에 고인 물이 말라붙어 거기에 살던 붕어가 곧 죽을 다급한 처지가 되었다는 뜻이다. 수업을 보강하는 상황은 다급한 처지와 관련이 없으므로 '학철부어'의 상황에는 해당하지 않는다고 볼 수 있다.
② 3문단에서 '양행'은 양쪽 모두 만족하는 결말을 얻는다는 의미임을 알 수 있다. 수업을 하는 입장이나 수업을 듣는 입장이 모두 만족할 수 있는 결론을 얻었다고 본다면 '양행'에 해당한다고 볼 수 있을 것이다.
④ 눈앞에 닥친 상황에 집착하여 그다음의 문제를 고려하지 않은 '조삼모사'의 상황에 해당한다고 볼 수 있다.
⑤ 수업을 오늘 하나 내일 하나 수업을 하는 것 자체에는 변화가 없다고 할 수 있다.

어휘·어법

3 '어떤 것에 늘 마음이 쏠려 잊지 못하고 매달림.'을 의미하는 단어는 '집착'이다.
5 '상당히 어렵게 보존하거나 유지하여 나가다.'를 의미하는 단어는 '부지하다'이다.
7 '일이 바싹 닥쳐서 매우 급하다.'를 의미하는 단어는 '다급하다'이다.

1 ⑤   **2** ④

지문 분석

문단 요약

1문단 •	바나나 전염병과 캐번디시 바나나의 등장
2문단 •	다양한 품종의 식량 자원 보존과 연구 및 개발 투자의 필요성
3문단 •	바나나가 멸종될 수 있는 위기 상황
4문단 •	단일 품종인 그로미셸 바나나의 대량 생산

정보 확인

바나나가 멸종될 수 있는 상황에서 알 수 있듯이 (효율성)만을 추구하여 단일한 품종의 생산과 소비를 계속한다면 식량 자원의 지속 가능성이 약화될 수 있다.

글의 구조

문제 제기	바나나가 식탁에서 사라질지도 모르는 위기 상황을 제시함.
문제의 배경과 원인	• 그로미셸이라는 (단일 품종)의 바나나가 대량 생산되었음. • 그로미셸 바나나가 (파나마병)에 감염되어 바나나 농장이 황폐화됨. • 새로운 품종 (캐번디시)가 기업의 성공적인 홍보 전략으로 대량 재배되고 있지만, 이 품종 역시 신종 (파나마병)에 감염되었고 해결책이 없는 상황임.
문제 해결 방안	• (단일한) 품종의 생산과 소비 형태에 대해 고민해야 함. – (다양한) 품종의 식량 자원들을 (보존)해야 함. – 전염병에 대비한 연구 및 개발에 끊임없는 (투자)가 필요함.

어휘 · 어법

1 창궐하기   **2** 멸종되었을까(멸종됐을까)   **3** 감염되는
4 황폐화하고   **5** 재배하기   **6** 유통
7 투자   **8** 효율성

해제 | 이 글은 일상생활에서 쉽게 접할 수 있는 과일인 바나나가 멸종될지도 모르는 상황에 놓이게 된 배경과 해결 방안에 대해 설명하고 있다. 예전에는 중앙아메리카를 중심으로 다국적 기업들이 그로미셸이라는 단일한 품종의 바나나를 대량 생산하였는데, 그로미셸이 전염병인 파나마병에 의해 거의 멸종하게 되었다. 다행히도 그 즈음에 기업들은 새로운 바나나 종인 캐번디시를 대량으로 생산하고 유통하였으나, 이번에는 신종 파나마병이 창궐하여 캐번디시까지 병들게 되었다. 글쓴이는 이처럼 효율성만 추구하며 단일 품종을 대량 생산하는 방식에 문제가 있음을 지적하고, 이를 해결하기 위해 다양한 품종의 식량 자원을 보존하고 전염병에 대비한 연구 및 개발에 끊임없이 투자할 것을 당부하고 있다.

주제 | 바나나 멸종 위기의 원인과 해결 방안

출전 | 롤던, 「바나나 제국의 몰락」

1 4문단에서 캐번디시 바나나의 멸종 위기를 해결하기 위한 방안으로 전염병에 대비한 연구 및 투자를 제시하였지만, 각국에서 현재 이에 대한 연구 및 투자가 활발하게 이루어지고 있다는 정보는 확인할 수 없다.

| 오답 풀이 |

① 1문단에서 바나나는 일상생활에서 쉽게 접할 수 있으며, 가공식품에도 많이 활용되고 있다는 정보를 확인할 수 있다. 또한 2문단에서 바나나는 대표적인 수입 과일이라는 서술을 통해 수입에 의존하고 있음을 알 수 있다.
② 3문단에서 우리가 현재 먹는 바나나는 캐번디시이며 멸종된 그로미셸과 비교하여 냄새가 좋지 않고 당도가 낮음을 확인할 수 있다.
③ 3문단에서 캐번디시 바나나는 이전의 그로미셸 바나나보다 상품의 가치는 떨어졌으나 기업의 대규모 광고 전략을 통해 홍보에 성공하였음을 확인할 수 있다.
④ 3문단에서 파나마병에 견디지 못한 그로미셸을 대체한 종이 캐번디시라는 정보가 제시되어 있으며, '캐번디시는 파나마병이 잠재한 토양에 심어도 죽지 않는다.'라는 부분을 통해 그로미셸 바나나를 전멸시킨 파나마병이 처음부터 캐번디시 바나나를 병들게 한 것이 아니었음을 확인할 수 있다.

2 이 글에서는 바나나에 발생하는 전염병인 파나마병의 발생 원인을 과학적으로 규명하였다는 정보를 확인할 수 없다. 반면, 〈보기〉에서는 감자잎마름병의 원인이 난균류라는 사실이 과학적으로 규명되었음을 확인할 수 있다.

| 오답 풀이 |

①, ② 이 글과 〈보기〉에서는 생산의 효율성만을 추구하여 각각 바나나와 감자라는 단일 작물의 대량 생산에만 몰두하여 발생한 문제점을 다루고 있다.
③ 2, 3문단에서 바나나의 품종 중 그로미셸은 파나마병에 견딜 수 있는 캐번디시로 대체되었음을 알 수 있다. 그러나 〈보기〉에서는 감자잎마름병을 견딜 수 있는 대체 종에 대한 언급은 하지 않았다.
⑤ 이 글의 바나나와 〈보기〉의 감자 사례를 통해 바나나와 감자가 아닌 다른 작물들도 전염병에 걸려 멸종될 수 있으므로, 이에 대비하여 연구 및 개발을 지속해야 한다는 반응은 적절하다고 볼 수 있다.

어휘 · 어법

2 '멸종되다'는 '생물의 한 종류가 없어지다.'를 의미하는 단어이다.
3 '감염되다'는 '병원체인 미생물이 동물이나 식물의 몸 안으로 들어와 증식되다.'를 의미하는 단어이다.
4 '황폐화하다'는 '집, 토지, 삼림 따위를 거두지 않고 그냥 두어 거칠고 못 쓰게 되다. 또는 그렇게 만들다.'를 의미하는 단어이다.
5 '재배하다'는 '식물을 심어 가꾸다.'를 의미하는 단어이다.

1 ④　　**2** ④　　**3** ③

지문 분석

문단 요약

1문단 저렴한 임대료에 끌린 예술가들의 정착과 원주민들의 생활이 어우러져 경제가 활성화된 일부 지역에서 사회 문제가 발생하기 시작함. (○)

2문단 낙후된 지역이 예술가들의 개성 있는 가게 등으로 주목받으면 상권이 활성화되면서 임대료가 상승되어 예술가들이 이익을 보는 젠트리피케이션 현상이 발생함. (×)

3문단 대형 프랜차이즈 가게들이 상권을 독식하면서 개성 없는 상업 지역으로 변모하는 문화 백화 현상 및 정부와 대기업 간의 갈등이 심화되는 문제가 발생함. (×)

4문단 젠트리피케이션으로 인한 문제들을 해결하기 위해 정부에서 '상가 건물 임대차 보호법'과 상생 협약을 유도하는 인센티브를 마련함. (○)

글의 구조

문제 제기 낙후된 도심 지역에 예술가들과 원주민들의 생활이 어우러져 새로운 문화가 생기고 지역 경제가 활성화되었지만 그에 따른 문제가 발생함.

▼

문제가 되는 현상 설명
· 지역의 상권이 활성화되면서 전월세 비용이 (상승)하면 원주민과 예술가 및 문화 사업가들이 떠나는 젠트리피케이션 현상이 발생함.
· 대기업의 대형 (프랜차이즈) 가게들이 상권을 독식하면서 개성 없는 상업 지역으로 변화하면 (문화 백화) 현상이 일어남.
· 젠트리피케이션은 (투기)를 부추기고 주민들 간 갈등도 심화시킴.

▼

문제 해결 방안 제시 정부에서는 일정 기간 동안 (임대료) 상승률을 제한하는 '상가 건물 임대차 보호법'을 마련하고, 건물의 소유주와 세입자가 상생 협약을 맺으면 건물주에게 (인센티브)를 제공함.

어휘·어법

1 쇠퇴　**2** 상승률　**3** 잦아졌다　**4** 주목하고　**5** 유입
6 임대　**7** 상생　**8** 협약

해제| 이 글은 젠트리피케이션 현상이 발생하는 원인과 문제점, 해결 방안에 대해 설명하고 있다. 어떤 지역의 임대료가 저렴하여 예술가들이 정착함에 따라 개성 있는 상점들이 생겨나면 상권이 활성화된다. 그런데 그 이후에 임대료 및 거주 비용의 상승으로 원주민들과 기존 상인들이 쫓겨나는 젠트리피케이션 현상이 발생한다. 그리고 대형 프랜차이즈 가게들이 많아지면 지역이 몰개성화되어 버리는 문화 백화 현상과 그에 따른 상권의 쇠퇴 등의 문제들이 생기게 된다. 이러한 문제들을 해결하기 위해 정부에서는 '상가 건물 임대차 보호법'을 마련하였으며, 건물 소유자와 세입자 모두 상생할 수 있는 협약 등을 유도하기 위해 건물주에게 인센티브를 제공하고 있다.

주제| 젠트리피케이션 현상이 야기하는 문제점과 지역 상생을 위한 해결 방안

출전 박민영, 「이 정도 개념은 알아야 사회를 논하지」

1 프랜차이즈 가게들이 상권을 독식하면 '문화 백화 현상'이 일어나면서 그 지역이 갖는 개성과 독특한 분위기가 사라지게 된다. 이로 인해 유동 인구가 줄어들기 시작하면서 상권이 쇠퇴하면 그 지역이 슬럼이 될 수 있음을 3문단에서 언급하고 있다.

|오답 풀이|

① 1문단에서 낙후되었던 지역의 상권이 활발해질 수 있는 요인으로 인터넷이나 사회 관계망 서비스를 통한 입소문을 언급하고 있다.

② 2문단에서 상권이 활성화되면서 전세나 월세 비용이 오르고, 그렇게 되면 원주민들이 가장 먼저 그 지역을 떠나게 되는 피해가 발생함을 설명하고 있다.

③ 1문단과 2문단에서 젠트리피케이션 현상이 일어나는 지역은 상권이 활성화되어 있지 않았던 곳임을 언급하고 있다.

⑤ 4문단에서 정부에서는 일정 기간 동안 임대료 상승률을 제한하는 '상가 건물 임대차 보호법'을 실시하고 있고, 건물 소유자와 세입자가 상생 협약을 맺으면 건물주에게 인센티브를 제공하고 있다는 것을 확인할 수 있다.

2 1문단에서 삼청동, 경리단길 등의 지역이 젠트리피케이션 현상으로 인해 문제를 겪고 있다는 사실을 간략하게 소개하며 화제에 대한 관심을 유발하고 있다(ㄷ). 2문단에서는 A라는 서민 동네를 가정하여 젠트리피케이션 현상이 발생하는 과정을 자세히 설명하고 있다(ㄴ). 또한, 4문단에서 젠트리피케이션 현상이 불러오는 문제를 해결하기 위해서 정부가 마련한 해결 방안을 제시하고 있다(ㅁ).

|오답 풀이|

ㄱ. 이 글에서는 전문가의 말을 인용한 부분이 나타나지 않는다.

ㄹ. 화제와 관련된 문제를 해결하기 위해 정부가 내놓은 해결 방안을 나열하고 있지만, 정책이 갖고 있는 한계를 언급하고 있지는 않다.

3 〈보기〉에서는 오랜 시간 동안 손님과 주인이 교류를 통해 쌓아 온 아름다운 관계가, 식당이 대형 프랜차이즈 가게로 교체되면서 사라졌음을 보여 주고 있다. ㉢에서는 사람들이 그 지역에 갖는 애착과 추억이 사라지는 '문화 백화 현상'을 설명하고 있으므로, 이와 관련된 근거로 〈보기〉를 언급할 수 있다.

어휘·어법

1 '기세나 상태가 쇠하여 전보다 못하여 감.'을 의미하는 단어의 올바른 표기는 '쇠퇴'이다.

2 받침이 있는 말 다음에는 '렬, 률'로 적고, 'ㄴ' 받침이나 모음 다음에는 '열, 율'로 적으므로 올바른 표기는 '상승률'이다.

1 ③   2 ②

지문 분석

문단 요약

1문단	빅 데이터는 뉴 미디어를 통해 (디지털 방식)으로 생성되고 처리되는 방대한 규모의 데이터를 말한다.

▼

2문단	빅 데이터는 (데이터의 양)이 매우 많다.

▼

3문단	빅 데이터는 정형 데이터와 (비정형 데이터)를 모두 포함한다.

▼

4문단	빅 데이터는 생성되고 처리되는 (속도)가 매우 빠르다.

▼

5문단	빅 데이터는 데이터의 질이나 가치에 (진실성)의 문제가 있을 수 있다.

▼

6문단	빅 데이터는 (변동성)이 커서 데이터가 유효한 시점, 데이터의 보관 기간 등을 판단해야 한다.

▼

7문단	빅 데이터는 중요한 의사 결정을 할 때 도움이 된다는 점에서 (활용 가치)가 높다.

정보 확인

빅 데이터의 양이 많은 이유는 무엇인가?	인터넷에 접속한 순간부터 사람들의 모든 활동이 (데이터)로 기록되고 보관되기 때문이다.
빅 데이터의 많은 부분을 차지하는 비정형 데이터는 무엇인가?	정해진 (구조)가 없어 계산이나 분석이 어려운 데이터이다.
빅 데이터의 빠른 처리 속도가 활용되는 사례에는 어떤 것이 있는가?	자율 주행 자동차의 안전장치와 내비게이션 장치가 빅 데이터를 (즉각적)으로 주고받는 것이 있다.
빅 데이터가 중요한 의사 결정을 할 때 도움이 되는 이유는 무엇인가?	우리의 삶과 사회를 깊이 있게 이해할 수 있는 (통찰력)을 제공하기 때문이다.

어휘·어법

1 원천   2 정형   3 통찰   4 육성   5 생성
6 주행   7 데이터

해제 | 이 글은 빅 데이터의 개념 및 특징을 설명하고 있다. 빅 데이터는 뉴 미디어를 통해 디지털 방식으로 생성되고 처리되는 방대한 규모의 데이터이다. 빅 데이터는 인터넷 접속 이후의 모든 활동이 기록되어 그 양이 상당하고, 비정형·정형 데이터를 모두 포함한다. 또한 생성 및 처리 속도가 빠르고 쉽게 변한다는 특성도 있다. 빅 데이터 자체나 빅 데이터를 통해 찾아낸 규칙의 진실성에 문제가 있을 수도 있지만, 중요한 의사 결정을 할 때 도움을 준다는 점에서 빅 데이터는 그 활용 가치가 높다고 할 수 있다.

주제 | 빅 데이터의 개념 및 특징

출전 주형일, 「똑똑한 이상한 꿈틀대는 뉴 미디어」

---

1 3문단을 통해 비정형 데이터가 빅 데이터에서 가장 많은 부분을 차지하고 있음을 알 수 있는데, 비정형 데이터는 정해진 구조가 없어 계산이나 분석이 어려운 데이터이다. 따라서 빅 데이터의 대부분은 체계적으로 정리되어 있지 않아 쉽게 분석할 수 없는 데이터라고 할 수 있다.

|오답 풀이|

① 2문단을 통해 빅 데이터는 아날로그 방식으로 기록·보존되는 데이터에 비해 데이터의 양이 매우 많음을 알 수 있다.
② 6문단을 통해 빅 데이터는 쉽게 변하고 사라지는 특성이 있어서, 처리하고 분석할 때 데이터를 얼마나 오랫동안 보관해야 하는지를 판단해야 함을 알 수 있다. 하지만 그 특성 때문에 빅 데이터를 오랫동안 보관할 필요가 없다는 내용은 본문에서 확인할 수 없다.
④ 5문단을 통해 빅 데이터는 데이터 자체뿐 아니라 데이터의 원천, 유형, 처리 과정의 진실성과, 빅 데이터 분석을 통해 찾아낸 규칙의 진실성에도 문제가 있을 수 있음을 알 수 있다. 하지만 빅 데이터 분석을 통해 찾아낸 규칙의 진실성이 데이터 자체의 진실성보다 더 큰 문제라는 내용은 본문에서 확인할 수 없다.
⑤ 1, 2문단을 통해 빅 데이터는 뉴 미디어와 관련된 모든 결과물을 기록한 것이라는 사실을 알 수 있으므로, 그중 활용 가치가 높은 데이터만 빅 데이터를 의미한다고 할 수는 없다.

2 '데이터 산업법'의 제정 목적은 빅 데이터 관련 산업의 종합적인 육성 및 제도 혁신이고, 자동차 회사와 통신 회사의 협력 사례에서 볼 수 있는 것처럼 데이터 관련 산업이 활성화되면 다양한 영역의 기업들이 협력을 하게 될 가능성이 높아질 것임을 짐작할 수 있다.

|오답 풀이|

① 빅 데이터는 주로 비정형 데이터이므로 '데이터 산업법'은 비정형 데이터와 관련된 산업을 활성화하려는 목적이 더 크다고 볼 수 있다.
③ 빅 데이터의 변동성이 큰 것은 맞지만, 이러한 특성을 지닌 빅 데이터를 안정적으로 활용하고자 자동차 회사와 통신 회사가 협력하는 것은 아니다. 〈보기〉에서 두 회사의 협력은 데이터를 빠른 속도로 전송하는 것과 관계가 있음을 알 수 있는데, 이는 빅 데이터의 생성 및 처리 속도가 매우 빠르다는 특징과 관계가 깊다.
④ 본격적인 자율 주행 자동차 시대가 되었을 때 두 회사의 협력 관계가 느슨해질 가능성이 크다고 볼 수 있는 근거는 없다. 자율 주행 자동차가 활성화된다면 관련 빅 데이터의 양이 많아질 것이므로, 오히려 두 회사의 협력이 강화될 가능성이 크다.
⑤ 변동성이 큰 것이 빅 데이터의 특성은 맞다. 하지만 〈보기〉에서 확인할 수 있는 '데이터 산업법'의 핵심적인 내용은 빅 데이터 관련 산업의 육성 및 제도 혁신이라고 볼 수 있으므로, '데이터 산업법'의 핵심적인 내용이 빅 데이터의 변동성 문제를 해결하기 위한 방법이라고 보기는 어렵다.

1 ④   2 ④

지문 분석

문단 요약

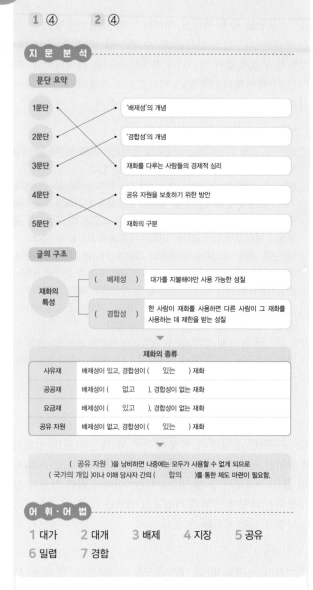

1문단 • • '배제성'의 개념

2문단 • • '경합성'의 개념

3문단 • • 재화를 다루는 사람들의 경제적 심리

4문단 • • 공유 자원을 보호하기 위한 방안

5문단 • • 재화의 구분

글의 구조

재화의 특성	(배제성)	대가를 지불해야만 사용 가능한 성질
	(경합성)	한 사람이 재화를 사용하면 다른 사람이 그 재화를 사용하는 데 제한을 받는 성질

▼

재화의 종류	
사유재	배제성이 있고, 경합성이 (있는) 재화
공공재	배제성이 (없고), 경합성이 없는 재화
요금재	배제성이 (있고), 경합성이 없는 재화
공유 자원	배제성이 없고, 경합성이 (있는) 재화

▼

(공유 자원)을 낭비하면 나중에는 모두가 사용할 수 없게 되므로 (국가의 개입)이나 이해 당사자 간의 (합의)를 통한 제도 마련이 필요함.

어휘·어법

1 대가   2 대개   3 배제   4 지장   5 공유
6 밀렵   7 경합

해제 | 이 글은 재화의 의미, 재화의 구분, 공유 자원의 고갈에 대한 우려와 해결 방안을 제시하고 있다. 우리가 시장에서 거래하는 모든 재화는 '배제성'과 '경합성'을 갖고 있다. 재화에는 개인이 사적으로 소유한 것인 '사유재', 국가에서 우리에게 제공하고 배제성과 경합성이 없는 '공공재', 자유롭게 쓸 수 있지만 공급 부족의 위험이 있어 정부가 개입하는 '요금재', 그리고 배제성은 없지만 경합성을 지닌 '공유 자원'이 있다. 글쓴이는 사람들의 이기적인 심리로 공유 자원이 고갈되는 '공유지의 비극'이 초래될 수 있으므로, 국가의 개입 혹은 이해 당사자 간의 합의를 통해 공유 자원의 이용권을 제한하는 제도 마련이 필요함을 당부하고 있다.

주제 | 재화의 특성과 공유 자원 보호의 필요성

출전 조준현, 「청소년 경제 특강」

1 4문단에서 '사유재'와 반대로 국가가 우리에게 제공하는 국방, 소방 서비스는 누가 사용해도 다른 사람들에게 지장을 주지 않기 때문에 '공공재'라고 설명하고 있다. 따라서 국방, 소방 서비스는 '배제성'과 '경합성' 둘 다 없는 것으로 볼 수 있다.

| 오답 풀이 |

① 1문단에서는 재화의 가격 변동이 아니라 재화의 소유 주체에 따라 경제적 심리가 달라지는 현상을 케냐의 코끼리 보호 사례를 통해 설명하고 있다.
② 3문단에서 '경합성'은 한 사람이 재화를 사용하면 다른 사람이 그 재화를 사용하는 데 제한을 받는 특성이라고 하였다.
③ 4문단에서 시장에서 거래되는 대부분의 상품들은 '배제성'과 '경합성'을 지니고 있으며, 이런 재화는 개인들이 사적으로 소유할 수 있기 때문에 '사유재'라고 하였다.
⑤ 4문단에서 전기와 수도 같은 재화는 공급 부족의 위험이 있어 비용을 청구하는 방식으로 정부가 개입하는 '요금재'라고 하였다.

2 〈보기〉에서는 '공유지의 비극'이 일어나는 과정을 예시를 통해 설명하고 있다. ④에서 언급하는 산림이나 하천은 '배제성'은 없으나 '경합성'을 지닌 '공유 자원'이다. 산림이나 하천을 개인의 이익 때문에 훼손하는 일이 많아지면 나중에는 우리 모두가 그 자원을 사용할 수 없게 될 수 있으므로 정부가 보호 정책을 펼치는 것은 '공유지의 비극'을 예방하려는 것으로 볼 수 있다.

| 오답 풀이 |

① 목초지는 공동 소유지이므로 누구나 양에게 풀을 먹일 수 있어 '배제성'이 없다. 그런데 어느 한 개인이 자신의 양에게 풀을 더 많이 먹이면 다른 사람들은 그만큼 풀을 덜 먹게 되어 경합 과정이 일어나므로 '경합성'이 있다.
② 〈보기〉는 개개인의 이익이 증대될수록 '공유 자원'이 고갈되어 마을 전체의 경제는 쇠락하는 예이다.
③ 이 글과 〈보기〉에서는 개인의 이기심으로 '공유 자원'이 고갈되는 현상을 비판적으로 보고 있다.
⑤ 이 글에서는 '공유지의 비극'을 해결하기 위해서 정부의 개입이 필요하다는 입장은 제시되어 있지만, 모든 '공유 자원'을 사유화해야 한다는 주장은 나타나지 않는다.

어휘·어법

1 '물건의 값으로 치르는 돈.'을 의미하는 단어의 올바른 표기는 '대가'이다.
2 '일반적인 경우에.'를 의미하는 단어의 올바른 표기는 '대개'이다.

1 ⑤ **2** ②

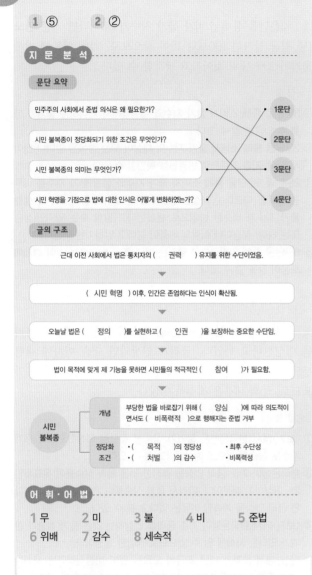

지 문 분 석

문단 요약

민주주의 사회에서 준법 의식은 왜 필요한가?	1문단
시민 불복종이 정당화되기 위한 조건은 무엇인가?	2문단
시민 불복종의 의미는 무엇인가?	3문단
시민 혁명을 기점으로 법에 대한 인식은 어떻게 변화하였는가?	4문단

글의 구조

근대 이전 사회에서 법은 통치자의 (권력) 유지를 위한 수단이었음.

▼

(시민 혁명) 이후, 인간은 존엄하다는 인식이 확산됨.

▼

오늘날 법은 (정의)를 실현하고 (인권)을 보장하는 중요한 수단임.

▼

법이 목적에 맞게 제 기능을 못하면 시민들의 적극적인 (참여)가 필요함.

시민 불복종
- 개념: 부당한 법을 바로잡기 위해 (양심)에 따라 의도적이면서도 (비폭력적)으로 행해지는 준법 거부
- 정당화 조건: (목적)의 정당성 · 최후 수단성 · (처벌)의 감수 · 비폭력성

어 휘 · 어 법

1 무 2 미 3 불 4 비 5 준법
6 위배 7 감수 8 세속적

해제 | 이 글은 민주주의 사회에서 법이 제 기능을 하고 있지 않을 때 시민 불복종이 필요함을 설명하고 있다. 근대 이전 사회에서 법은 통치자의 권력을 유지하기 위한 수단에 불과하였으며, 시민 혁명 이후에서야 법이 인권을 보장하고 정의를 실현하기 위한 수단이 되었다. 그렇기에 사회 구성원들은 법을 준수해야 하며 법이 제 기능을 하는지 살펴보고 부당한 법은 적극적인 참여로 바로잡아야 한다. 시민 불복종은 이러한 노력의 하나이며 이는 양심에 따라 의도적이고 비폭력적으로 행해지는 준법 거부이다. 한편, 시민 불복종이 정당화되기 위해서는 목적의 정당성, 최후 수단성, 처벌의 감수, 비폭력성이라는 조건을 충족해야 한다.

주제 | 준법 의식과 시민 불복종의 필요성 강조

출전 김영순 외, 『중학교 사회 교과서(동아출판)』

---

1 4문단에서 시민 불복종이 정당화되기 위해 필요한 조건으로 불복종하는 법이 사익이 아닌, 정의에 위배되는 것이어야 한다는 점이 언급되어 있다.

| 오답 풀이 |

① 1문단에서 영국 왕 찰스 1세의 말을 통해 근대 이전 사회에서의 절대 군주의 강력한 권력을 확인할 수 있다.

② 1문단에서 시민 혁명을 기점으로 모든 인간은 존엄하다는 인식이 확산되면서 법은 절대 권력을 통제하고 인권을 보호하는 수단으로 변화하였음을 확인할 수 있다.

③ 3문단에서 법이 인권 보장과 정의 실현이라는 목적에 맞게 제 기능을 하고 있는지 살펴보기 위해서 시민들의 적극적인 참여가 필요함을 설명하고 있다.

④ 4문단에서 시민 불복종이 정당화되기 위해 충족해야 할 두 번째 조건으로 최후 수단성, 즉 합법적인 방법으로 해결이 불가능해야 한다는 점이 언급되어 있다.

2 〈보기〉는 미국의 시민 불복종 사례이다. ㉮와 비교해 보았을 때, 두 사례 모두 폭력적인 수단을 배제하여 다수 시민들의 동의를 얻어 시민 불복종 운동을 확대할 수 있었다.

| 오답 풀이 |

① ㉮와 〈보기〉 모두 사익에 위배되는 법을 거부하기 위한 운동이라고 볼 수 없다.

③ ㉮와 달리 〈보기〉에서는 시민 불복종 운동의 전개 과정에서 경찰이 시위대를 무차별적인 폭력으로 진압했음을 확인할 수 있다.

④ 〈보기〉와 ㉮ 모두 처벌을 감수하고 법체계를 존중하면서 시민 불복종 운동을 전개했다는 공통점을 가지고 있다.

⑤ 〈보기〉에서 의도적인 위법 행위를 보여 주었다는 내용은 찾아볼 수 없다.

어 휘 · 어 법

1~4 〈보기〉의 '미(未)-, 비(非)-, 불(不)-, 무(無)-'는 부정을 나타내는 접두사이다. '미-'는 '그것이 아직 아닌.' 또는 '그것이 아직 되지 않은.'의 뜻을 더한다. '비-'는 '아님.'의 뜻을, '불-'은 '아님, 아니함, 어긋남.'의 뜻을 더한다. '무-'는 '그것이 없음.'의 뜻을 더하므로, '무책임, 미준수, 불공정, 비폭력'과 같이 표기하는 것이 적절하다.

5 '무법'은 '법이나 제도가 확립되지 않고 질서가 문란함.'을 의미하는 단어이다.

6 '수배'는 '범인을 잡으려고 수사망을 폄.'을 의미하는 단어이다.

7 '감안'은 '여러 사정을 참고하여 생각함.'을 의미하는 단어이다.

8 '세습적'은 '한집안의 재산이나 신분, 직업 따위를 그 자손들이 대대로 물려받는 것.'을 의미하는 단어이다.

1 ③　　**2** ②　　**3** ⑤

지 문 분 석

문단 요약

1문단 세상의 모든 상품과 서비스의 평균 가격을 계산하기는 어렵기 때문에 특정 상품 및 서비스 가격의 평균을 계산한 (물가 지수)를 활용하여 물가의 변화를 파악한다.

2문단 매달 (통계청)에서 460개의 상품과 서비스 항목의 가격을 조사하여 소비자 물가 지수를 계산한다.

3문단 기준 연도의 1년 평균 물가를 (100)으로 놓고 산출한 소비자 물가 지수로 물가의 변화를 알 수 있다.

4문단 소비자 물가 지수는 (경기)를 판단하는 기준이며, 한국은행의 통화 정책에도 영향을 준다.

5문단 소비자 물가 지수와 실생활에서 체감하는 물가가 다르게 생각되는 것을 보완하기 위해 통계청에서는 생활 물가 지수 또는 (장바구니 물가 지수)를 조사한다.

6문단 물가는 매년 조금씩 상승하는 것이 (경제)에 도움이 되므로 정부에서는 이를 안정적으로 조절할 수 있는 정책을 마련해야 한다.

정보 확인

물가 지수

개념
- 특정 상품 및 서비스 가격의 평균임.
- 기준 연도의 1년 평균 물가를 100으로 놓고 물가가 (상대적)으로 얼마나 변화했는지를 표시함.

기능
- 경기가 좋은지 나쁜지를 판단할 수 있는 기준이 됨.
- 한국은행의 (통화) 정책에도 영향을 줌.

종류

소비자 물가 지수	생활 물가 지수(장바구니 물가 지수)
• 조사 항목: 농축수산물, 공업 제품, 전기·수도·가스, 서비스	• 조사 항목: 일반 소비자가 자주 구입하는 기본 생필품
• 특징: (5)년을 주기로 조사 항목이 바뀜.	• 특징: 소비자 물가 지수와 체감하는 물가의 (차이)를 보완함.

어 휘 · 어 법

1 ©　　**2** ©　　**3** ⊙　　**4** 빈도　　**5** 경기
6 서비스　　**7** 지수

해제 | 이 글은 물가 지수의 개념 및 특징을 설명하고 있다. 물가 지수는 특정 상품 및 서비스 가격의 평균을 계산한 것으로, 대표적인 물가 지수인 소비자 물가 지수를 통해 물가의 상승이나 하락을 쉽게 파악할 수 있다. 그러나 소비자 물가 지수와 체감 물가가 반드시 일치하지는 않기 때문에, 생활 물가 지수를 활용해 소비자 물가 지수와 체감 물가의 차이를 줄이려 노력하기도 한다. 일반적으로 물가는 조금씩 상승하는 것이 바람직하므로, 물가가 안정적으로 유지되도록 정부가 노력을 기울일 필요가 있다.

주제 | 물가 지수의 개념 및 특징

출전 김영욱, 『천 원으로 시작하는 10대들의 경제학』

1 　3문단을 통해 소비자 물가 지수가 90이라면 기준 연도 1년 평균 물가인 100보다 10이 작으므로, 기준 연도에 비해 물가가 10% 내린 것이라고 생각할 수 있다.

| 오답 풀이 |

① 5문단을 통해 소비자 물가 지수와 실생활에서 체감하는 물가가 다를 수 있음을 알 수 있다.
② 2문단을 통해 소비자 물가 지수의 대상이 되는 품목은 얼마나 많이 사용하는지를 기준으로 변경됨을 확인할 수 있다.
④ 2문단과 5문단을 통해 소비자 물가 지수와 생활 물가 지수를 이루는 항목은 다르다는 사실을 알 수 있다. 소비자 물가 지수와 생활 물가 지수가 비슷한 방향으로 변화한다고 말할 수는 있지만(상승 또는 하락) 상승이나 하락의 비율이 같다고 말하기는 어렵다.
⑤ 6문단을 통해 일반적으로 물가는 매년 조금씩 오르는 것이 경제에 도움이 됨을 알 수 있다.

2 　〈보기〉에서 한국은행은 급격한 물가 상승 때문에 금리를 인상한다고 하였다. 금리가 인상되면 대출 이자에 대한 부담 때문에 기업의 투자나 민간의 소비가 위축된다고 하였으므로, ②의 내용은 적절하지 않다.

| 오답 풀이 |

① 〈보기〉에서 한국은행은 물가가 상승할 것으로 예상했으므로 물가 지수도 상승할 것으로 예상했다고 볼 수 있다.
③ 한국은행이 기준 금리 인상을 결정한 것은 물가 상승률이 목표치인 2% 이상이기 때문이다. 따라서 물가 상승률이 2% 이내로 유지된다면 금리 인상을 계속할 이유는 없다고 볼 수 있다.
④ 〈보기〉에서 한국은행이 기준 금리를 인상하는 것은 물가 상승과 관계가 있다는 사실을 알 수 있으므로 적절한 설명이다.
⑤ 6문단에서 물가가 매년 조금씩 오르는 것이 바람직하다는 사실을 알 수 있는데, 한국은행은 이러한 관점에서 소비자 물가 상승률 목표를 전년 대비 2%로 설정했다고 볼 수 있다.

3 　'상징하다'는 '추상적인 개념이나 사물을 구체적인 사물로 나타내다.'라는 의미이므로, ⑩과 바꿔 쓰기에 적절하지 않다. ⑩은 '행위나 현상이 무엇을 뜻하다.'라는 의미의 '의미하다'로 바꿔 쓰는 것이 적절하다.

| 오답 풀이 |

① '산출하다'는 '계산하여 내다.'를 의미한다.
② '분류하다'는 '종류에 따라서 가르다.'를 의미한다.
③ '변경되다'는 '다르게 바뀌어 새롭게 고쳐지다.'를 의미한다.
④ '파악하다'는 '어떤 대상의 내용이나 본질을 확실하게 이해하여 알다.'를 의미한다.

1 ④   2 ③   3 ②

지문 분석

문단 요약

1문단 | 히잡은 아주 오래전부터 내려오는 중동 지역의 풍습으로, (코란)의 규정에 따라 여성에게 의무화되었다.

2문단 | 코란의 구절에 대한 해석이 달라 무슬림 여성의 의상은 (노출) 정도나 착용 방식에 따라 히잡, 니캅, 부르카 등으로 세분화되었다.

3문단 | 프랑스에서는 무슬림 여성의 복장인 부르카가 여성의 (인권)을 침해한다는 이유로 '부르카 금지법'이 제정되었다.

4문단 | 프랑스 내의 많은 무슬림 여성들은 히잡을 종교적 (자유)이자 권리의 상징이라고 생각하여 '부르카 금지법'에 반대하였다.

5문단 | 무슬림 여성의 복장을 인권 침해나 억압의 상징으로 보는 것은 (오만)이고 (편견)일 수 있다.

정보 확인

무슬림 문화권의 입장	다른 문화권의 입장
여성의 온몸을 가리는 복장은 무슬림 여성의 정체성을 보여 주는 이슬람의 오랜 (전통)이자 코란의 규정에 따른 것이다. 우리에게 히잡, 부르카와 같은 의상은 (종교적) 자유이자 권리의 상징이다.	여성의 몸을 강제로 가리는 복장은 외부 사람과의 (접촉)을 방해하고, 수동적인 여성의 역할을 강화한다. 따라서 이슬람 여성의 의상은 여성에 대한 억압이며 사회적 (강요)의 상징이다.

어휘·어법

1 경전 2 정체성 3 연대감 4 오만 5 의무화
6 세분화

해제 | 이 글은 이슬람 여성의 복장을 바라보는 서로 다른 관점을 보여 주고 있다. 여성의 몸을 가리는 이슬람 여성의 의상은 오랜 전통이며, 이슬람교의 규정에 따른 것이다. 이슬람 문화에 속하지 않은 사람들은 히잡, 부르카와 같은 무슬림 여성의 복장을 여성 인권에 대한 억압이며 사회적 강요의 상징으로 생각한다. 그러나 이슬람 문화에서는 무슬림 여성의 복장을 전통이고 종교적 신념이라고 생각한다. 따라서 글쓴이는 이슬람 문화권 밖의 사람이 이슬람 여성의 복장을 부정적으로 평가하는 것은 오만이고 편견일 수 있다고 언급하고 있다.

주제 | 이슬람 여성의 복장에 대한 관점의 차이

출전 | 공규택, 「경기장을 뛰쳐나온 인문학」

1 3문단에서 부르카 금지법이 제정된 것은 여성의 몸을 강제로 가리는 부르카나 니캅이 여성의 인권을 침해한다는 이유 때문이었음을 확인할 수 있다.

|오답 풀이|

① 2문단을 통해 무슬림 여성의 의상 중 부르카가 가장 보수적인 복장으로 전혀 누군지 알아볼 수 없게 되어 있다고 했으므로, 노출이 가장 적은 것은 부르카라고 할 수 있다.

② 1문단을 통해 히잡은 이슬람 여성들이 강렬한 햇볕을 피하기 위해 쓴, 아주 오래전부터 전해진 중동 지역의 풍습임을 알 수 있다.

③ 1문단을 통해 이슬람 경전인 코란의 규정에 의해 이슬람 여성에게 히잡이 의무화되었음을 알 수 있다.

⑤ 4문단을 통해 프랑스 내의 많은 무슬림 여성들이 부르카 금지법에 반대하는 시위에 참가했음을 알 수 있다.

2 '부르카 금지법'은 부르카를 착용하는 이슬람 문화를 다른 문화의 시각에서 부정적으로 평가한 것이다. 따라서 '부르카 금지법'에 서로 다른 문화를 있는 그대로 존중하는 태도가 담겨 있다는 설명은 적절하지 않다.

|오답 풀이|

① '부르카 금지법'을 제정한 것에서 부르카를 착용하는 사람이 많았다는 사실을 알 수 있으므로 프랑스는 이슬람 문화가 공존하는, 다문화 사회임을 알 수 있다.

② '부르카 금지법'에 반대하는 시위가 일어난 것으로 보아 부르카 착용을 종교적 자유라고 생각하는 이슬람 문화와, 인권 침해라고 생각하는 다른 문화 사이에서 갈등이 생겨났다고 할 수 있다.

④, ⑤ '세계 히잡의 날'은 이슬람 문화권에 속하지 않은 사람이 이슬람 문화를 체험하는 행사이므로 다른 문화를 있는 그대로 존중하려는 태도가 밑바탕에 깔려 있다고 볼 수 있다. 따라서 '세계 히잡의 날'은 문화의 차이로 인한 갈등을 줄이는 데 기여할 수 있는 행사라고 볼 수 있다.

3 ㉠의 '보다'는 동사 뒤에 쓰여 '어떤 행동을 시험 삼아 함을 나타내는 말.'이므로, 빵을 시험 삼아 먹어 보았다는 의미인 ②의 '보다'와 문맥적 의미가 비슷하다.

|오답 풀이|

① '자신의 실력이 나타나도록 치르다.'라는 뜻의 '보다'가 쓰였다.

③ '눈으로 대상을 즐기거나 감상하다.'라는 뜻의 '보다'가 쓰였다.

④ '대상의 내용이나 상태를 알기 위하여 살피다.'라는 뜻의 '보다'가 쓰였다.

⑤ '맡아서 보살피거나 지키다.'라는 뜻의 '보다'가 쓰였다.

1 ①　　2 ③

지문 분석

문단 요약

| 티베트에서는 왜 매장을 꺼려 하는가? | | 1문단 |

| 우리나라의 장례 풍습은 무엇의 영향을 받았는가? | | 2문단 |

| 지역마다 장례의 모습이 다양해진 까닭은 무엇인가? | | 3문단 |

| 마셜 제도에서의 장례 풍습은 어떠한가? | | 4문단 |

| 각 지역의 장례 풍습에서 동질성을 찾을 수 있는가? | | 5문단 |

글의 구조

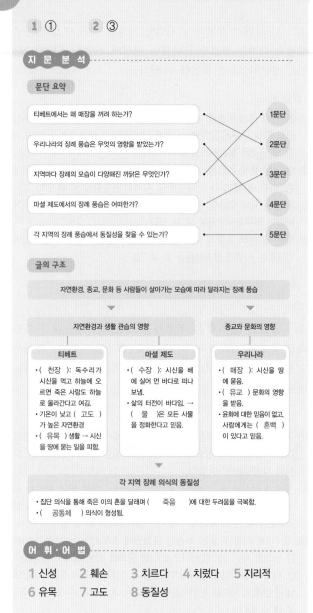

자연환경, 종교, 문화 등 사람들이 살아가는 모습에 따라 달라지는 장례 풍습

자연환경과 생활 관습의 영향

티베트
· (천장): 독수리가 시신을 먹고 하늘에 오르면 죽은 사람도 하늘로 올라간다고 여김.
· 기온이 낮고 (고도)가 높은 자연환경
· (유목) 생활 → 시신을 땅에 묻는 일을 피함.

마셜 제도
· (수장): 시신을 배에 실어 먼 바다로 떠나보냄.
· 삶의 터전이 바다임. → (물)은 모든 사물을 정화한다고 믿음.

종교와 문화의 영향

우리나라
· (매장): 시신을 땅에 묻음.
· (유교) 문화의 영향을 받음.
· 윤회에 대한 믿음이 없고, 사람에게는 (혼백)이 있다고 믿음.

각 지역 장례 의식의 동질성
· 집단 의식을 통해 죽은 이의 혼을 달래며 (죽음)에 대한 두려움을 극복함.
· (공동체) 의식이 형성됨.

어휘·어법

1 신성　2 훼손　3 치르다　4 치렀다　5 지리적
6 유목　7 고도　8 동질성

해제 | 이 글은 자연환경이나 종교, 문화 등에 따라 다양하게 치르는 장례 문화를 소개하고 있다. 다양한 장례 문화 중 티베트의 천장은 기온이 낮고 고도가 높은 자연환경과 유목 생활로 인해 매장을 피하는 생활 관습에서 비롯되었고, 마셜 제도 사람들의 수장은 바다로 둘러싸인 자연환경과 물이 모든 사물을 정화한다고 믿는 마음에서 비롯되었으며, 우리나라의 장례 풍습은 유교 문화의 영향으로 매장이 일반적이다. 글쓴이는 다양한 장례 의식이 죽은 이의 혼을 달래며 죽음에 대한 두려움을 극복하고, 공동체 의식이 형성되었다는 점에서 동질성을 찾을 수 있는 문화임을 알려 주고 있다.

주제 | 세계의 다양한 장례 문화

출전 오진원, 「문화마다 달라요, 세계의 장례」

1 　3문단에서 마셜 제도 사람들은 물이 모든 사물을 정화해 준다고 믿었기 때문에 시신을 바다로 떠나보내는 수장을 지내게 된 것이라고 하였다.

| 오답 풀이 |

② 4문단에서 우리나라는 유교 문화의 영향으로, 사람에게는 혼백이 있어서 사람이 죽으면 백(몸)은 땅에 들어가 생전의 삶을 이어 간다고 믿었음을 언급하였다.
③ 2문단에서 티베트는 기온이 낮고 고도가 높은 자연환경과, 땅을 신성하게 여기는 관습 때문에 매장 문화가 발달하지 못하였음을 언급하였다.
④ 1문단에서 장례는 죽은 사람의 영혼이 저승에 무사히 가기를 기원하는 마음에서 시작되었으며, 그 모습 또한 다양함을 언급하였다.
⑤ 5문단에서 장례 의식은 문화권마다 다르다 해도, 집단 의식을 통해 죽음에 대한 두려움을 극복하고 공동체 의식이 형성되었다는 점에서 동질성이 있음을 언급하였다.

2 　〈보기〉에서는 힌두교인들의 장례 풍습을 설명하고 윤회의 개념을 소개하고 있다. 힌두교인들은 현실의 삶에 따라 죽음 이후의 삶이 결정된다고 보았기 때문에 죽음 이후의 결과에 대해 관심이 많음을 알 수 있다. 반면, 이 글에서 유교는 윤회에 대한 믿음이 없다는 것을 언급하고 있기 때문에 현실에 충실하며 죽음 이후의 세계에는 관심이 많지 않았을 것임을 추론할 수 있다.

| 오답 풀이 |

①, ④ 〈보기〉에서 제시한 윤회에 해당하는 내용이므로 ㉮에 들어가기에는 적절하지 않다. 〈보기〉에서 윤회란 인간의 삶이 죽음으로 끝나지 않고 죽기 전 현실의 선악에 따라 다시 태어나는 것이라고 하였다. 따라서 윤회에 따르면 죽음이란 하나의 삶에서 다른 삶으로 가는 과정이며, 죽음 이후 영혼의 행복과 불행은 현재 삶의 업적에 따라 결정되는 것이라고 볼 수 있다.
②, ⑤ ㉮가 속한 4문단에서는 시신을 땅에 묻는 우리나라의 장례 풍습에 대해 설명하고 있으나, 우리나라에서 장례 의식을 성대하게 치르는 것을 중시했다거나 땅을 신성시했다는 내용은 언급하고 있지 않다. 또한 이러한 내용들은 〈보기〉와도 관련이 없다.

어휘·어법

1 '신의 성격. 또는 신과 같은 성격.'을 의미하는 단어는 '신성'이다.
5 '지리적'은 '어떤 곳의 지형이나 길 따위의 형편에 관한 것.'을 의미하는 단어이므로 '가깝다'와 어울린다.
8 '동질성'은 '사람이나 사물의 바탕이 같은 성질이나 특성.'을 의미하는 단어이므로 '단일 민족'과 어울린다.

1 ②   2 ③   3 ③

지 문 분 석

문단 요약

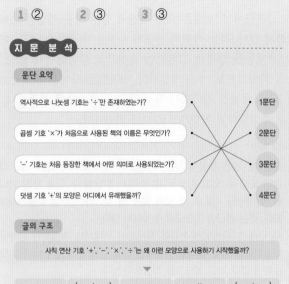

역사적으로 나눗셈 기호는 '÷'만 존재하였는가?	1문단
곱셈 기호 '×'가 처음으로 사용된 책의 이름은 무엇인가?	2문단
'−' 기호는 처음 등장한 책에서 어떤 의미로 사용되는가?	3문단
덧셈 기호 '+'의 모양은 어디에서 유래했을까?	4문단

글의 구조

사칙 연산 기호 '+', '−', '×', '÷'는 왜 이런 모양으로 사용하기 시작했을까?

▼

	(+)	−	×	(÷)
최초로 등장한 책	요하네스 비드만의 저서에서 '초과'의 의미로 사용됨.	(요하네스 비드만)의 저서에서 '(부족)'의 의미로 사용됨.	윌리엄 오트레드의 『(수학의 열쇠)』	하인리히 란의 저서
동일한 의미의 연산 기호	'(et)', 'p'	'de', 'm'	• 숫자 간 곱셈: (·) • 문자 간 곱셈: (기호 없음).	라이프니츠가 (:)를 사용함.
현대와 동일한 의미로 사용한 사람	(판데르 헤케)	판데르 헤케	윌리엄 오트레드	하인리히 란, 존 윌리스와 (아이작 뉴턴)

어 휘 · 어 법

1 다다익선 2 일취월장 3 상전벽해 4 과유불급 5 표기된
6 확산되기 7 초과한 8 궁리한

해제 | 이 글은 사칙 연산 기호인 '+', '−', '×', '÷'가 언제 어떻게 생겨났는지에 대해 설명하고 있다. '+'와 '−'는 독일의 요하네스 비드만의 책에서 처음 사용되었으나, 현재 연산 기호와는 달리 각각 '초과'와 '부족'의 의미를 가지고 있었다. 이들이 현재와 같은 의미의 연산 기호로 사용된 것은 네덜란드의 판데르 헤케의 책에서이다. '×'는 영국의 윌리엄 오트레드가 처음으로 사용하였는데, 이전에도 곱하기를 지칭하는 연산 기호인 '·'이 존재하였고, 문자의 경우 특별한 기호 없이 붙여 쓰면 되었기에 후대에는 세 가지 방법을 상황에 따라 사용하게 되었다. '÷'는 그 기원이 알려져 있지는 않지만 문헌상 스위스의 하인리히 란의 책에서 사용했다는 설이 우세하다. 이 기호가 대중화된 것은 영국의 존 윌리스와 아이작 뉴턴이 널리 사용하면서부터이다. 한동안 '×'와 '÷' 기호는 '·'과 ':' 기호와 경쟁 관계를 형성하며 사용되었다.

주제 | 사칙 연산 기호의 기원

출전 사쿠라이 스스무, 『초 재밌어서 밤새 읽는 수학 이야기』

---

1   2문단에서 '−' 기호 모양은 'minus(빼기)'의 'm'이 '~'으로 변형된 후 '−'로 굳어져 사용되었다는 설을 소개하고 있다.

| 오답 풀이 |

① 1문단에서 '+'는 처음 사용될 때는 '초과'의 의미로 사용되었음을 확인할 수 있다.
③ 4문단에서 '÷'는 17세기에 영국의 존 윌리스와 아이작 뉴턴이 사용하면서부터 널리 쓰이게 되었음을 확인할 수 있다.
④ 1~4문단에서 요하네스 비드만이 처음 사용한 것은 '+'와 '−'이며, '×'는 윌리엄 오트레드가, '÷'는 하인리히 란이 사용하기 시작하였음을 확인할 수 있다.
⑤ 3문단에서 '×'가 등장하기 전 곱하기는 '·'이나 문자끼리는 기호 없이 둘을 붙여 사용하는 형태로 표현하였음을 확인할 수 있다.

2   3문단에서 윌리엄 오트레드는 자신의 저서 『수학의 열쇠』에서 최초로 '×'를 사용했다고 하였다. 따라서 '3·5＝15'가 아닌 '3×5＝15'로 표기했을 것이다.

| 오답 풀이 |

① '+'를 최초로 사용한 학자는 요하네스 비드만이지만, '+'를 덧셈의 의미로 처음 사용한 학자는 판데르 헤케이다.
② 요하네스 비드만이 '−' 기호를 사용하기는 했지만 그는 '부족'의 의미로 사용하였다. 그가 뺄셈 기호로 사용한 것은 'de'였다.
④ 라이프니츠는 나눗셈 연산 기호로 ':'를 사용하였다.
⑤ 아이작 뉴턴은 나눗셈 연산 기호로 '÷'를 사용하였다.

3   '호각지세(互角之勢)'는 '역량이 비슷비슷한 위세.'를 뜻하는 한자 성어이다. ㉠은 영국에서는 '×'와 '÷' 기호가, 독일을 비롯한 대륙에서는 '·'과 ':'가 사용되며 경쟁 구도를 형성했다는 내용을 담고 있기 때문에 이를 표현하기에 적합한 것은 '호각지세(互角之勢)'이다.

| 오답 풀이 |

① '과유불급(過猶不及)'은 '정도를 지나침은 미치지 못함과 같다는 뜻으로, 중용이 중요함을 이르는 말.'이다.
② '상전벽해(桑田碧海)'는 '뽕나무밭이 변하여 푸른 바다가 된다는 뜻으로, 세상일의 변천이 심함을 비유적으로 이르는 말.'이다.
④ '일취월장(日就月將)'은 '나날이 다달이 자라거나 발전함.'을 의미한다.
⑤ '다다익선(多多益善)'은 '많으면 많을수록 더욱 좋음.'을 의미한다.

어 휘 · 어 법

6 '확산되다'는 '흩어져 널리 퍼지게 되다.'를 의미하므로 '퍼지다'와 바꾸어 쓰기에 적절하다.
8 '궁리하다'는 '마음속으로 이리저리 따져 깊이 생각하다.'를 의미하므로 '생각하다'와 바꾸어 쓰기에 적절하다.

1 ①   2 ⑤   3 ③

지 문 분 석

문단 요약

㉠ 약육강식이 당연한 생물 진화 법칙은 아니며 대부분의 생물들은 서로 협력한다.
㉡ 치열한 생존 경쟁에 의해 생물이 진화했다는 주장이 오랫동안 받아들여져 왔다.
㉢ 급변하는 환경에 적응하고 개체를 유지하고자 상호 협력의 형태를 유지해 왔다.
㉣ 인류도 상호 협력을 해 왔으며, 생명의 질서와 관계에 대해 다시 생각해 봐야 한다.
㉤ 무리를 이룬 개체들은 상호 협력을 하기 때문에 살아남을 기회를 더 많이 갖는다.

(㉡ → ㉠ → ㉤ → ㉢ → ㉣)

중심 내용

'경쟁'을 하기보다는 (상호 협력)을 해야 한다.

글의 구조

"생물은 생존 경쟁에 의해 진화해 왔다." ▶ (다윈)의 주장이 사회적 통념이 됨.

"생물은 경쟁에 의해서가 아니라 상호 협력을 통해 진화해 왔다." ◀ (크로폿킨)이 의문을 제기함.

"개체들이 함께 모이면 서로 더 많이 도울 수 있고 (살아남을 기회)를 더 많이 갖게 된다." ▶ 크로폿킨의 주장에 많은 동물학자들이 (동의)함.

"인류도 상호 협력을 통해 (진화)해 왔다." ◀ 급변하는 (환경)에 적응하기 위해서 상호 협력이 더 유리함.

(강자)의 이데올로기에서 벗어나 (생명의 질서와 관계)를 다시 생각해야 한다.

어 휘 · 어 법

1 번성   2 진화   3 이데올로기   4 협력
5 약육강식   6 착취

해제 | 이 글은 생물의 진화와 관련된 여러 학자들의 의견을 바탕으로 인류 사회의 상호 협력을 주장하고 있다. 생명체들이 치열한 생존 경쟁을 통해 진화해 왔다고 하는 다윈의 연구와 주장이 오랫동안 생명의 기본적인 속성으로 받아들여져 왔다. 그러나 크로폿킨은 육식 동물은 극소수에 불과하며 경쟁은 예외적 상황이라고 주장한다. 많은 동물학자들도 무리를 이룬 개체들이 서로 더 많이 도울 수 있고 지능적으로 더 발달할 수 있으며 생존 기회를 더 많이 갖게 될 것이라는 주장에 동의한다. 이를 바탕으로 글쓴이는 인류도 강자의 이데올로기에서 벗어나 생명의 질서와 관계를 다시 생각해 볼 필요가 있다고 강조하고 있다.

주제 | 인류 사회의 상호 협력 강조

출전 박종무, 「모든 생명은 서로 돕는다」

---

1 1문단에서 '생물은 오랜 시간에 걸쳐 생존 경쟁을 통해 진화해 왔다.'라는 다윈의 연구와 주장을 언급하고 있고, 이는 '오랫동안 생명의 기본적인 속성으로 받아들여져 왔다.'라고 하였으므로 ㄱ은 적절하다. 또한 2문단에서 크로폿킨이 '다른 동물을 잡아먹는 육식 동물은 극소수에 불과하다.'라고 주장했다고 하였으므로 ㄴ도 적절하다.

| 오답 풀이 |

ㄷ. 3문단에 '많은 동물학자들은 개체들이 함께 모이게 되면 서로 더 많이 도울 수 있고 지능적으로 더욱더 발달할 수 있을 뿐만 아니라, 살아남을 기회를 더 많이 갖게 될 것이라는 주장에 동의하고 있다.'라는 언급이 있으므로 적절하지 않다.
ㄹ. 4문단에서 '급변하는 환경에 적응하기 위해서는 개별적인 경쟁을 최소화하고 상호 협력을 발전시킨 생물 종들이 번성에 더 유리할 수밖에 없다.'라고 했으므로 적절하지 않다.

2 ⑤에서 소수의 강자에 해당하는 대형 마트에 대응하기 위해 약자인 동네 슈퍼마켓들이 함께 힘을 모아 서비스 질을 개선하는 것은 상호 협력의 대표적인 사례라고 할 수 있다.

| 오답 풀이 |

① 일종의 경제적 소비 행위이며 소수의 강자에 대항하는 행위로 볼 수 없다.
② 소수의 강자에 대항하는 행위가 아니라 유통 과정의 비용을 줄여 자신의 이윤을 극대화하는 행위로 볼 수 있다.
③ 다른 선수들과 선의의 경쟁을 하는 것이지 상호 협력을 하는 것은 아니다.
④ 상호 협력의 과정은 구체적으로 드러나 있지 않다.

3 '탈피(脫皮)하다'는 '일정한 상태나 처지에서 완전히 벗어나다.'라는 의미로 문맥상 ⓐ의 '벗어나다'와 바꾸어 쓰기에 적절하다.

| 오답 풀이 |

① '상실(喪失)하다'는 '어떤 사람과 관계를 끊거나 헤어지다.', '어떤 것을 아주 잃거나 사라지게 하다.'라는 뜻이다.
⑤ '회피(回避)하다'는 '몸을 숨기고 만나지 아니하다.', '꾀를 부려 마땅히 져야 할 책임을 지지 아니하다.'라는 뜻이다.

어 휘 · 어 법

4 '힘을 합하여 서로 도움.'을 의미하는 단어는 '협력'이다.
6 '계급 사회에서 생산 수단을 소유한 사람이 생산 수단을 갖지 않은 직접 생산자로부터 그 노동의 성과를 무상으로 취득함. 또는 그런 일.'을 의미하는 단어는 '착취'이다.

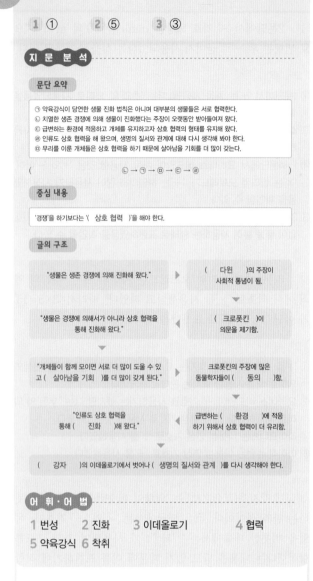

1 ②　　**2** ⑤

지 문 분 석

문단 요약

| 1문단 | • 샴푸와 린스는 같은 효능을 가지고 있다. | (×) |
| | • 린스 겸용 샴푸는 린스와 샴푸의 효능을 하나로 만든 것이다. | (○) |

| 2문단 | • 샴푸와 린스는 둘 다 친수기와 소수기를 가진 분자를 포함하고 있다. | (○) |
| | • 린스는 샴푸보다 긴 소수기를 가지고 있어 머리카락이 엉키는 것을 방지하고, 머리카락을 보송보송하게 해 준다. | (○) |

| 3문단 | • 린스 겸용 샴푸는 린스 성분에 양이온성 폴리머를 이용한다. | (○) |
| | • 린스 겸용 샴푸는 샴푸와 린스를 따로 사용하는 것보다 효과가 뛰어나다. | (×) |

글의 구조

샴푸는 모발의 기름때를 제거하고, 린스는 모발을 윤기 나게 해 주는 (**상반**)된 효능을 가지고 있는데, 린스 겸용 샴푸를 만드는 것이 어떻게 가능할까?

샴푸의 화학 구조와 원리	
소수기	린스보다 짧고 기름때를 공격함.
친수기	물속에서 ((−)전하)를 띰. → 머리카락 (표면)을 덮어 이를 물이 씻어 냄.

린스의 화학 구조와 원리	
소수기	샴푸보다 길고 머리카락의 엉킴을 방지함.
친수기	물속에서 ((+)전하)를 띰. → 샴푸 후 ((−)전하)를 띠고 있던 머리카락에 달라붙어 촉촉한 느낌을 냄.

• 샴푸와 린스를 단순히 섞으면 샴푸의 (**−**)전하, 린스의 (**+**)전하가 서로의 성분을 무효화함.
• 린스 성분에 양이온을 곳곳에 배치한 긴 끈 모양의 분자인 (**양이온성 폴리머**)를 이용함.

어 휘 · 어 법

1 쫓고　**2** 머릿기름　**3** [윤:끼]　**4** 전하　**5** 이온
6 분해　**7** 분자

해제 | 이 글은 린스 겸용 샴푸의 원리에 대해 설명하고 있다. 샴푸와 린스는 모두 친수기와 소수기를 함께 가진 분자를 포함하는데, 물에 들어가면 친수기가 띠는 전하가 달라진다. 즉, 물속에서 샴푸는 (−)전하를 띠고, 린스는 (+)전하를 띠는 것이다. 이와 같이 다른 성질을 가진 두 물질을 린스 겸용 샴푸로 만들기 위해서는 린스 성분에 양이온성 폴리머를 이용한다. 린스 겸용 샴푸는 린스의 양이온과 샴푸의 음이온이 길게 결합되어 있어, 샴푸로 더러움을 씻어 낸 후 (−)전하를 띤 머리카락에 (+)전하를 띤 린스 성분이 효과를 발휘하는 것이다.

주제 | 린스 겸용 샴푸의 원리

출전 와쿠이 유시유키·와쿠이 사다미, 『과학 잡학 사전』

1 2문단에서 샴푸는 친수기와 소수기를 함께 가진 분자를 포함하는 화학 구조를 지니고 있고, 린스도 기본적으로 샴푸와 동일한 분자 구조를 갖는다고 하였다.

| 오답 풀이 |

① 3문단에서 샴푸와 린스를 단순히 섞으면 샴푸의 (−)전하와 린스의 (+)전하가 서로의 성분을 없애기 때문에 린스 겸용 샴푸를 만들 수 없다고 하였다.
③ 3문단에서 린스 겸용 샴푸를 만들 수 있는 것은 린스 성분에 양이온성 폴리머를 이용하는 방법을 사용했기 때문이라고 하였다.
④ 3문단에서 린스 겸용 샴푸는 샴푸와 린스를 따로 사용하는 만큼의 효과는 얻기 어렵다고 하였다.
⑤ 3문단에서 린스 겸용 샴푸는 샴푸 성분이 먼저 작용한 후 린스 성분이 효과를 발휘한다고 하였다.

2 〈보기〉의 (A)는 친수기, (B)는 소수기, (C)는 샴푸가 기름때를 제거하는 원리를 그림으로 보여 주는 것이다. 2문단에서 물에 들어가면 (A)는 샴푸의 경우 (−)전하, 린스의 경우 (+)전하를 띤다고 하였다.

| 오답 풀이 |

① 2문단에서 샴푸와 린스에 모두 (A)가 있으나, 물에 들어가면 전하의 성질이 달라진다고 하였다.
② 2문단에서 린스는 샴푸보다 (B)가 더 길기 때문에 머리카락이 엉키는 것을 방지한다고 하였다.
③ 2문단에서 (C)가 샴푸가 머리카락의 기름때를 제거하는 과정임을 설명하고 있다.
④ 2문단에서 샴푸 후에 린스를 사용하면 (−)전하를 띠고 있던 머리카락에 린스가 착 달라붙어 촉촉한 느낌을 낸다고 하였다. 또한 린스는 샴푸보다 (B)가 길기 때문에 머리카락이 엉키는 것을 방지하고 머리카락을 보송보송하게 연출해 준다고 하였다.

어 휘 · 어 법

1 '어떤 대상을 잡거나 만나기 위하여 뒤를 급히 따르다.'를 의미하는 단어의 올바른 표기는 '쫓다'이므로, 문장에는 '쫓고'가 들어가야 한다.
2 고유어('머리')와 고유어('기름')가 결합하여 하나의 단어가 된 것이므로 올바른 표기는 사이시옷이 첨가된 '머릿기름'이다.
3 '윤기'의 올바른 발음은 '[윤:끼]'이다.

1 ④　　2 ③　　3 ⑤

지문 분석

문단 요약

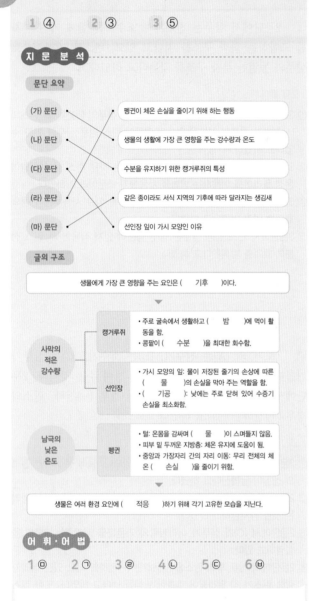

(가) 문단 • → 펭귄이 체온 손실을 줄이기 위해 하는 행동

(나) 문단 • → 생물의 생활에 가장 큰 영향을 주는 강수량과 온도

(다) 문단 • → 수분을 유지하기 위한 캥거루쥐의 특성

(라) 문단 • → 같은 종이라도 서식 지역의 기후에 따라 달라지는 생김새

(마) 문단 • → 선인장 잎이 가시 모양인 이유

글의 구조

생물에게 가장 큰 영향을 주는 요인은 (기후)이다.

사막의 적은 강수량

캥거루쥐
• 주로 굴속에서 생활하고 (밤)에 먹이 활동을 함.
• 콩팥이 (수분)을 최대한 회수함.

선인장
• 가시 모양의 잎: 물이 저장된 줄기의 손상에 따른 (물)의 손실을 막아 주는 역할을 함.
• (기공): 낮에는 주로 닫혀 있어 수증기 손실을 최소화함.

남극의 낮은 온도

펭귄
• 털: 온몸을 감싸며 (물)이 스며들지 않음.
• 피부 밑 두꺼운 지방층: 체온 유지에 도움이 됨.
• 중앙과 가장자리 간의 자리 이동: 무리 전체의 체온 (손실)을 줄이기 위함.

생물은 여러 환경 요인에 (적응)하기 위해 각기 고유한 모습을 지닌다.

어휘·어법

1 ⓜ　2 ㉠　3 ㉣　4 ㉡　5 ㉢　6 ㉥

해제 | 이 글은 생물이 환경에 적응하기 위하여 고유한 모습을 지니게 되었음을 설명하고 있다. 사막 지역의 캥거루쥐는 온도가 낮은 굴에서 주로 생활하며 콩팥으로 수분을 최대한 회수한다. 선인장도 가시 모양의 잎을 갖고 있으며, 낮에는 기공을 닫아 수증기 손실을 최소화한다. 남극 지역의 펭귄은 물기가 스며들지 못하는 촘촘한 털이 온몸을 감싸고 있으며, 피부 밑의 지방층이 두껍다. 또 지방분이 많은 배로 알을 보호하고, 체온 손실을 줄이기 위해 몸을 맞대고 위치를 서로 조정한다. 이처럼 생물들은 각자 처한 기후 조건에 적응하기 위해 고유한 모습을 지니며, 같은 종이라도 서식 지역의 기후에 따라 생김새가 달라질 수 있다.

주제 | 환경 요인에 적응하여 고유한 모습을 지닌 생물들

출전 홍준의 외, 『살아 있는 과학 교과서 2』

1 (나) 문단에서 캥거루쥐는 공기 중의 습도가 0%에 가까운 건조한 사막에 살고 있지만 몸 안의 수분 함유량이 65%로 다른 포유류와 같다고 하였다. 이는 물을 거의 먹지 않아도 수분 배출을 최소화하고 있기 때문이다(ㄱ). (라) 문단에서 펭귄은 체온 손실을 줄이기 위해 물기가 스며들지 않는 촘촘한 털과 두꺼운 지방층을 지녔음을 알 수 있다. 또한 펭귄들은 서로 몸을 맞대고 있으며 중앙과 가장자리 위치를 계속 조정함으로써 체온 손실을 줄인다고 하였다(ㄷ). (마) 문단에서는 서식 지역의 기후에 따라 같은 종이라도 그 지역에 적응하기 위해 생김새가 달라질 수 있음을 언급하고 있다(ㄹ).

| 오답 풀이 |

ㄴ. 선인장의 잎이 가시 모양인 것은 줄기 손상에 의한 수분 손실 가능성을 막기 위한 목적이다. 그리고 줄기에 있는 기공은 낮에 닫음으로써 공기 중으로 수증기가 손실되는 것을 최소화한다.

2 캥거루쥐가 소모하는 수분은 호흡할 때 입김을 통해 방출되는 것이 대부분이라고 하였다. 따라서 입김을 통해 수분을 회수한다는 설명은 적절하지 않다.

| 오답 풀이 |

① 캥거루쥐가 소모하는 수분은 호흡할 때 입김을 통해 방출되는 것이 대부분이라고 하였다.
② 캥거루쥐의 대변은 수분을 거의 함유하고 있지 않은데, 이는 방출되기 전에 탈수된 상태임을 추론할 수 있다.
④ 캥거루쥐는 콩팥에서 수분을 최대한 회수하기 때문에 진한 오줌을 배설한다고 하였다.
⑤ 캥거루쥐는 다소 온도가 낮은 굴속에서 주로 생활하고 밤에 먹이 활동을 한다고 하였다. 이는 낮이 밤보다 기온이 높아 수분 손실이 많기 때문임을 추론할 수 있다.

3 〈보기〉에서는 서식하는 지역의 기후에 따라 다른 여우의 모습을 제시하고 있다. (마)에서 같은 종이라도 기후가 다른 지역에 서식하고 있다면 그 지역에 적응하기 위해 생김새 또한 달라질 수 있다고 설명하고 있으므로, 〈보기〉는 (마)의 뒤에 첨가하는 것이 적절하다.

어휘·어법

1 '자금', '기업의 숨통'과 같은 말을 통해 ⓜ이 적절함을 알 수 있다.
4 '투자', '경제적'과 같은 말을 통해 ㉡이 적절함을 알 수 있다.
6 '음식물', '섭취'와 같은 말을 통해 ㉥이 적절함을 알 수 있다.

지구에서 보는 달은 왜 항상 똑같을까

1 ②   **2** ④

지 문 분 석

문단 요약

1문단 •	• 탐사선을 이용해 관측한 달의 뒷면의 특징
2문단 •	• 달의 동주기 자전과 지구에서 달이 앞면만 보이는 이유
3문단 •	• 지구에서 달이 같은 쪽만 보이는 것에 대한 의문 제기
4문단 •	• 달의 앞면과 뒷면의 지각이 다른 이유
5문단 •	• 달 형성 원인에 대한 가설 소개

글의 구조

질문	답
지구에서는 왜 달의 같은 쪽만 보일까?	달의 (자전 주기)와 (공전 주기)가 같기 때문이다.
달은 왜 동주기 자전을 하게 되었을까?	달이 지구의 (중력)에 붙잡혀 스스로 자전하지 못하기 때문이다.
지구에서 관찰 가능한 달의 면적은 얼마나 되는가?	달의 공전 궤도와 지구의 공전 궤도가 약 (5)° 어긋나 있어 달 표면의 (59)% 정도를 관찰 가능하다.
달의 뒷면을 관찰할 수 있는 방법은 무엇인가?	(탐사선)을 이용하여 관측이 가능하다.
달의 앞면과 뒷면의 지각 구성이 다른 이유는 무엇인가?	(지구)와 충돌 후 지구를 향한 앞면은 (천천히) 식었고, 뒷면은 (빠르게) 식었기 때문에 지각 구성이 달라졌다.

어 휘 · 어 법

1 대지   **2** 지각   **3** 위성   **4** 자전   **5** 공전
6 궤도   **7** 탐사

해제 | 이 글은 지구에서는 왜 항상 달의 같은 쪽만 보이는지에 대한 궁금증을 해결하고, 달이 어떻게 생성되었는지에 대한 가설을 소개하고 있다. 지구에서 달의 앞면만 볼 수 있는 것은 달의 동주기 자전 때문인데, 이는 달이 스스로 자전하지 못하고 지구의 중력에 붙들려 불가피하게 자전하고 있기 때문에 일어나는 현상이다. 이어 지구에서 관측할 수 있는 것은 달의 앞면뿐이지만, 우주 탐사선을 이용하여 달의 뒷면에 대한 정보를 수집한 결과 달의 뒷면은 앞면과 지각의 형태나 구성 성분이 달랐다. 이를 통해 과학자들은 원시 행성 테이아가 지구 탄생 후 약 5,000만 년 정도 지난 시기에 지구와 충돌한 후 달이 되었을 것이라는 가설을 수립하게 되었다.

주제 | 달의 동주기 자전과 달 생성에 대한 가설

출전 신규진, 『지구를 소개합니다』

---

1 달이 지구의 위성이 된 이유를 밝히기 위한 가설 검증 과정에서 월석과 지구의 암석 성분을 비교한 결과, 월석은 지구의 암석보다 철 성분이 적고, 광물에 포함된 산소 성분에도 차이가 있었다는 내용이 4문단에 서술되어 있다.

|오답 풀이|

① 이 글을 바탕으로 달이 어떻게 지구의 위성이 되었는가에 대한 가설을 세운다면 '테이아 충돌설'을 가설로 제시해야 한다. 따라서 외부 행성이 지구와 충돌한 후 지구의 중력에 붙잡혀 위성이 되었을 것이란 가설은 적절하다.
③, ④ 달의 앞면은 천천히 식었기 때문에 지각의 두께가 얇고 현무암의 용암 지대가 널리 분포하지만, 뒷면은 빨리 식었기 때문에 지각의 두께가 두껍고 사장석질 암석으로 구성되었다고 5문단에 제시되어 있다.
⑤ '가설-가설 검증 과정-결과 해석'을 따른다면 외부 행성인 '테이아'가 지구와 충돌 후 지구 중력에 붙잡혀 달이 되었을 것이라는 결론을 내릴 수 있다.

2 〈보기〉에서는 각국에 전해지는 달과 관련된 이야기를 제시하고 있다. 이러한 이야기들은 지구에서 보이는 달의 앞면, 특히 검게 보이는 달의 바다가 이루는 무늬를 보고 상상하여 만든 것이다. 달의 동주기 자전으로 인해 지구에서는 달의 앞면밖에 볼 수 없으므로, 모든 나라의 사람들은 달의 같은 면을 보고 이야기를 만든 것이다.

|오답 풀이|

① 3문단에서 지구에서는 달의 앞면밖에 볼 수 없다고 하였다.
② 5문단에서 원시 행성 테이아가 달과 충돌한 후 떨어져 나간 얼마간 달과 지구의 거리가 현재보다 훨씬 가까웠을 것이라고 하였지만, 그때에 인류가 있었는지는 제시되어 있지 않다.
③ 나라마다 전해지는 달에 관한 이야기가 다른 것은 달의 모양을 보고 각 나라에서 상상한 내용이 달랐기 때문이지 지구에서 달의 여러 면이 관측되는 것은 아니다.
⑤ 동양이든 서양이든 지구 어디에서나 달은 동일한 면만 보인다.

어 휘 · 어 법

2 '지구와 같은 행성의 바깥쪽을 차지하는 부분.'을 의미하는 단어는 '지각(地殼)'이다.
3 '행성의 인력에 의하여 그 둘레를 도는 천체.'를 의미하는 단어는 '위성'이다.
6 '행성, 혜성, 인공위성 등이 중력의 영향을 받아 다른 천체의 둘레를 돌면서 그리는 곡선의 길.'을 의미하는 단어는 '궤도'이다.

1 ②　　2 ③　　3 ⑤

지 문 분 석

문단 요약

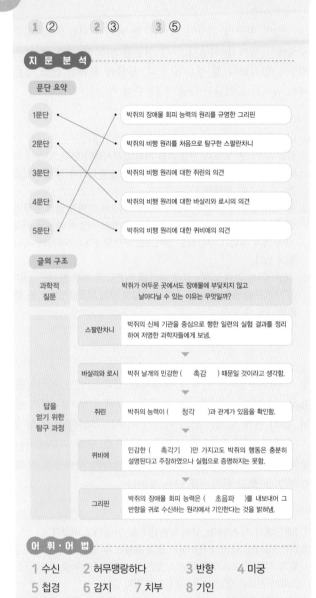

1문단 •　　• 박쥐의 장애물 회피 능력의 원리를 규명한 그리핀

2문단 •　　• 박쥐의 비행 원리를 처음으로 탐구한 스팔란차니

3문단 •　　• 박쥐의 비행 원리에 대한 쥐린의 의견

4문단 •　　• 박쥐의 비행 원리에 대한 바살리와 로시의 의견

5문단 •　　• 박쥐의 비행 원리에 대한 퀴비에의 의견

글의 구조

과학적 질문	박쥐가 어두운 곳에서도 장애물에 부딪치지 않고 날아다닐 수 있는 이유는 무엇일까?	
답을 얻기 위한 탐구 과정	스팔란차니	박쥐의 신체 기관을 중심으로 행한 일련의 실험 결과를 정리하여 저명한 과학자들에게 보냄.
	바살리와 로시	박쥐 날개의 민감한 (촉감) 때문일 것이라고 생각함.
	쥐린	박쥐의 능력이 (청각)과 관계가 있음을 확인함.
	퀴비에	민감한 (촉각기)만 가지고도 박쥐의 행동은 충분히 설명된다고 주장하였으나 실험으로 증명하지는 못함.
	그리핀	박쥐의 장애물 회피 능력은 (초음파)를 내보내어 그 반향을 귀로 수신하는 원리에서 기인한다는 것을 밝혀냄.

어 휘 · 어 법

1 수신　　2 허무맹랑하다　　3 반향　　4 미궁
5 첩경　　6 감지　　7 치부　　8 기인

해제 | 이 글은 박쥐의 비행 원리를 알게 된 과정에 대해 설명하고 있다. 스팔란차니는 박쥐가 어두운 곳에서도 장애물에 부딪치지 않고 날아다닐 수 있는 원리를 규명하고자 했다. 그의 실험을 토대로 바살리와 로시는 박쥐 날개의 민감한 촉감, 쥐린은 청각과 관계가 있을 것이라는 의견을 제시했고, 스팔란차니는 박쥐의 얼굴에 여섯 번째 감각이 있을 것이라 생각하였다. 이후 그리핀이 박쥐의 장애물 회피 능력이 초음파와 관계되어 있음을 밝혀냄으로써 박쥐의 비행에 대한 논의는 마무리되었다.

주제 | 박쥐가 어두운 곳에서 장애물을 피해 날아다닐 수 있는 원리를 알게 된 과정

출전 김명호, 「만화가의 생물학 공방」

---

1 이 글은 박쥐가 어둠 속에서도 장애물을 잘 피해 다니는 현상에 대한 여러 학자들의 원리 규명 과정을 서술하고 있다.

| 오답 풀이 |

① 특정 현상에 대해 서로 반대되는 이론을 절충하고 있지도 않고, 대안을 제시하고 있지도 않다.

③ 특정 현상에 대한 일반적인 개념이 지니는 오류를 논리적으로 비판하고 있지 않다.

④ 특정 현상에 대한 실험 결과들이 제시되어 있으나, 이들로부터 보편적 진리를 도출하고 있지는 않다.

⑤ 특정 현상에 대한 가설을 다른 대상과 비교하면서 검증하고 있지는 않다.

2 3문단의 '스팔란차니 역시 박쥐가 ~ 막연하게 추측하였다.'라는 내용에 비추어 볼 때, ㉠과 ㉢은 모두 박쥐가 어둠 속에서 장애물에 부딪치지 않고 날아다닐 수 있는 능력이 청각과 관련 있다고 생각하였음을 알 수 있다.

| 오답 풀이 |

① 1문단에서 박쥐의 초음파를 이용한 비행 원리에 대한 발견은 생물학자 스팔란차니의 탐구에서 시작된 것이라 해도 과언이 아니라는 점이 제시되어 있다.

② 2문단의 '스팔란차니는 박쥐의 신체 기관을 중심으로 ~ 박쥐 날개의 민감한 촉감 때문일 것이라 생각했다.'에서 확인할 수 있다.

④ 4문단의 '퀴비에는 인간의 감각 범위를 벗어나는 물리적 실체에 토대를 둔 스팔란차니의 생각을 허무맹랑한 것으로 치부해 버렸다.'에서 확인할 수 있다.

⑤ 5문단의 '박쥐가 초음파를 사용한다는 사실이 알려진 것은 피어스가 초음파의 소리를 감지할 수 있는 장치를 개발한 이후였다.'에서 확인할 수 있다.

3 '끝을 맺었다.'라는 말과 바꾸어 쓸 수 있는 말은 '종지부를 찍었다.'이다. '종지부(終止符)'는 '마침표'라는 의미이다.

| 오답 풀이 |

① '미궁(迷宮)'은 '사건, 문제 따위가 얽혀서 쉽게 해결하지 못하게 된 상태.'를 의미하는 말이다.

② '첩경(捷徑)'은 '가장 쉽고 빠른 방법을 비유적으로 이르는 말.', 즉 '지름길'이다.

③ '울화(鬱火)'는 '마음속이 답답하여 일어나는 화.'를 의미하는 말이다.

어 휘 · 어 법

1 '발신'은 '소식이나 우편 또는 전신을 보냄. 또는 그런 것.'을 의미하는 단어이다.

6 '감지'는 '느끼어 앎.', '고지'는 '게시나 글을 통하여 알림.'을 의미하는 단어이다.

1 ④　　**2** ④　　**3** ③

지문 분석

문단 요약

지구상에 자연적으로 존재하는 대부분의 오존은 어디에 위치하는가?	1문단
지구 표면에 존재하는 오존은 어떻게 생성된 것인가?	2문단
성층권의 오존은 어떤 과정으로 파괴되어 가고 있는가?	3문단
지구 표면의 오존 농도를 낮추기 위해 어떻게 해야 하는가?	4문단
지구 표면의 오존은 인체에 어떤 피해를 가져오는가?	5문단

글의 구조

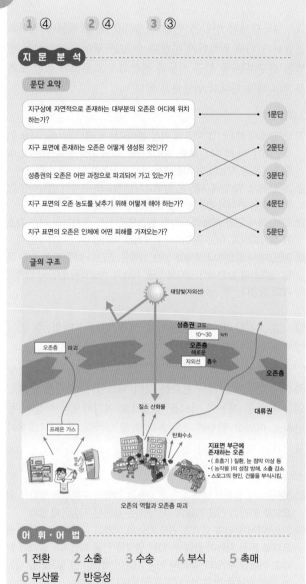

오존의 역할과 오존층 파괴

어휘·어법

1 전환　　2 소출　　3 수송　　4 부식　　5 촉매

6 부산물　　7 반응성

해제 | 이 글은 오존(O_3)의 이중적인 속성을 설명하고 있다. 성층권에 위치한 오존은 태양으로부터 오는 자외선을 흡수하므로 많으면 많을수록 좋다. 반면 지표 부근에 위치한 오존은 자동차와 공장에서 배출된 오염 물질이, 강한 자외선과 반응해 생성된 것이다. 이는 건물 부식, 농작물의 성장 방해, 질병 유발뿐만 아니라 스모그의 주된 성분이 되기도 하므로 적으면 적을수록 좋다. 이러한 문제에 대해 글쓴이는 성층권의 오존층 파괴를 막는 대책 마련과 지표의 오존 배출을 줄이고 친환경적 방식으로 전환하는 기술 개발 노력이 필요함을 당부하고 있다.

주제 | 오존의 이중적인 속성과 문제 해결 방안

출전 | 과학동아 편집실, 「밤하늘이 어두운 이유」

1　4문단에서 지구 표면에 가까이 있는 오존은 대도시에 주로 나타나는 스모그의 주된 성분이 된다고 하였다.

| 오답 풀이 |

① 1문단에 지구상에 자연적으로 존재하는 거의 대부분의 오존은 성층권에 위치한다고 언급되어 있다.

② 2문단에 성층권의 오존은 인간이 만들어 낸 프레온 가스(CFC) 등의 합성 물질들에 의해 점차 파괴되어 가고 있다고 언급되어 있다.

③ 4문단에 오존이 지구 표면 가까이 있을 때는 인체에도 해를 끼친다고 언급되어 있다.

⑤ 3문단에 지구 표면에 가까이 위치한 오존은 농작물의 성장을 방해해 소출을 감소시킨다고 언급되어 있다.

2　겨울 동안 차가운 공기의 소용돌이가 외부로부터 남극의 성층권으로 들어오는 오존의 추가 유입을 차단하면 오존 파괴가 급속히 진행되어 오존 구멍이 생기는 것이다.

| 오답 풀이 |

① 남극의 성층권 공기가 다른 지역에 비해 적어지는 것은 오존 파괴의 직접적인 원인으로 언급되어 있지 않다.

② 남극의 성층권 공기가 외부에 비해 따뜻하게 유지되는 것과 남극의 오존 파괴 사이에는 직접적인 연관성이 없다.

③ 프레온 가스가 남극의 성층권으로 들어오지 않으면 남극의 성층권에 있는 오존의 파괴도 일어나지 않을 것이다.

⑤ 프레온 가스는 자외선에 의해 분해되어 오존 파괴의 촉매자로 작용하는 염소(Cl)를 방출하므로, 자외선을 차단하면 오존 파괴가 급속히 진행되지 않을 것이다.

3　'강구(講究)하다'는 '좋은 대책과 방법을 궁리하여 찾아내거나 좋은 대책을 세우다.'라는 의미로, 문맥상 ㉠의 '마련하다'와 바꾸어 쓰기에 가장 적절한 말이다.

| 오답 풀이 |

① '조율(調律)하다'는 '(비유적으로) 문제를 어떤 대상에 알맞거나 마땅하도록 조절하다.'라는 뜻이다.

④ '발령(發令)하다'는 '(직책이나 직위와 관련된) 명령을 내리다.', '긴급한 상황에 대한 경보를 발표하다.'라는 뜻이다.

⑤ '계발(啓發)하다'는 '슬기나 재능, 사상 따위를 일깨워 주다.'라는 뜻이다.

어휘·어법

6 '생산물'은 '생산되는 물건.'을 의미하는 단어이다.

7 '적응성'은 '일정한 조건이나 환경 따위에 맞추어 알맞게 변화하는 성질.'을 의미하는 단어이다.

1 ⑤　　**2** ①

지문 분석

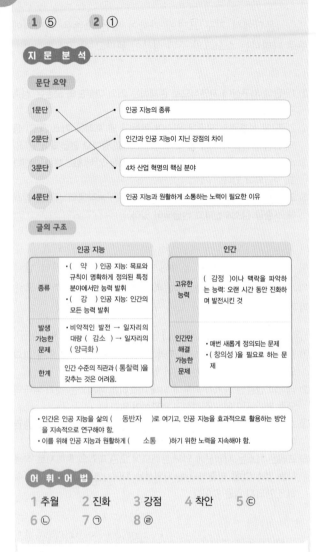

문단 요약

1문단	인공 지능의 종류
2문단	인간과 인공 지능이 지닌 강점의 차이
3문단	4차 산업 혁명의 핵심 분야
4문단	인공 지능과 원활하게 소통하는 노력이 필요한 이유

글의 구조

	인공 지능		인간
종류	•(약) 인공 지능: 목표와 규칙이 명확하게 정의된 특정 분야에서만 능력 발휘 •(강) 인공 지능: 인간의 모든 능력 발휘	고유한 능력	(감정)이나 맥락을 파악하는 능력: 오랜 시간 동안 진화하며 발전시킨 것
발생 가능한 문제	•비약적인 발전 → 일자리의 대량 (감소) → 일자리의 (양극화)	인간만 해결 가능한 문제	•매번 새롭게 정의되는 문제 •(창의성)을 필요로 하는 문제
한계	인간 수준의 직관과 (통찰력)을 갖추는 것은 어려움.		

•인간은 인공 지능을 삶의 (동반자)로 여기고, 인공 지능을 효과적으로 활용하는 방안을 지속적으로 연구해야 함.
•이를 위해 인공 지능과 원활하게 (소통)하기 위한 노력을 지속해야 함.

어휘·어법

1 추월　　**2** 진화　　**3** 강점　　**4** 착안　　**5** ©
6 ©　　**7** ⑦　　**8** ©

해제 | 이 글은 우리 사회의 이슈이자 4차 산업 혁명의 핵심 분야인 인공 지능(AI)에 대해 설명하고 있다. 인공 지능은 알파고처럼 목표와 규칙이 명확하게 정의된 특정 분야에서만 능력을 발휘하는 '약 인공 지능'과 인간의 모든 능력을 발휘하는 '강 인공 지능'으로 구분할 수 있다. 인공 지능 기술의 비약적인 발전은 일자리의 대량 감소를 초래할 것이며, 이는 일자리의 양극화로 이어질 수 있다. 이러한 문제를 해결하기 위해서는 인간과 기계의 차이를 이해하고 서로의 강점을 잘 활용해야 한다. 이와 더불어 글쓴이는 인간이 인공 지능을 효과적으로 활용하기 위해 인공 지능과 원활하게 소통하려는 노력을 지속해야 한다고 강조하고 있다.

주제 | 인공 지능의 발전과 인간과의 관계 전망

출전 | 김용석, 「인공 지능 시대, 인간과 기계의 친구 되기」

1 4문단에서 인간은 인간의 생각을 인공 지능에 정확히 전달하기 위해 컴퓨터가 이해할 수 있는 언어로 표현하는 방법을 연구하는 등 인공 지능과 원활하게 소통하기 위한 노력을 지속해야 한다고 언급하고 있다.

|오답 풀이|

① 1문단에서 4차 산업 혁명의 핵심 분야로는 인공 지능(AI), 사물 인터넷(IoT), 빅 데이터, 로봇, 3D 프린팅, 나노 기술 등이 있는데, 이 중에서 인공 지능이 현 시점에서 가장 앞서가고 있다고 하였다.
② 2문단에서 '약 인공 지능'은 알파고처럼 목표와 규칙이 명확하게 정의된 특정 분야에서만 능력을 발휘한다고 하였다.
③ 2문단에서 인공 지능의 비약적 발전으로 인한 일자리의 대량 감소가 불가피하고, 이는 일자리의 양극화로 이어질 수 있다고 하였다.
④ 3문단에서 감정이나 맥락을 읽는 능력은 인간이 아주 오랜 시간 동안 진화하며 발전시킨 것으로 인공 지능과 차별화된 인간의 영역이라고 하였다.

2 3, 4문단의 내용을 종합해 보면 인간이 잘할 수 있는 영역과 인공 지능이 잘할 수 있는 영역은 구분되어 있으며, 인간은 인공 지능을 효과적으로 활용할 수 있는 방안을 지속적으로 연구해 나가야 한다는 것이 핵심이다. 따라서 ㉮에는 인간과 인공 지능이 서로를 경쟁자로 여기기보다는 삶의 동반자로 여기고 원활한 소통을 지속해 나가야 한다는 내용이 들어가는 것이 적절하다.

|오답 풀이|

② 3문단에서 인간의 영역과 인공 지능의 영역이 구분되어 있다고 했으므로 인간이 인공 지능과 경쟁한다는 내용은 적절하지 않다.
③ 3문단에서 인간의 영역과 인공 지능의 영역이 구분되어 있다고 했으므로 인공 지능이 잘할 수 있는 영역은 인공 지능에게 맡겨야 한다고 이해할 수 있다. 따라서 인공 지능이 빼앗아 간 일자리를 되찾는 것을 과제로 여긴다는 내용은 적절하지 않다.
④ 3문단에서 인공 지능이 인간 수준의 통찰력을 갖추는 것은 매우 어렵다고 했으므로 인공 지능이 인간의 통찰력을 대신한다는 내용은 적절하지 않다.
⑤ 3문단에서 인간과 기계의 차이, 즉 서로의 강점을 이해하는 것이 중요하다고 했고, 인공 지능이 인간 수준의 직관과 통찰력을 갖추는 것은 매우 어렵다고 했으므로 인공 지능을 인간의 창의력을 뛰어넘는 우월한 존재로 여긴다는 내용은 적절하지 않다.

어휘·어법

1 '뒤에서 따라잡아서 앞의 것보다 먼저 나아감.'을 의미하는 단어는 '추월'이다.
3 '남보다 우세하거나 더 뛰어난 점.'을 의미하는 단어는 '강점'이다.
4 '어떤 일을 주의하여 봄. 또는 어떤 문제를 해결하기 위한 실마리를 잡음.'을 의미하는 단어는 '착안'이다.

1 ⑤ **2** ④

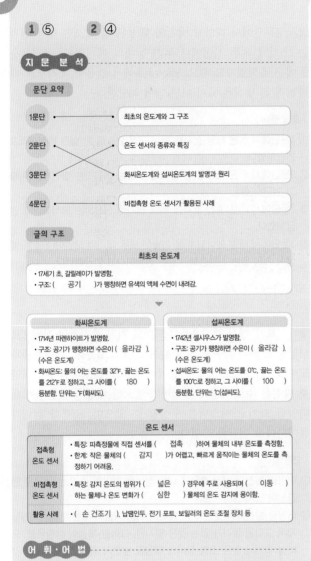

지 문 분 석

문단 요약

1문단 ●	최초의 온도계와 그 구조
2문단 ●	온도 센서의 종류와 특징
3문단 ●	화씨온도계와 섭씨온도계의 발명과 원리
4문단 ●	비접촉형 온도 센서가 활용된 사례

글의 구조

최초의 온도계
· 17세기 초, 갈릴레이가 발명함.
· 구조: (공기)가 팽창하면 유색의 액체 수면이 내려감.

▼

화씨온도계
· 1714년 파렌하이트가 발명함.
· 구조: 공기가 팽창하면 수은이 (올라감).
(수은 온도계)
· 화씨온도: 물의 어는 온도를 32℉, 끓는 온도를 212℉로 정하고, 그 사이를 (180) 등분함. 단위는 '℉(화씨도).

섭씨온도계
· 1742년 셀시우스가 발명함.
· 구조: 공기가 팽창하면 수은이 (올라감).
(수은 온도계)
· 섭씨온도: 물의 어는 온도를 0℃, 끓는 온도를 100℃로 정하고, 그 사이를 (100) 등분함. 단위는 '℃(섭씨도).

▼

온도 센서

접촉형 온도 센서	· 특징: 피측정물에 직접 센서를 (접촉)하여 물체의 내부 온도를 측정함. · 한계: 작은 물체의 (감지)가 어렵고, 빠르게 움직이는 물체의 온도를 측정하기 어려움.
비접촉형 온도 센서	· 특징: 감지 온도의 범위가 (넓은) 경우에 주로 사용되며 (이동)하는 물체나 온도 변화가 (심한) 물체의 온도 감지에 용이함.
활용 사례	· (손 건조기), 납땜인두, 전기 포트, 보일러의 온도 조절 장치 등

어 휘 · 어 법

1 팽창   2 획기적   3 방역   4 접촉   5 측정
6 작동

해제 | 이 글은 오늘날 일상생활에서 유용하게 사용되고 있는 온도계와 온도 센서의 종류 및 특징을 순차적으로 설명하고 있다. 온도계는 17세기 초에 갈릴레이가 처음 발명했으며 공기가 팽창하면 유색의 액체 수면이 내려가는 구조였다. 반면 오늘날의 수은 온도계는 공기가 팽창하면 수은이 상승하는 구조이다. 파렌하이트는 화씨온도를 정의하고 화씨온도계를 발명했고, 이어 셀시우스는 섭씨온도를 정의하고 섭씨온도계를 발명했다. 한편 최근에 광범위한 분야에서 사용되는 온도 센서는 피측정물에 직접 센서를 접촉하여 측정하는 접촉형 온도 센서와 피측정물에서 방사되는 적외선을 측정하여 온도를 알아내는 비접촉형 온도 센서로 나뉜다. 특히 비접촉형 온도 센서는 다양한 제품으로 활용되어 쓰이고 있다.

주제 | 온도계의 발명과 온도 센서의 특징 및 활용 사례

출전 한국 교원 대학교 과학 교육 연구소, 「고등 학교 현대 과학과 기술」

1 3문단에서 이동하는 물체나 온도 변화가 심한 물체의 온도 감지에는 비접촉형 온도 센서가 용이하다고 언급하고 있다.

| 오답 풀이 |

① 1문단에서 이탈리아의 물리학자 갈릴레이에 의해 17세기 초에 온도계가 처음 발명됐다고 했으며, 이 온도계는 공기를 이용한 것이라고 하였다.
② 1문단에서 오늘날 사용하는 수은 온도계는 공기가 팽창하면(따뜻해지면) 수은이 상승하는 구조로 되어 있다고 하였다.
③ 3문단에서 접촉형 온도 센서는 피측정물에 직접 접촉하여 물체의 내부 온도를 측정할 수 있다는 점이 특징이고, 비접촉형 온도 센서는 피측정물에 직접 접촉할 수 없는 경우에 사용한다는 것을 알 수 있다.
④ 2문단에서 화씨온도계의 단위는 발명자인 파렌하이트(Fahrenheit)의 이름 첫 자를 따서 ℉를 단위로 사용하고 있다고 하였다.

2 〈보기〉의 뉴스 기사에 언급된 열화상 카메라는 사람의 몸에서 나오는 적외선의 파장을 통해 온도를 측정한다고 했으므로 비접촉형 온도 센서를 활용한 사례라고 할 수 있다. 비접촉형 온도 센서는 공항, 기업체, 학교, 호텔 등 온도 감지의 범위가 넓은 곳에서, 이동하는 대상을 측정하기에 용이하다는 특징이 있다.

| 오답 풀이 |

① 열화상 카메라는 피측정물과 접촉하지 않고 피측정물에서 나오는 적외선의 파장을 통해 온도를 측정한다.
② 열화상 카메라가 비접촉형 온도 센서를 이용한 것은 맞지만 그 이유가 온도의 높낮이를 색상으로 표시해야 하기 때문은 아니다.
③ 피측정물에서 방사되는 적외선을 측정하는 방식은 비접촉형 온도 센서에 해당한다.
⑤ 열화상 카메라는 피측정물과 접촉하지 않고 온도를 측정하기 위한 장비이지 온도를 일정하게 제어하기 위한 장비는 아니다.

어 휘 · 어 법

5 '일정한 양을 기준으로 하여 같은 종류의 다른 양의 크기를 잼.'을 의미하는 단어는 '측정'이다.
6 '기계 따위가 작용을 받아 움직임. 또는 기계 따위를 움직이게 함.'을 의미하는 단어는 '작동'이다.

03 태양 에너지 이용 기술은 얼마나 발전했을까 110~113쪽

1 ④ **2** ②

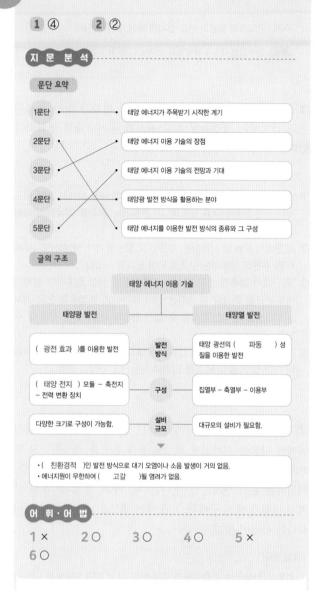

지문 분석

문단 요약

1문단 ● ● 태양 에너지가 주목받기 시작한 계기

2문단 ● ● 태양 에너지 이용 기술의 장점

3문단 ● ● 태양 에너지 이용 기술의 전망과 기대

4문단 ● ● 태양광 발전 방식을 활용하는 분야

5문단 ● ● 태양 에너지를 이용한 발전 방식의 종류와 그 구성

글의 구조

태양 에너지 이용 기술

태양광 발전		태양열 발전
(광전 효과)를 이용한 발전	**발전 방식**	태양 광선의 (파동) 성질을 이용한 발전
(태양 전지) 모듈 – 축전지 – 전력 변환 장치	**구성**	집열부 – 축열부 – 이용부
다양한 크기로 구성이 가능함.	**설비 규모**	대규모의 설비가 필요함.

▼

- (친환경적)인 발전 방식으로 대기 오염이나 소음 발생이 거의 없음.
- 에너지원이 무한하여 (고갈)될 염려가 없음.

어휘·어법

1 × 　2 ○ 　3 ○ 　4 ○ 　5 ×
6 ○

해제 | 이 글은 제2차 석유 파동 직후부터 미래 에너지로 본격적으로 등장한 태양 에너지에 대해 설명하고 있다. 태양 에너지 이용 기술은 태양광 발전과 태양열 발전의 두 가지 방식으로 구분할 수 있다. 태양광 발전은 광전 효과에 의해 전기를 생산하는 발전 방식으로, 태양빛을 받을 수 있고, 전력을 필요로 하는 모든 곳에서 사용이 가능하다. 또한 태양열 발전은 태양 광선의 파동 성질을 이용한 발전 방식으로 냉난방 및 급탕 등에 활용되고 있다. 글쓴이는 이러한 태양 에너지 이용 기술이 친환경적이고 고갈될 염려가 없다는 점에서, 다음 세대의 새로운 성장 동력으로서의 가능성이 매우 크다는 점을 강조하고 있다.

주제 | 태양 에너지 이용 기술의 종류와 활용 분야, 성장 가능성

출전 손재익·강용혁, 「청소년을 위한 미래 과학 교과서 – 신재생 에너지」

---

1 4문단에서 태양광 발전의 핵심 구성 요소인 태양 전지는 초기에 우주 시설이나 무인 등대의 에너지원, 응급용품 등에 사용되었다고 했으므로, 우주에서 활용할 목적으로 개발된 발전 방식은 ⓒ이 아닌 ㉠에 해당한다.

| 오답 풀이 |

① 4문단에서 ㉠은 태양 전지를 핵심 구성 요소로 한 발전 방식이라고 언급하였다.
② 2문단에서 ⓒ은 태양 광선의 파동 성질을 이용하는 발전 방식이라고 언급하였다.
③ 2문단에서 ㉠은 광전 효과에 의해 전기를 생산하는 방식이라고 언급하였다.
⑤ 3문단에서 태양 에너지 이용 기술은 모두 대기의 오염이나 소음 발생이 거의 없는 친환경적인 발전 방식이라고 언급하였다.

2 〈보기〉에서 캠핑용품과 모바일 기기 충전기의 전원으로 태양광 발전기 관련 특허 출원이 많다고 했는데, 캠핑용품과 모바일 기기는 모두 소형 장비이다. 그리고 3문단에서 태양광 발전은 주로 대규모의 설비가 필요한 태양열 발전에 비해 다양한 크기로 시스템을 구성할 수 있으며, 소형화 설비가 용이하다고 언급하고 있다.

| 오답 풀이 |

① 태양광 발전의 발전 효율에 대한 정보를 파악할 수 있는 내용은 언급되어 있지 않다.
③ 태양광 발전을 비롯한 태양 에너지 이용 기술이 무한한 에너지원을 지녀 고갈될 염려가 없는 것은 맞지만, 그러한 특성이 캠핑용품, 모바일 기기와 같은 소형 장비의 태양광 발전기 특허 출원이 많은 것의 직접적인 이유가 된다고 보기는 어렵다.
④ 국내에서 정부와 민간 기업들이 협력하여 태양 에너지 이용 산업을 추진하고 있다고는 했으나, 정부 주도로 이루어지고 있는지는 알 수 없다. 또한 정부 주도의 태양광 발전 추진이 소형 장비의 태양광 발전기 특허 출원이 많은 것의 이유가 된다고도 보기 어렵다.
⑤ 태양 에너지 이용 기술 발전의 역사가 얼마나 오래되었는지의 여부가 태양광 발전기의 특허 출원이 많은 이유라고 볼 근거는 없다.

어휘·어법

1 '볕이나 불기운 따위를 몸에 받다.'를 의미하는 단어의 기본형은 '쪼이다'이므로 '쪼이지' 또는 '쬐지'로 표기해야 한다.
5 '선진'은 '문물의 발전 단계나 진보 정도가 다른 것보다 앞섬.'을 의미하는 단어이다. '목표를 향하여 밀고 나아감.'을 의미하는 단어는 '추진'이다.

1 ④ 2 ① 3 ④

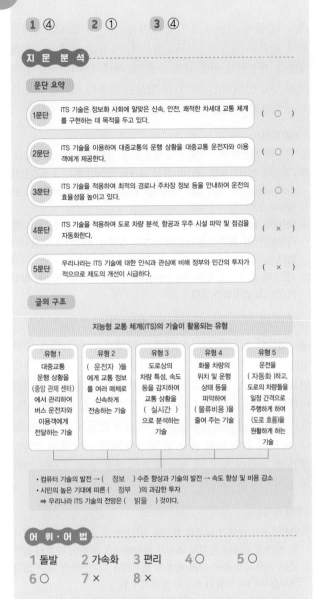

지문 분석

문단 요약

1문단	ITS 기술은 정보화 사회에 알맞은 신속, 안전, 쾌적한 차세대 교통 체계를 구현하는 데 목적을 두고 있다.	(○)
2문단	ITS 기술을 이용하여 대중교통의 운행 상황을 대중교통 운전자와 이용객에게 제공한다.	(○)
3문단	ITS 기술을 적용하여 최적의 경로나 주차장 정보 등을 안내하여 운전의 효율성을 높이고 있다.	(○)
4문단	ITS 기술을 적용하여 도로 차량 분석, 항공과 우주 시설 파악 및 점검을 자동화한다.	(×)
5문단	우리나라는 ITS 기술에 대한 인식과 관심에 비해 정부와 민간의 투자가 적으므로 제도의 개선이 시급하다.	(×)

글의 구조

지능형 교통 체계(ITS)의 기술이 활용되는 유형

| 유형 1 | 유형 2 | 유형 3 | 유형 4 | 유형 5 |
| 대중교통 운행 상황을 (중앙 관제 센터)에서 관리하여 버스 운전자와 이용객에게 전달하는 기술 | (운전자)들에게 교통 정보를 여러 매체로 신속하게 전송하는 기술 | 도로상의 차량 특성, 속도 등을 감지하여 교통 상황을 (실시간)으로 분석하는 기술 | 화물 차량의 위치 및 운행 상태 등을 파악하여 (물류비용)을 줄여 주는 기술 | 운전을 (자동화)하고, 도로의 차량들을 일정 간격으로 주행하게 하여 (도로 흐름을) 원활하게 하는 기술 |

- 컴퓨터 기술의 발전 → (정보) 수준 향상과 기술의 발전 → 속도 향상 및 비용 감소
- 시민의 높은 기대에 따른 (정부)의 과감한 투자
➡ 우리나라 ITS 기술의 전망은 (밝을) 것이다.

어휘·어법

1 돌발 2 가속화 3 편리 4 ○ 5 ○
6 ○ 7 × 8 ×

해제 | 이 글은 지능형 교통 체계(ITS) 기술이 활용되는 여러 유형들을 구체적인 사례와 함께 제시하고 있다. ITS 기술에는 대중교통의 운행 상황을 대중교통 운전자와 이용객들에게 전달하는 기술, 운전자들에게 교통 정보를 신속하게 전송하는 기술, 도로 차량들과 관련된 상황을 실시간으로 분석하는 기술, 산업용 교통수단의 위치 및 운행 상태를 파악하는 기술, 차량 운전을 자동화하고 일정 간격으로 주행하도록 유지하는 기술 등이 있다. 글쓴이는 이러한 ITS 기술이 여러 가지 발전 요인으로 인해 전망이 매우 밝음을 언급하고 있다.

주제 | 지능형 교통 체계(ITS) 기술의 개념과 활용 사례

출전 신부용·유경수, 「도로 위의 과학」

1 이 글의 2~4문단에 지능형 교통 체계(ITS)의 기술이 활용되는 유형과 사례들이 나열되어 있다.

|오답 풀이|
① ITS 기술이 언제 등장했는지, 어떻게 발전해 왔는지의 과정은 언급되어 있지 않다.
② ITS 기술이 활용되는 유형에 대한 언급만 있을 뿐, 기존에 있던 교통 체계에 대한 언급은 없으므로 그 차이점을 대비할 수 없다.
③ ITS 기술이 활용되는 유형에 대한 언급만 있을 뿐, ITS 기술의 단점과 그 보완 방향에 대해서는 언급하고 있지 않다.
⑤ ITS 기술에 대한 우려는 언급되어 있지 않으며, ITS 기술의 발전 전망을 긍정적으로 보고 있으므로, 새로운 기술 개발을 촉구하고 있다는 설명은 적절하지 않다.

2 〈보기〉에서 설명하는 장치는 버스 운행 상황을 실시간으로 파악할 수 있도록 안내하는 장치이다. 이에 대한 설명은 2문단에 대중교통 이용객들에게는 목적지까지 가기 위해서 어떤 버스를 타면 되는지, 목적지까지 가는 데 시간이 얼마나 걸리는지, 다음 버스가 언제쯤 도착할지 등을 미리 알려 줌으로써 대중교통의 편리함을 제공하는 것이라고 언급되어 있다.

3 '배차 간격을 조정하도록'에 사용된 단어인 '조정(調整)'의 사전적 의미는 '어떤 기준이나 실정에 맞게 정돈함.'이다. '한번 정한 대로 변경하지 아니함.'이라는 사전적 의미를 가진 단어는 '고정(固定)'이다.

|오답 풀이|
① '감안(勘案)'의 사전적 의미는 '여러 사정을 참고하여 생각함.'이다.
② '접목(椄木)'의 사전적 의미는 '둘 이상의 다른 현상 따위를 알맞게 조화하게 함을 비유적으로 이르는 말.'이다.
③ '구현(具現)'의 사전적 의미는 '어떤 내용이 구체적인 사실로 나타나게 함.'이다.
⑤ '향상(向上)'의 사전적 의미는 '실력, 수준, 기술 따위가 나아짐.'이다.

어휘·어법

7 '앞날을 헤아려 내다봄. 또는 내다보이는 장래의 상황.'을 의미하는 단어는 '전망'이다. '유망'은 '앞으로 잘될 듯한 희망이나 전망이 있음.'을 의미한다.
8 '생각이나 느낌 따위를 언어나 몸짓 따위의 형상으로 드러내어 나타냄.'을 의미하는 단어는 '표현'이다. '구현'은 '어떤 내용이 구체적인 사실로 나타나게 함.'을 의미한다.

1 ②　　**2** ⑤

지 문 분 석

문단 요약

1문단 ————— 선풍기의 역사

2문단 ————— 날개 없는 선풍기가 가져온 시장의 변화

3문단 ————— 날개 없는 선풍기가 분출하는 바람의 특징

4문단 ————— 날개 없는 선풍기의 구조와 작동 원리

5문단 ————— 날개 없는 선풍기의 등장과 소비자의 반응

글의 구조

날개 있는 선풍기

태엽으로 작동되는 선풍기 → (전기)로 작동되는 선풍기

▼

날개 없는 선풍기

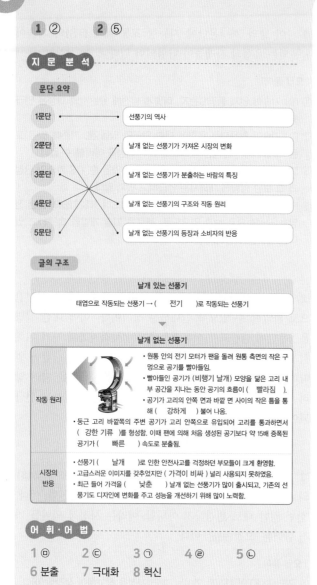

작동 원리	• 원통 안의 전기 모터가 팬을 돌려 원통 측면의 작은 구멍으로 공기를 빨아들임. • 빨아들인 공기가 (비행기 날개) 모양을 닮은 고리 내부 공간을 지나는 동안 공기의 흐름이 (빨라짐). • 공기가 고리의 안쪽 면과 바깥 면 사이의 작은 틈을 통해 (강하게) 불어 나옴. • 둥근 고리 바깥쪽의 주변 공기가 고리 안쪽으로 유입되어 고리를 통과하면서 (강한 기류)를 형성함. 이때 팬에 의해 처음 생성된 공기보다 약 15배 증폭된 공기가 (빠른) 속도로 분출됨.
시장의 반응	• 선풍기 (날개)로 인한 안전사고를 걱정하던 부모들이 크게 환영함. • 고급스러운 이미지를 갖추었지만 (가격이 비싸) 널리 사용되지 못하였음. • 최근 들어 가격을 (낮춘) 날개 없는 선풍기가 많이 출시되고, 기존의 선풍기도 디자인에 변화를 주고 성능을 개선하기 위해 많이 노력함.

어 휘 · 어 법

1 ⓜ　**2** ⓒ　**3** ㉠　**4** ㉣　**5** ㉡

6 분출　**7** 극대화　**8** 혁신

해제 | 이 글은 선풍기의 역사를 간단히 언급하고 날개 없는 선풍기의 구조와 바람이 분출되는 원리, 특징에 대해 밝히고 있다. 날개 없는 선풍기는 아래쪽에 원통 모양의 지지대가 있고, 그 위에는 반지처럼 가운데가 뻥 뚫린 둥근 고리가 있는 구조로 되어 있다. 이러한 날개 없는 선풍기가 만들어 낸 바람은 기존의 선풍기가 만들어 낸 바람과 달리 흐름이 끊어지지 않아 부드러운 것이 특징이다. 글쓴이는 비록 날개 없는 선풍기가 가격이 비싸 널리 사용되지는 못했지만, 기존 선풍기 시장에 큰 변화를 몰고 왔다는 점에서 의미가 있음을 밝히고 있다.

주제 | 날개 없는 선풍기의 구조와 작동 원리

출전 권오상, 『엔지니어 히어로즈』

---

1 1문단에 기존의 전기 선풍기는 전기의 힘으로 날개를 돌려 바람을 만들어 냈다고 했으며, 이러한 전기 선풍기의 성능을 개선하기 위해 날개 수를 두 개에서 서너 개로 늘렸다는 언급이 있다. 그러나 이 방식이 바람의 세기를 개선하지 못했는지에 대한 정보는 언급되어 있지 않다.

| 오답 풀이 |

① 1문단에 최초의 전기 선풍기 날개 수는 두 개였다고 언급되어 있다.

③ 2문단에 선풍기라면 당연히 회전 날개가 있어야 한다고 생각했던 소비자들에게는 날개 없는 선풍기의 등장이 충격 그 자체였다고 언급되어 있다.

④ 2문단에 날개 없는 선풍기는 선풍기 회전 날개로 인한 안전사고를 걱정하던 전 세계의 부모들에게 크게 환영을 받았다고 언급되어 있다.

⑤ 4문단에 날개 없는 선풍기는 바람을 부드럽게 분출할 수 있는 장점이 있다고 언급되어 있다.

2 3문단에 둥근 고리의 내부가 비행기 날개 모양을 닮았다는 언급이 있고, 〈보기〉에서 비행기 날개는 윗면이 아랫면보다 불룩한 형태라고 했으므로 둥근 고리의 내부 단면을 비행기 날개 모양처럼 디자인해야 한다는 것을 추론할 수 있다. 이 글에 제시된 그림을 보면 고리의 단면이 제시되어 있다. 고리의 안쪽 면과 바깥 면 사이에 비행기 날개 모양처럼 생긴 빈 공간이 있고 이 공간의 작은 틈을 통해 공기가 강하게 불어 나오는 것이다.

| 오답 풀이 |

① 〈보기〉에서 비행기 날개의 윗면을 아랫면보다 불룩하게 하면 날개의 윗면을 흐르는 공기의 속도가 빨라진다고 하였다. 따라서 날개 없는 선풍기의 둥근 고리 외부를 불룩하게 디자인하면 둥근 고리 외부를 지나는 바람의 속도가 빨라지게 된다.

②, ④ 이 글에 날개 없는 선풍기의 둥근 고리 위쪽 부분 또는 아래쪽 부분을 좁아지게 하는 것이 바람의 속도에 어떤 영향을 미치게 되는지는 언급되어 있지 않으므로 적절하지 않다.

③ 〈보기〉에서 비행기의 날개는 윗면이 아랫면보다 불룩한 형태라고 했으므로 날개 없는 선풍기의 둥근 고리 내·외부를 모두 불룩하게 디자인하는 것은 적절하지 않다.

어 휘 · 어 법

5 '개선'은 '잘못된 것이나 부족한 것, 나쁜 것 따위를 고쳐 더 좋게 만듦.'이라는 뜻으로, 그 용례로 '관계 개선을 위해 노력하다.'를 들 수 있다.

8 '묵은 풍속, 관습, 조직, 방법 따위를 완전히 바꾸어서 새롭게 함.'을 의미하는 단어는 '혁신'이다.

1 ④　　**2** ⑤　　**3** ⑤

문단 요약

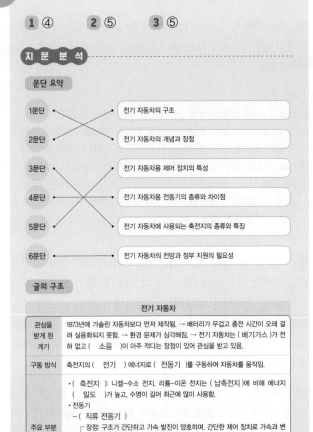

1문단	전기 자동차의 구조
2문단	전기 자동차의 개념과 장점
3문단	전기 자동차용 제어 장치의 특성
4문단	전기 자동차용 전동기의 종류와 차이점
5문단	전기 자동차에 사용되는 축전지의 종류와 특징
6문단	전기 자동차의 전망과 정부 지원의 필요성

글의 구조

전기 자동차	
관심을 받게 된 계기	1873년에 가솔린 자동차보다 먼저 제작됨. → 배터리가 무겁고 충전 시간이 오래 걸려 실용되지 못함. → 환경 문제가 심각해짐. → 전기 자동차는 (배기가스)가 전혀 없고 (소음)이 아주 적다는 장점이 있어 관심을 받고 있음.
구동 방식	축전지의 (전기) 에너지로 (전동기)를 구동하여 자동차를 움직임.
주요 부분	• (축전지): 니켈-수소 전지, 리튬-이온 전지는 (납축전지)에 비해 에너지 (밀도)가 높고, 수명이 길어 최근에 많이 사용함. • 전동기 – (직류 전동기) 　┌ 장점: 구조가 간단하고 가속 발진이 양호하며, 간단한 제어 장치로 가속과 변속을 조절함. 　└ 단점: 효율이 낮고, 고속 회전에 부적합하며 크기가 큼. – 교류 전동기: 크기가 작으며, (효율)이 높고 (회전수)를 높일 수 있음. • 제어 장치: 내연 기관 자동차와는 달리 (전자식) 제어 장치만 필요함.
전망	(친환경적)이지만 가격이 비싸 소비자에게 부담이 됨. → 정부가 전기 자동차 관련 지원을 더욱 (확대)할 필요가 있음.

1 제어　　**2** 실용화　　**3** 발진　　**4** 공회전　　**5** 구동
6 부담　　**7** 수명

해제 | 이 글은 전기 자동차의 개념과 구조를 설명하고 내연 기관 자동차와의 차이점을 대조하고 있다. 전기 자동차는 축전지로 전동기를 구동하여 움직이며, 축전지, 전동기, 제어 장치로 구성되어 있다. 전기 자동차의 축전지로는 초기에는 납축전지를 사용하다가 최근에는 니켈-수소 전지, 리튬-이온 전지를 사용하고 있다. 전기 자동차의 전동기로는 직류 전동기와 교류 전동기가 사용되고, 제어 장치로는 전자식 제어 장치만을 사용한다. 글쓴이는 전기 자동차가 친환경적이지만 가격이 비싸 소비자에게 부담이 되므로 정부 지원을 더욱 확대할 필요가 있음을 강조하고 있다.

주제 | 전기 자동차의 구조와 특징

출전 박기혁, 「4차 산업 시대의 스마트카 전쟁」

1 3문단에서 초기의 전기 자동차에는 납축전지가 주로 사용되었는데, 납축전지는 1회 충전당 주행 거리가 짧고, 차지하는 부피가 크며, 전지 수명이 매우 짧다고 하였다. 에너지 밀도가 높은 것은 최근에 많이 쓰고 있는 니켈-수소 전지, 리튬-이온 전지이다.

| 오답 풀이 |

① 1문단에서 전기 자동차는 배기가스가 전혀 없고, 소음이 적은 장점이 있다고 하였고, 6문단에서는 친환경적이라고 하였다.
② 2문단에 전기 자동차는 내연 기관을 이용하는 자동차와 비교했을 때 상대적으로 그 구조가 매우 간단하다고 언급되어 있다.
③ 4문단에 직류 전동기는 간단한 제어 장치로 가속과 변속을 쉽게 조절할 수 있다고 언급되어 있다.
⑤ 6문단에서 전기 자동차의 가격이 내연 기관 자동차들에 비해 비싸다는 점이 소비자의 입장에서 선택의 부담이 되고 있다고 했으므로, 정부는 전기 자동차의 보급을 확대하기 위해 가격 부담을 낮추는 정책을 마련해야 함을 추론할 수 있다.

2 5문단에 전기 자동차를 제어하기 위해서는 전동기의 회전 속도와 방향 등을 제어할 수 있는 전자식 제어 장치만 있으면 된다고 언급되어 있으므로, 전기 자동차를 감속하기 위해서는 전자식 제어 장치로 전동기의 회전 속도를 늦춰야 한다.

| 오답 풀이 |

① 전기 자동차를 감속하기 위해 전기를 차단해야 한다는 내용은 언급되어 있지 않다.
②, ③ 5문단에 전기 자동차의 제어 장치로 내연 기관 자동차에 있는 클러치나 역전 기어는 필요하지 않다고 언급되어 있다.
④ 인버터는 직류 전류를 교류 전류로 변환하기 위한 장치이지 감속을 위한 제어 장치는 아니다.

3 '드러내다'는 '가려 있거나 보이지 않던 것을 보이게 하다.'라는 뜻으로 '드러나다'의 사동사이며, 이는 '변화의 가능성을 보여 주다'에서의 '보여 주다'와 의미가 비슷하다고 할 수 있다. 따라서 ⓐ와 바꿔 쓰기에 가장 적절한 단어는 '드러내고'이다.

4 '공회전'은 '기계 따위가 헛도는 일.'을 의미하는 단어이다.
5 '구동'은 '동력을 가하여 움직임.'을 의미하는 단어이다.
7 '수명'은 '사물 따위가 사용에 견디는 기간.'을 의미하는 단어이다.

07 아주 작은 세상, 나노 기술

1 ⑤　　**2** ⑤　　**3** ②

지 문 분 석

문단 요약

1문단	나노의 개념과 나노 기술의 특징
2문단	미래 사회의 핵심 기술인 나노 기술
3문단	정보 통신 기술 분야에 활용되는 나노 기술
4문단	환경 기술 분야에 활용되는 나노 기술
5문단	생명 공학·의학 기술 분야에 활용되는 나노 기술

글의 구조

나노 기술

나노 단위(1나노미터는 1미터의 (10억)분의 1) 수준의 물질들을 제어하고 활용하는 기술

▼

활용 분야	활용 가능 사례
정보 통신 기술 분야	• 좁은 면적의 (반도체) 칩 안에 회로를 많이 집적할 수 있음. • 거대한 (슈퍼컴퓨터)를 소형화할 수 있을 것임.
생명 공학 의학 기술 분야	• (인공 뼈)를 형성하는 분자들이 손상된 뼈에 스스로 결합할 수 있을 것임. • (나노 캡슐)에 약물을 주입해 암세포에 전달하면 몸속의 다른 기관에 영향을 주지 않을 것임.
환경 기술 분야	• 탄소 나노 튜브를 활용한 연료 전지를 상용화하면 (무공해) 에너지를 사용할 수 있음. • 탄소 나노 튜브는 무척 (가볍고) 유연하여 고급 스포츠 장비, 의료 기구 재료로 활용 가능함.

어 휘 · 어 법

1 향후　**2** 규모　**3** 접목　**4** 평가　**5** 삽입
6 ©　**7** ⓒ　**8** ⊙　**9** @

해제 | 이 글은 나노 기술의 개념을 밝히고, 나노 기술의 활용 분야를 사례를 들어 구체적으로 설명하고 있다. 나노(nano)는 고대 그리스어의 '난쟁이'를 뜻하는 나노스(nanos)에서 온 말로, 나노 기술은 1미터의 10억분의 1에 해당할 정도로 매우 작은 물질을 제어하는 기술이다. 전문가들은 나노 기술이 정보 통신 기술, 생명 공학·의학 기술, 환경 기술과 같은 분야에 활용될 것으로 보고 있다. 글쓴이는 나노 기술이 이렇게 다양한 분야에 활용되면서 미래 과학과 산업 및 사회를 변화시킬 핵심 기술로 평가받고 있음을 강조하고 있다.

주제 | 나노 기술의 개념과 활용 분야

출전 가치를 꿈꾸는 과학 교사 모임, 「과학, 일시 정지」

---

1 2문단에서 나노 기술의 개념을 밝히고 있으며, 3~5문단에서 나노 기술의 활용 분야를 예를 들어 구체적으로 드러내고 있다.

| 오답 풀이 |

① 나노 기술에 대한 학계의 찬반 입장은 드러나 있지 않다.
② 1문단에 나노 기술이 인류사에 매우 중대한 변화를 가져올 것이라는 언급이 있으나, 발전 과정이 시간 순서대로 제시되어 있지는 않다.
③ 나노 기술을 다른 기술과 비교한 내용은 언급되어 있지 않다.
④ 2문단에 나노 기술의 특징이 언급되어 있고, 3~5문단에는 나노 기술의 다양한 활용 분야와 나노 기술 발전에 따른 긍정적인 예상 효과들이 언급되어 있다.

2 〈보기〉는 나노 크기 바이오센서의 개발로 인해 정밀한 의료 서비스가 가능해졌으며 본격적인 U-헬스 케어 시장이 열리게 될 것이라는 내용이다. 5문단에서 탄소 나노 튜브를 활용한 연료 전지를 상용화하게 되면 무공해 에너지를 사용할 수 있다고 하였으므로, 화석 연료를 사용한 연료 전지를 상용화하면 좋겠다는 설명은 적절하지 않다.

| 오답 풀이 |

① 5문단에서 나노 기술을 접목한 탄소 나노 튜브는 물리적·전기적 성질이 독특해서 가볍고 유연하기 때문에 의료 기구의 재료로도 활용이 가능하다고 하였다.
② 3문단에서 나노 기술이 발전한다면 컴퓨터의 정보 처리 속도를 높이고 크기를 작게 할 수 있다고 했으므로, 나노 기술이 통합 의료 데이터베이스를 구축하고 처리하는 데 도움을 줄 수 있다.
③ 4문단에서 나노 캡슐에 약물을 주입해 암세포까지 전달할 수 있다면 체내 다른 기관에 영향을 주지 않을 수 있다고 했으므로, 나노 기술이 바이오센서를 인체에 삽입하는 데 도움을 줄 수 있다.
④ 3문단에서 나노 기술이 더 발전한다면 향후에는 거대한 슈퍼컴퓨터를 주머니 속에 가지고 다닐 수 있게 될지도 모른다고 했으므로, 나노 기술이 '내 손 안의 병원'을 구현하기 위한 슈퍼컴퓨터를 개발하는 데 도움을 줄 수 있다.

3 ⓒ '조작(操作)'의 사전적 의미는 '기계 따위를 일정한 방식에 따라 다루어 움직임.'이다. '어떤 일을 사실인 듯이 꾸며 만듦.'이라는 사전적 의미를 가진 단어는 '조작(造作)'이다.

어 휘 · 어 법

1 '이것에 뒤이어 오는 때나 자리.'를 의미하는 단어는 '향후'이다.
7 '덜다'는 '그러한 행위나 상태를 적게 하다.'라는 뜻으로, 그 용례로 '걱정을 덜다.', '고통을 덜다.' 등을 들 수 있다.

1 ③   2 ③

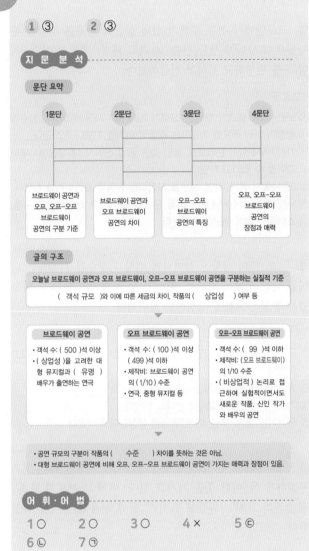

문단 요약

| 1문단 | 2문단 | 3문단 | 4문단 |

| 브로드웨이 공연과 오프, 오프-오프 브로드웨이 공연의 구분 기준 | 브로드웨이 공연과 오프 브로드웨이 공연의 차이 | 오프-오프 브로드웨이 공연의 특징 | 오프, 오프-오프 브로드웨이 공연의 장점과 매력 |

글의 구조

오늘날 브로드웨이 공연과 오프 브로드웨이, 오프-오프 브로드웨이 공연을 구분하는 실질적 기준

(객석 규모)와 이에 따른 세금의 차이, 작품의 (상업성) 여부 등

브로드웨이 공연	오프 브로드웨이 공연	오프-오프 브로드웨이 공연
• 객석 수: (500)석 이상 • (상업성)을 고려한 대형 뮤지컬과 (유명) 배우가 출연하는 연극	• 객석 수: (100)석 이상 (499)석 이하 • 제작비: 브로드웨이 공연의 (1/10) 수준 • 연극, 중형 뮤지컬 등	• 객석 수: (99)석 이하 • 제작비: (오프 브로드웨이)의 1/10 수준 • (비상업적) 논리로 접근하는 실험적이면서도 새로운 작품, 신인 작가와 배우의 공연

• 공연 규모의 구분이 작품의 (수준) 차이를 뜻하는 것은 아님.
• 대형 브로드웨이 공연에 비해 오프, 오프-오프 브로드웨이 공연이 가지는 매력과 장점이 있음.

1 ○   2 ○   3 ○   4 ×   5 ©
6 ©   7 ⑤

해제 | 이 글은 브로드웨이 외곽에서 상연되고 있는 오프 브로드웨이와 오프-오프 브로드웨이 공연의 특징을 브로드웨이 공연과 비교하여 설명하고 있다. 오프 브로드웨이 공연과 오프-오프 브로드웨이 공연은 브로드웨이 공연에 비해 객석의 규모가 작고 투입되는 제작비의 수준이 낮다. 대신 무대와 객석의 거리가 가까워 관객들과 함께 호흡할 수 있는 장점을 가진다. 또한 적은 제작비로 흥행 실패의 위험을 감수하고 실험적인 공연을 할 수 있고, 신인 배우들에게 기회의 장을 열어 줄 수도 있다.

주제 | 오프 브로드웨이와 오프-오프 브로드웨이 공연의 특징과 의의

출전 | 이수진·조용신, 『뮤지컬 이야기』

---

1 4문단에서 오프-오프 브로드웨이 공연은 무대와 객석의 거리가 가까워 관객이 직접 배우와 눈을 맞추며 진지하고 친밀한 분위기를 형성한다고 설명하고 있다.

| 오답 풀이 |

① 1문단에서 오프-오프 브로드웨이 공연장은 객석 기준이 99석 이하임을 설명하고 있다.
② 1문단에서 대형 브로드웨이 공연장은 객석 기준이 500석 이상임을 설명하고 있다.
④ 2문단과 4문단을 통해 브로드웨이 공연은 상업성을 고려하며 대규모 코러스와 댄스 앙상블 등이 사용됨을 알 수 있다.
⑤ 3문단에서 오프-오프 브로드웨이 공연은 오프 브로드웨이에 비해 10분의 1 수준의 제작비가 든다고 설명하고 있다. 또한 4문단에서 이러한 공연의 구분이 작품의 수준과는 관련이 없으며 대형 공연보다 훨씬 뛰어난 작품성과 상업성을 겸비한 오프-오프 브로드웨이 공연들이 있음을 설명하고 있다.

2 3문단에서 오프-오프 브로드웨이 공연이 적은 제작비로 운영되는 대신, 이로 인해 가질 수 있는 비상업적 성격에 대해 설명하고 있다. 따라서 ⑤에는 공연의 흥행만을 목적으로 하는 것이 아니라 적은 비용으로 다양한 공연을 시도해 볼 수 있다는 내용이 들어가는 것이 적절하다.

| 오답 풀이 |

① 오프-오프 브로드웨이는 적은 제작비로 운영되기 때문에 높은 출연료를 받는 유명 배우를 캐스팅한다는 내용은 적절하지 않다.
② 4문단에서 확인할 수 있듯이 제작비가 작품의 수준 차이를 의미하는 것은 아니므로, 제작비가 많이 드는 뮤지컬에 비해 오프-오프 브로드웨이 공연의 수준과 완성도가 현저하게 떨어진다는 내용은 적절하지 않다.
④ 오프-오프 브로드웨이 공연은 적은 제작비로 인해 흥행 실패의 위험을 감수하며 공연을 올릴 수 있다. 이 때문에 브로드웨이에 비해 대중에게 친숙하지 않은 장르의 공연을 시도하기에 적합하다.
⑤ 오프-오프 브로드웨이는 비상업적 논리로 접근하는 경우가 많기 때문에, 오프 브로드웨이 공연의 흥행 사례를 모방하여 흥행을 목표로 노력을 기울인다는 내용은 적절하지 않다.

1~4 '초대형'의 '초-'는 '어떤 범위를 넘어선' 또는 '정도가 심한'의 뜻을 더하는 접두사이므로, '초대형'은 파생어이다. 그리고 '초강대국', '초음속', '초만원' 역시 파생어이다. 그러나 '초록색'은 '초록'과 '색'이 결합하여 이루어진 합성어이다.
6 '행사나 사업 따위를 이끌어 들임.'을 의미하는 단어는 '유치'이다.

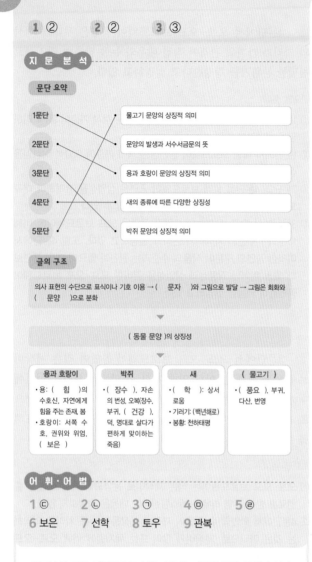

1 ②   **2** ②   **3** ③

지 문 분 석

문단 요약

1문단 ●   ● 물고기 문양의 상징적 의미

2문단 ●   ● 문양의 발생과 서수서금문의 뜻

3문단 ●   ● 용과 호랑이 문양의 상징적 의미

4문단 ●   ● 새의 종류에 따른 다양한 상징성

5문단 ●   ● 박쥐 문양의 상징적 의미

글의 구조

의사 표현의 수단으로 표식이나 기호 이용 → (문자)와 그림으로 발달 → 그림은 회화와 (문양)으로 분화

▼

(동물 문양)의 상징성

▼

용과 호랑이	박쥐	새	(물고기)
•용: (힘)의 수호신, 자연에게 힘을 주는 존재, 봄 •호랑이: 서쪽 수호, 권위와 위엄, (보은)	•(장수), 자손의 번성, 오복(장수, 부귀, (건강), 덕, 명대로 살다가 편하게 맞이하는 죽음)	•(학): 상서로움 •기러기: (백년해로) •봉황: 천하태평	•(풍요), 부귀, 다산, 번영

어 휘 · 어 법

1 ⓒ   2 ⓛ   3 ㉠   4 ⓜ   5 ⓔ

6 보은   7 선학   8 토우   9 관복

해제 | 이 글은 전통적으로 사용되어 온 다양한 동물 문양의 상징적 의미에 대해 설명하고 있다. 먼저 문양이 발생하게 된 과정과 동물 문양인 서수서금문에 대해 설명한 후, 수호를 상징하는 용과 호랑이, 장수와 복을 상징하는 박쥐, 상서로움을 상징하는 학, 부부의 연을 상징하는 기러기, 덕(德), 인(仁), 신(信), 의(義)의 상징인 봉황, 그리고 풍요, 부귀, 다산, 번영의 상징인 물고기 문양을 각각 소개하고 있다.

주제 | 동물 문양의 상징성

출전 박영순 외, 『우리 옛집 이야기』

---

1   1문단에서 전통 주택의 실내 공간과 가구를 장식한 문양들은 조상들의 생활 관습, 사회적 배경, 개인적 염원, 신앙 등을 반영하고 있다고 언급하였다.

| 오답 풀이 |

① 5문단에서 물고기 문양은 신석기 시대부터 사용되었으나, 장수의 상징이 아닌 풍요를 기원하는 주술적 의미를 지녔다고 하였다.

③ 4문단에서 학이 문양으로 쓰인 것은 통일 신라 시대 유물에서부터 찾아볼 수 있다고 하였다.

④ 2문단에서 권위, 위엄, 보은을 상징하는 동물은 호랑이라고 하였다.

⑤ 1문단에서 서수서금문은 동물 문양을 뜻한다고 하였으므로 구름, 소나무는 이에 해당하지 않는다.

2   〈보기〉의 상황은 할머니께 건강과 장수를 기원하는 의미를 담은 선물을 고르는 것이다. 두 가지 의미를 모두 담고 있는 동물은 오복을 상징하는 박쥐이다.

| 오답 풀이 |

① 용은 힘의 수호신, 자연에게 힘을 주는 존재, 봄 등을 상징한다고 하였다.

③ 학은 상서로움을 상징한다고 하였다.

④ 기러기는 백년해로를 상징한다고 하였다.

⑤ 물고기는 풍요, 부귀, 다산, 번영을 상징한다고 하였다.

3   '표지(標識)'는 '표시나 특징으로 어떤 사물을 다른 것과 구별하게 함.'이란 뜻을 가지고 있다. 이에 '통행금지 표지', '공중전화 표지', '화장실 표지판' 등에 사용되는 것이 적절하다.

| 오답 풀이 |

① 표시나 특징을 통해 다른 길과 달리 통행을 금지함을 구별해 주어야 하기 때문에 '표지(標識)'를 사용하는 것이 적절하다.

② '성의'라는 속마음을 겉으로 드러내 보인다는 뜻으로 '표시(表示)'를 사용하는 것이 적절하다.

④ '애정'이라는 속마음을 겉으로 드러내 보인다는 뜻의 '표시(表示)'를 사용하는 것이 적절하다.

⑤ 재생산은 수요와 공급의 균형에 따라 이루어지는 것이므로 무엇을 나타내 보이는 일정한 방식이라는 뜻의 '표식(表式)'을 사용하는 것이 적절하다.

어 휘 · 어 법

2 '관습'은 '어떤 사회에서 오랫동안 지켜 내려와 그 사회 성원들이 널리 인정하는 질서나 풍습.'을 의미한다.

9 '군이나 관에서 지급한 제복이나 정복.'을 의미하는 단어는 '관복'이다.

우리나라와 서양의 건축, 지붕

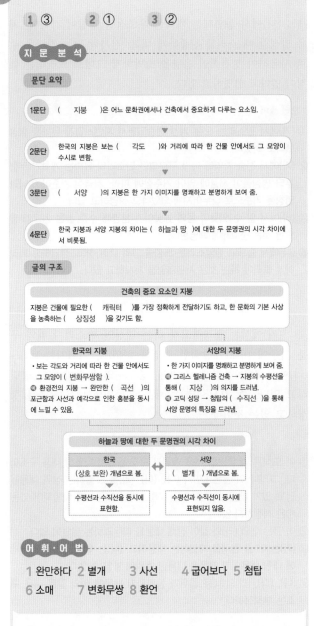

1 ③ **2** ① **3** ②

지문 분석

문단 요약

1문단 (지붕)은 어느 문화권에서나 건축에서 중요하게 다루는 요소임.

▼

2문단 한국의 지붕은 보는 (각도)와 거리에 따라 한 건물 안에서도 그 모양이 수시로 변함.

▼

3문단 (서양)의 지붕은 한 가지 이미지를 명쾌하고 분명하게 보여 줌.

▼

4문단 한국 지붕과 서양 지붕의 차이는 (하늘과 땅)에 대한 두 문명권의 시각 차이에서 비롯됨.

글의 구조

건축의 중요 요소인 지붕
지붕은 건물에 필요한 (캐릭터)를 가장 정확하게 전달하기도 하고, 한 문화의 기본 사상을 농축하는 (상징성)을 갖기도 함.

한국의 지붕	**서양의 지붕**
• 보는 각도와 거리에 따라 한 건물 안에서도 그 모양이 (변화무쌍함). ⑩ 환경전의 지붕 → 완만한 (곡선)의 포근함과 사선과 예각으로 인한 흥분을 동시에 느낄 수 있음.	• 한 가지 이미지를 명쾌하고 분명하게 보여 줌. ⑩ 그리스 헬레니즘 건축 → 지붕의 수평선을 통해 (지상)의 의지를 드러냄. ⑩ 고딕 성당 → 첨탑의 (수직선)을 통해 서양 문명의 특징을 드러냄.

하늘과 땅에 대한 두 문명권의 시각 차이

한국		서양
(상호 보완) 개념으로 봄.	↔	(별개) 개념으로 봄.
수평선과 수직선을 동시에 표현함.		수평선과 수직선이 동시에 표현되지 않음.

어휘·어법

1 완만하다 2 별개 3 사선 4 굽어보다 5 첨탑
6 소매 7 변화무쌍 8 환언

해제 | 이 글은 건축의 중요 요소인 지붕의 특징을 한국의 지붕과 서양의 지붕을 비교하며 설명하고 있다. 한국의 지붕은 보는 각도와 거리에 따라 한 건물 안에서도 그 모양이 변화무쌍한 반면 서양의 지붕은 한 가지 이미지를 명쾌하게 보여 준다. 이러한 차이는 하늘과 땅에 대한 두 문명권의 차이에서 비롯된 것으로, 한국의 지붕은 하늘과 땅을 상호 보완의 개념으로 보는 사상을, 서양의 지붕은 하늘과 땅을 별개의 개념으로 보는 사상을 반영하고 있다.

주제 | 한국 지붕과 서양 지붕의 특징과 차이점

출전 임석재, 『우리 건축 서양 건축 함께 읽기』

1 2문단에서는 보는 각도와 거리에 따라 변화무쌍한 한국 지붕의 특징을 예와 함께 제시하였고, 3문단에서는 한 가지 이미지를 명쾌하게 보여 주는 서양 지붕의 특징을 예와 함께 제시하였다. 그리고 4문단에서 이러한 한국 지붕과 서양 지붕의 차이가 하늘과 땅을 바라보는 두 문명권의 시각 차이에서 비롯된 것임을 설명하였다.

| 오답 풀이 |

① 한국 지붕과 서양 지붕의 특징을 비교하여 설명하였으나, 한국 전통 건축의 우수성을 강조하고 있지는 않다.
② 한국 지붕과 서양 지붕이 시대에 따라 변해 온 모습을 제시하고 있지 않다.
④ 한국 지붕과 서양 지붕의 모습을 소개하였으나, 한국과 서양의 대표적인 건축가의 일화를 소개하고 있지는 않다.
⑤ 한국 지붕과 서양 지붕의 차이점을 중심으로 내용을 전개하고 있으며, 각 문명권의 시각 차이를 밝히고 있다.

2 한 건물 안에서 그 모양이 수시로 변하는 것은 ㉠의 특징이며, 3문단에서 ㉡은 한 가지 이미지를 명쾌하고 분명하게 보여 준다고 하였다.

| 오답 풀이 |

② 2문단에서 ㉠은 보는 각도와 거리에 따라 한 건물의 지붕이라고는 믿어지지 않을 만큼 다른 모습을 보여 준다고 하였다.
③ 현대 도시의 마천루는 수직선 지붕의 고층 건물이며, 3문단에서 ㉡은 강한 수직선으로 정복욕, 개척 정신 등을 표현했다고 하였다.
④ 4문단에서 ㉠에는 하늘과 땅을 상호 보완의 개념으로 보는 철학 사상이 반영되어 있어, 하늘을 우러르는 동시에 땅을 굽어보는 두 가지 모습이 함께 나타난다고 하였다.
⑤ 4문단에서 ㉡은 하늘과 땅을 별개의 개념으로 보는 철학 사상을 반영한다고 하였으므로, 이는 서양의 이분법적 사고가 반영된 것이라 볼 수 있다.

3 ⒶR의 '다루다'는 '어떤 물건이나 일거리 따위를 어떤 성격을 가진 대상 혹은 어떤 방법으로 취급하다.'라는 뜻으로 쓰였으므로, 기술자들이 공구를 자신의 분신처럼 취급한다는 문장의 '다루다'와 문맥상 의미가 가장 가깝다.

| 오답 풀이 |

① '어떤 물건을 사고파는 일을 하다.'라는 뜻의 '다루다'가 쓰였다.
③ '어떤 것을 소재나 대상으로 삼다.'라는 뜻의 '다루다'가 쓰였다.
④ '사람이나 짐승 따위를 부리거나 상대하다.'라는 뜻의 '다루다'가 쓰였다.
⑤ '가죽 따위를 매만져서 부드럽게 하다.'라는 뜻의 '다루다'가 쓰였다.

예술

04 판소리의 유파

142~145쪽

1 ③ 2 ⑤

지문 분석

문단 요약

- 1문단 – 판소리 유파의 구분 기준
- 2문단 – 동편제의 전승 지역과 음악적 특징
- 3문단 – 서편제의 전승 지역과 음악적 특징
- 4문단 – 중고제의 전승 지역과 음악적 특징

글의 구조

	전승 지역	음악적 특징
동편제	호남의 동북부 (산악) 지대	•(우조)적 경향이 강함. → 웅장하고 씩씩함. • 잔가락 없는 장단에 소리를 맞춰 붙여 나감. •(잔기교) 없이 선천적인 음량을 (소박하게) 그대로 드러내어 노래함.
서편제	호남의 서남부 (평야) 지대	•(계면조)적 경향이 강함. •(슬프고) 원망스러운 느낌을 잘 그려 냄. •(장단)의 변화를 통해 뛰어난 기교를 보여 주며, 정교하고 (화려하게) 노래함.
중고제	(충청도)와 경기도 지역	• 풍부한 (성량)과 수준 높은 기교를 요구함. •(음)의 높고 낮음이 분명하여 사설을 명확히 구분하여 들을 수 있음. • 곡조가 (소박)한 맛이 있음.

(개화기) 무렵부터는 지역적 기준보다는 (명창)을 기준으로 판소리 유파를 구분하게 됨.

어휘·어법

1 발성 2 진중 3 소박 4 현란 5 운용
6 ○ 7 ○ 8 ○ 9 ×

해제 | 이 글은 동편제, 서편제, 중고제 세 가지로 구분되는 판소리 유파의 음악적 특징에 대해 소개하고 있다. 호남 동북부의 산악 지대에서 전승되는 동편제는 웅장하고 씩씩하며, 장단에 소리를 맞춰 붙여 나가고, 잔기교를 부리지 않아 선천적인 음량을 소박하게 드러내어 노래하는 음악적 특징이 있다. 호남 서남부의 평야 지대에서 전승되는 서편제는 슬프고 원망스러운 느낌을 처절하게 잘 그려 내고, 장단의 변화를 통해 뛰어난 기교를 보여 주며, 정교하고 화려하게 노래하는 음악적 특징이 있다. 충청, 경기 지역에서 전승되는 중고제는 풍부한 성량과 수준 높은 기교를 요구하며, 음의 높고 낮음이 분명하여 명확히 사설을 구분하여 들을 수 있고, 노래의 곡조가 소박한 음악적 특징이 있다.

주제 | 판소리 유파의 구분 기준과 각 판소리 유파의 특징

출전 전경욱, 『한국의 전통 연희』

1 (나)에서 동편제는 씩씩한 우조적인 경향이 강하며, 처음 발성할 때 소리를 진중하게 내고, 잔가락 없는 장단을 주로 사용하여 선천적인 음량을 소박하게 그대로 드러내는 특징이 있다고 설명하고 있다.

| 오답 풀이 |

① (가)에서 판소리는 오랜 기간 전승되면서 자연스럽게 유파를 형성했다고 하였다.
② (가)에서 전승 지역에 따라 구분되던 판소리의 유파는 개화기 무렵부터 명창들이 서울에 많이 거주함에 따라, 지역적 기준이 아니라 명창을 기준으로 나누어지게 되었다고 설명하고 있다.
④ (라)에서 알 수 있듯이 음의 높낮이가 분명해 수준 높은 기교가 필요한 것은 중고제에 해당한다.
⑤ (다)에서 슬프고 원망스러운 느낌을 그려 내야 하고, 정교하고 화려하게 불러야 하는 것은 서편제임을 제시하고 있다.

2 (가)에서는 설명하고자 하는 대상인 판소리 유파의 구분 기준에 대해 개괄적인 설명을 하였고, 이어지는 (나)~(라)에서 각각 동편제, 서편제, 중고제의 특징에 대해 설명하고 있다. 즉, (나)~(라)는 대등한 층위의 내용 구조를 형성하고 있는 것이다.

| 오답 풀이 |

① 이 도식은 각 문단의 내용 층위가 모두 동일한 나열식 내용 구조이다. 그러나 이 글은 (가)가 (나), (다), (라)를 포괄하는 상위 내용을 담고 있기 때문에, (가), (나), (다), (라)가 대등하게 나열되어 있는 ①은 적절하지 않다.
② 이 글은 ②의 (라)와 같이 전체 내용을 마무리하는 문단이 없다.
③ (가)는 이 글 전체를 개괄하는 내용이고, (나)는 이에 속하는 동편제에 대한 내용이기 때문에 대등한 층위에 놓일 수 없다.
④ (나), (다), (라)의 내용 층위가 동일하기 때문에 이와 같은 내용 구조는 부적절하다.

어휘·어법

1 '발성'의 의미는 '목소리를 냄. 또는 그 목소리.'이다.
2 '진중하다'의 의미는 '무게가 있고 점잖다.'이다.
3 '소박하다'의 의미는 '꾸밈이나 거짓이 없고 수수하다.'이다.
4 '현란'의 의미는 '시나 글 따위에 아름다운 수식이 많아서 문체가 화려함.'이다.
5 '운용'의 의미는 '무엇을 움직이게 하거나 부리어 씀.'이다.
9 '사상, 작품, 학설 따위에 일관해서 흐르는 기본적인 경향이나 방향.'을 의미하는 단어는 '기조'이다. '기반'의 의미는 '기초가 되는 바탕. 또는 사물의 토대.'이다.

예술 05 멀리서도 잘 보이는 표지판을 만들려면

1 ②　　2 ④

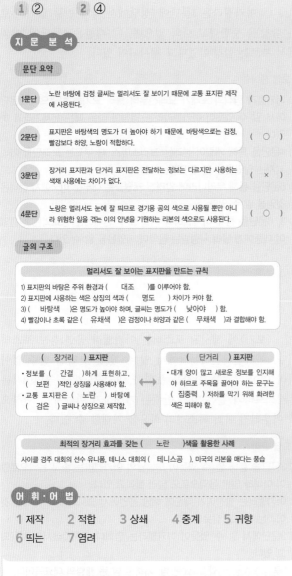

지문 분석

문단 요약

1문단	노란 바탕에 검정 글씨는 멀리서도 잘 보이기 때문에 교통 표지판 제작에 사용된다.	(○)
2문단	표지판은 바탕색의 명도가 더 높아야 하기 때문에, 바탕색으로는 검정, 빨강보다 하양, 노랑이 적합하다.	(○)
3문단	장거리 표지판과 단거리 표지판은 전달하는 정보는 다르지만 사용하는 색채 사용에는 차이가 없다.	(×)
4문단	노랑은 멀리서도 눈에 잘 띄므로 경기용 공의 색으로 사용될 뿐만 아니라 위험한 일을 겪는 이의 안녕을 기원하는 리본의 색으로도 사용된다.	(○)

글의 구조

멀리서도 잘 보이는 표지판을 만드는 규칙

1) 표지판의 바탕은 주위 환경과 (대조)를 이루어야 함.
2) 표지판에 사용하는 색은 상징의 색과 (명도) 차이가 커야 함.
3) (바탕색)은 명도가 높아야 하며, 글씨는 명도가 (낮아야) 함.
4) 빨강이나 초록 같은 (유채색)은 검정이나 하양 같은 (무채색)과 결합해야 함.

(장거리) 표지판	(단거리) 표지판
• 정보를 (간결)하게 표현하고, (보편)적인 상징을 사용해야 함. • 교통 표지판은 (노란) 바탕에 (검은) 글씨나 상징으로 제작함.	• 대개 양이 많고 새로운 정보를 인지해야 하므로 주목을 끌어야 하는 문구는 (집중력) 저하를 막기 위해 화려한 색은 피해야 함.

최적의 장거리 효과를 갖는 (노랑)색을 활용한 사례

사이클 경주 대회의 선수 유니폼, 테니스 대회의 (테니스공), 미국의 리본을 매는 풍습

어휘 · 어법

1 제작　2 적합　3 상쇄　4 중계　5 귀향
6 띄는　7 염려

해제 | 이 글은 장거리에서도 잘 보이는 표지판을 제작하기 위한 색채 사용에 대해 설명하고 있다. 효과적인 장거리 표지판을 만들기 위해 바탕색은 주위 환경과 대조를 이루어야 하고, 글씨나 상징보다 명도가 높은 색을 사용해야 한다. 또한 유사한 계열의 유채색들은 함께 사용하면 인상이 흐려지기 때문에 사용하지 않는 것이 좋다. 이러한 규칙들은 단거리 표지판에도 동일하게 적용되는 것은 아니며, 장거리 표지판과 달리 주목을 끌어야 하는 문구에는 화려한 색을 피해야 한다.

주제 | 장거리 표지판에 효과적인 색채 사용과 이를 적용한 사례들

출전 에바 헬러, 「색의 유혹」

---

1 4문단에서 미국에는 친구나 친척이 전쟁터에 나가거나 그와 비슷한 위험한 사업에 참가하면, 그의 안전한 귀향을 바라며 나무, 정원 울타리, 자동차 안테나에 노란 리본을 매다는 풍습이 있다고 하였다. 이는 4문단의 첫 문장에서 설명하는 바와 같이 노랑이 최적의 장거리 시각 효과를 갖기 때문이다.

| 오답 풀이 |

① 2문단의 4)의 규칙에서 빨강, 초록과 같이 강렬한 유채색을 나란히 사용하면 인상이 흐려진다고 언급하고 있다.
③ 3문단에서 단거리 표지판은 대개 양이 많고 새로운 정보를 담고 있기 때문에 명도가 높은 화려한 색으로 문구를 표시하면 눈이 피곤해진다는 정보가 제시되어 있다.
④ 4문단에서 노란색 테니스공을 사용하기 시작한 것은 텔레비전 중계를 할 때 노란색 공이 더 잘 보이기 때문이라고 언급하고 있다.
⑤ 2문단의 3)의 규칙에서 알 수 있듯이, 표지판의 바탕색은 글씨보다 명도가 더 높아야 한다. 따라서 명도가 낮은 검정색을 표지판의 바탕색으로 사용하는 것은 적절하지 않다.

2 〈보기〉의 그림은 사막에 있는 표지판이다. 그런데 사막의 모래로 인해 주변이 누렇기 때문에 표지판의 바탕색으로 노란색을 사용하는 것은 부적절하다. 2문단의 1)의 규칙에서도 사막에서는 노랑보다는 초록이 바탕으로 적합하다고 하였다.

| 오답 풀이 |

① 검은색은 유채색이 아니기 때문에 노란색과 함께 사용해도 상쇄 효과가 발생하지는 않는다.
② 노란색과 검정색은 명도 차이가 크다.
③ 주위 환경과 표지판의 바탕색이 유사한 색이라서 장거리 표지판으로써 효과가 떨어진다.
⑤ 노랑이 검정보다 명도가 높기 때문에 일반적인 상황에서는 노랑이 바탕색으로 더 적합하다.

어휘 · 어법

1 '재료를 가지고 기능과 내용을 가진 새로운 물건이나 예술 작품을 만듦.'을 의미하는 단어는 '제작'이다.
2 '일이나 조건 따위에 꼭 알맞음.'을 의미하는 단어는 '적합'이다.
4 '극장, 경기장, 국회, 사건 현장 등 방송국 밖에서의 실황을 방송국이 중간에서 연결하여 방송하는 일.'을 의미하는 단어는 '중계'이다.
6 '남보다 훨씬 두드러지다.'를 의미하는 단어의 올바른 표기는 '띄다'이며, 이는 '뜨이다'의 준말이다. '띠다'는 '빛깔이나 색채 따위를 가지다.', '감정이나 기운 따위를 나타내다.', '어떤 성질을 가지다.' 등을 의미한다.

06 아카펠라와 캐럴은 어떻게 생겨났을까

1 ③   **2** ④

지문분석

문단 요약

1문단	• 말풍선은 고정된 평면적 상황에 시간의 흐름을 부여하여 만화에 생동감을 주고 주인공을 살아 움직이게 해 주는 요소이다.	(○)
	• 요즘에는 스토리 만화뿐만 아니라 카툰과 일러스트에서도 말풍선이 필수적인 요소로 자리 잡았다.	(×)
2문단	• 만화에 다양한 연출 기법이 사용되고 있지만 말풍선은 한 가지 형태로 통일하여 사용한다.	(×)
	• 작가가 말풍선의 모양을 다르게 변형하는 이유 중 하나는 다른 작가와의 차별화를 추구하기 위해서이다.	(○)
3문단	• 의성어와 의태어로 구분되는 효과음은 직접 소리가 나거나 행동이 진행되는 부분에 사용된다.	(○)
	• 말풍선과 효과음, 시각적 상징은 작가와 독자가 교류하며 이룩해 낸 만화의 상징적 커뮤니케이션 수단이다.	(○)

글의 구조

| | 초기 만화 | 최근 만화 | |
		카툰, 일러스트	스토리 만화
말풍선 사용 유무 (○, ×)	×	×	○
말풍선 외의 의미 전달 체계	• 효과음: (말풍선)을 벗어나 직접 소리 나는 부분. 행동이 진행되는 부분에 사용됨. • 시각적 (상징): 화가 날 때 등장하는 (버섯구름), 주인공이 난감하거나 애매할 때 흘리는 (눈물), 빨리 달릴 때 일어나는 (먼지) 등		

말풍선
• 등장인물의 (대화, 내레이션)을 표시하는 역할
• 말풍선의 형태에 따라 시각적 효과가 달라짐.
• 다른 작가와 다른 독특한 말풍선 사용 → 자기 작품의 (차별화)

어휘·어법

1 시공   **2** 진보   **3** 일률적   **4** 변형   **5** 이룩하다
6 카툰   **7** 일러스트

해제 | 이 글은 만화 속 등장인물이 독자와 소통하는 수단인 말풍선, 효과음, 시각적 상징을 소개하고 있다. 말풍선은 스토리 만화의 필수적인 요소이다. 말풍선은 초기 스토리 만화에는 존재하지 않았지만 만화 형식이 진보하면서 등장인물의 대화를 칸 안에 표시하기 위해 사용되었다. 이러한 말풍선은 작가의 의도에 따라 변형을 주어 다양한 시각적 효과를 발휘하기도 한다. 글쓴이는 말풍선 외에 의성어와 의태어로 표현되는 효과음이나, 특정 상황에서 나타나는 버섯구름, 눈물, 먼지 등과 같은 시각적 상징 역시 만화의 의미 전달 수단으로 기능함을 예를 들어 설명하고 있다.

주제 | 만화 속 등장인물과 독자의 커뮤니케이션 수단

출전 | 박인하, 『만화를 위한 책』

1 말풍선은 스토리 만화만의 필수 요소로, 초기 만화와 일러스트, 카툰에서는 찾아보기 힘들다. 그리고 작가는 등장인물의 말풍선 모양을 독특하게 변형시킴으로써 자신이 의도한 시각적 효과를 드러낸다. 또한 말풍선 이외에도 효과음이나 시각적 상징들을 활용하여 등장인물의 감정과 상태를 전달한다.

| 오답 풀이 |

ㄱ. 말풍선은 스토리 만화만의 필수 요소이기 때문에 ㄱ의 설명은 적절하지 않다.
ㄷ. 1문단에서 초기의 스토리 만화에는 현재와 같은 말풍선이 존재하지 않았다고 설명하고 있기 때문에 ㄷ의 설명은 적절하지 않다.

2 말풍선은 작가의 연출 영역 중 하나이다. 작가는 등장인물의 말풍선 모양을 독특하게 변형시킴으로써 해당 대사를 다른 등장인물들의 대사와 차별화하기도 한다. 그러므로 스토리에서 중요한 주인공의 마지막 대사를 다른 말풍선들과 달리 독특한 모양의 말풍선에 넣어 표현하는 것은 적절하다고 볼 수 있다.

| 오답 풀이 |

① 1문단에서 일러스트에서는 말풍선이 기본 구성 요소가 아님을 알 수 있다.
② 버섯구름은 시각적 상징에 해당하는데, 슬픈 마음이 아니라 화난 마음을 표현하기에 적합하다.
③ 벽이 무너지는 장면에 '콰쾅'과 같은 의성어를 효과음으로 사용하는 것은 적절하지만, 3문단에서 효과음은 말풍선을 벗어난 부분에 표현한다고 하였다.
⑤ 화가 난 주인공의 감정은 말풍선 모양을 통해 드러날 수 있다. 예를 들어 분노를 드러내는 대사는 굵은 선으로 표시한 말풍선이나 삐죽하게 처리된 말풍선에 넣어 강렬한 감정임을 표현할 수 있다. 그러나 흐물흐물한 모양의 말풍선으로는 화난 감정을 제대로 표현할 수 없다.

어휘·어법

2 '정도나 수준이 나아지거나 높아짐.'을 의미하는 단어는 '진보'이다.
3 '태도나 방식 따위가 한결같은. 또는 그런 것.'을 의미하는 단어는 '일률적'이다.
5 '어떤 큰 현상이나 사업 따위를 이루다.'를 의미하는 단어는 '이룩하다'이다.

1 ②   2 ③   3 ⑤

가 해제 | 이 글은 야간 경관 조성을 위한 야간 조명 활용의 필요성을 밝히고 있다. 이 글에서는 야간 조명을 도시의 관광 정책에 중요한 전략 요소로 보고, 적극적이면서 동시에 절제된 조명 계획이 적용되어야 한다고 주장하고 있다. 그리고 야간 조명 활용의 성공 사례인 프랑스 리옹시의 야간 경관 조성 사업을 구체적으로 제시하고 있다. 글쓴이는 이와 같은 사례처럼 우리도 야간 조명을 활용하여 도시의 브랜드 가치를 높이는 구체적인 논의를 시작해야 한다고 강조하고 있다.

주제 | 야간 조명을 활용한 도시 관광 정책 논의의 필요성

출전 | 이진숙, 밤이 아름다운 도시

나 해제 | 이 글은 야간의 인공 불빛이 도시의 생명체들에게 부정적인 영향을 준다는 입장을 밝히고 있다. 이 글에서는 야간 인공 불빛이 매미를 비롯한 곤충의 생태계 질서를 파괴하고, 벼 이삭 등의 작물들이 잘 자라지 못하게 한다고 하였다. 그뿐만 아니라 야간 인공 불빛은 멜라토닌 분비를 방해하여 사람에게 암을 유발할 수도 있음을 제시하고 있다. 글쓴이는 이러한 근거들을 통해 자연의 이치에 따른 삶의 중요성을 강조하고, 야간 인공 불빛을 줄이기 위한 각고의 노력이 필요함을 주장하고 있다.

주제 | 야간 인공 불빛의 피해와 이를 줄이려는 노력의 필요성

출전 | 박경화, 「고릴라는 핸드폰을 미워해」

1 (나)의 1문단에서 '인공 불빛이 도시의 생명체들에게는 어떤 영향을 미칠까?'라는 의문형 문장을 제시하고 있다. 글쓴이는 이를 통해 야간 불빛의 문제점에 대한 독자의 궁금증을 유발하고 있다.

| 오답 풀이 |

① (가)의 4문단에서 1989년 당시 프랑스의 리옹시 시장이 5년간 매년 시 재정의 5%씩을 야간 경관 조성 사업에 투자했음을 밝히고 있으나, 우리의 야간 경관 조성에 필요한 구체적 예산을 제시하고 있지는 않다.

③ (나)는 '여름밤에 요란하게 우는 매미 소리 때문에 잠을 깬 경험이 있을 것'이라며 독자의 경험을 환기하여 야간 인공 불빛으로 인한 문제 상황의 심각성을 부각하고 있다. 그러나 (가)에는 독자 경험을 환기하는 부분은 드러나지 않는다.

④ (가)와 (나)가 야간의 인공 조명에 대해 상반된 주장을 펴고 있는 것은 맞지만, (가)에는 야간 불빛의 문제점에 대한 인지는 드러나지 않는다.

⑤ (나)의 3문단에서 벼 이삭이 영그는 데 영향을 미치는 밝기의 수치를 비교하는 자료를 제시하고 있으나, (가)에는 대상의 수치를 비교하는 자료가 제시된 부분이 없다.

2 (나)는 야간 인공 불빛이 생태계에 미치는 피해를 근거로 이를 줄이려는 노력이 필요하다는 주장을 펴고 있다. ③은 기상의 이변으로 인한 햇볕 양의 부족으로 생태계에 피해를 미치는 사례이므로, 야간 인공 불빛과 관련이 적어 (나)의 주장을 뒷받침할 근거로 적절하지 않다.

| 오답 풀이 |

① 야간 인공 불빛인 가로등 때문에 작물의 생장에 이상이 생기는 사례이므로 (나)의 주장을 뒷받침할 근거로 적절하다.

② 야간 인공 불빛이 사람의 건강에 피해를 미치는 사례이므로 (나)의 주장을 뒷받침할 근거로 적절하다.

④ 야간 인공 불빛이 곤충의 생태계를 교란시켜 개체 수가 줄어드는 사례이므로 (나)의 주장을 뒷받침할 근거로 적절하다.

⑤ 야간 인공 불빛이 나무의 생체 리듬을 어지럽힌 사례이므로 (나)의 주장을 뒷받침할 근거로 적절하다.

3 (나)에서 강조하는 생태주의적 관점은 생명체들이 자연의 이치에 따라 살아가는 것을 중시하는 관점이다. 그런데 야간 조명을 활용하여 도시 전체를 예술 작품으로 만드는 것은 생명체들이 밤의 어둠 속에서 편히 쉬는 것을 방해하는 일이다. 따라서 (나)의 관점에서는 이를 생태주의적 관점에 어긋난다고 평가할 것이다.

| 오답 풀이 |

① 야간 인공 불빛의 피해가 사람에게도 나타난다고 보는 (나)의 관점으로 볼 때, (가)에서 전략적으로 활용하려는 야간의 인공 불빛은 도시 거주민의 건강을 고려하지 않는 것이라고 평가할 수 있다.

② 가로등이 설치된 주변 지역의 작물이 심각한 피해를 입는다는 (나)의 관점으로 볼 때, 필요한 곳에 과감히 조명을 설치한다는 (가)의 전략은 주변 생태계에 큰 피해를 주는 것이라고 평가할 수 있다.

③ 모든 생명이 자연의 이치에 따라 건강하게 살아가야 한다는 (나)의 관점으로 볼 때, 도시의 브랜드 가치를 높이는 것에 집중하는 (가)의 주장은 자연의 이치를 따르지 않는 것이라고 평가할 수 있다.

④ 생명체가 건강하게 살아가기 위해서는 어둠이 반드시 필요하다고 보는 (나)의 관점으로 볼 때, 야간의 조명을 관광 산업의 요소로 보는 (가)의 주장은 자본주의적 관점을 취한 것이라고 평가할 수 있다.

인터넷 내용 등급 서비스와 표현의 자유

1 ③　　**2** ③　　**3** ④

가 **해제 |** 이 글은 인터넷 내용 등급 서비스의 도입을 찬성하는 입장을 밝히고 있다. 이 글에서는 인터넷 내용 등급 서비스에 대해, 사회 전체가 정보 제공자의 온라인에 대한 책임 이행을 요구하는 것임과 동시에, 정보 제공자 스스로 온라인에 대한 책임을 구현하는 방법이라고 하였다. 그리고 이 인터넷 내용 등급 서비스를 통해 신뢰할 수 있는 온라인 세상을 만드는 것 자체가 정보 제공자에게도 중요한 의미를 가진다고 하였다. 즉, 글쓴이는 인터넷 내용 등급 서비스가 인터넷의 부정적인 영향으로부터 정보 사용자인 청소년들을 보호할 수 있다는 점에 주목하여 그 의의를 인정하고 있다.

주제 | 인터넷 내용 등급 서비스의 의의와 찬성하는 이유

출전 방송 통신 심의 위원회 홈페이지

나 **해제 |** 이 글은 인터넷 내용 등급 서비스의 도입을 반대하는 입장을 밝히고 있다. 이 글에서는 기본적으로 비영리적 인터넷 표현물에 대한 청소년 유해 등급 부여 여부는 시민의 자율에 맡겨야 한다고 보았다. 글쓴이는 인터넷 내용 등급 서비스는 헌법에서 보장하는 표현의 자유를 침해하고, 등급 수준과 기준이 현실적이지 않으며, 정보 이용자가 스스로 정보를 판단할 수 있는 권리를 차단한다고 주장하고 있다.

주제 | 인터넷 내용 등급 서비스의 한계와 반대하는 이유

출전 방송 통신 심의 위원회 홈페이지

1 (가)의 1문단에서 인터넷 내용 등급 서비스는 인터넷의 부정적인 영향으로부터 청소년을 보호하고자 하는 노력 중 하나라고 하였다. 그리고 (나)의 2문단에서는 인터넷 내용 등급 서비스가 유해 정보로부터 청소년을 보호하기 위한 목적만으로 시행되었다 해도, 건강한 사회적 양식과 정보 취득자의 판단에 따라 진행되어야 한다고 하였다. 따라서 (가), (나) 모두 인터넷의 유해 정보가 청소년에게 부정적 영향을 준다는 점은 인정하고 있다고 볼 수 있다.

| 오답 풀이 |

① 인터넷의 통제에 정치적 의도가 개입되어 있다는 내용은 (가), (나) 모두에 제시되어 있지 않다.
② 인터넷 내용 등급 서비스의 시행이 전 세계적인 추세라는 내용은 (가)의 1문단에서만 제시되었다.
④ 인터넷 내용 등급 서비스가 검열 없는 자율적 규제를 가능하게 한다는 내용은 (가)의 3문단에서만 제시되었다.
⑤ 인터넷 내용 등급 서비스가 표현의 자유를 침해한다는 내용은 (나)의 1문단에서만 제시되었다.

2 〈보기〉는 미켈란젤로의 다비드상에 대해, 남성의 누드 작품이므로 인터넷 내용 등급 서비스의 등급 기준에 따라 높은 등급을 매길 것인지, 예술 작품의 범주로 보아 낮은 등급을 매길 것인지 결정하기가 쉽지 않다는 내용이다. 이와 관련하여 (나)의 3문단에서 글이나 정보의 등급 수준이 하나로 통일되기 힘들고, 그것을 판단하는 기준이 애매모호하다고 하였다. 아울러 등급을 결정하기 위해서는 가치 판단이 개입될 수밖에 없다는 점을 언급하고 있다. 따라서 (나)의 입장을 가진 사람이 정보 제공자는 예술 작품에 대한 자신의 가치 판단이 개입될 수밖에 없어 등급을 매기기가 쉽지 않을 것이라는 반응을 보일 것을 예상할 수 있다.

| 오답 풀이 |

① (나)의 2문단에 일반 시민의 비영리적 인터넷 표현물에 대한 청소년 유해 등급 부여 여부는 기본적으로 시민의 자율에 의해 이루어져야 할 것이라는 언급이 있다.
② (나)의 3문단에서 정보 제공자는 공시된 등급 기준을 참고하여 자발적으로 등급을 표시해야 하는데, 공시된 항목에 대해 일괄적으로 등급을 표시한다는 점이 현실적이지 않다고 하였다. 그러므로 등급을 매기는 일에 어려움을 겪을 것임을 알 수 있다.
④ (나)의 4문단에 정보 이용자는 자신이 접한 정보를 인터넷 내용 등급 체계가 제시하고 있는 획일적인 기준으로만 판단하지는 않는다는 언급이 있다.
⑤ (나)의 4문단에 정보 이용자는 자신의 경험과 학습 과정에서 얻어진 복잡하고 다양한 가치 체계들을 동원해서 정보를 판단한다고 하였으므로, 이는 객관적인 등급이라고 보기 어렵다.

3 (나)의 2문단에서 글쓴이는 인터넷 내용 등급 서비스가 유해 정보로부터 청소년을 보호하기 위한 목적으로만 시행되었다고 해도, 정부가 일일이 정보를 규제하고 통제하는 방식으로 진행되는 것은 적절하지 않다고 하였다.

| 오답 풀이 |

① (가)와 (나)의 공통적인 입장은 인터넷의 유해한 정보는 청소년에게 부정적인 영향을 미친다는 것이다.
② (나)의 기본 입장은 정보 이용자의 자율적인 정보 선별과 판단을 중시하는 것이다.
③ (가)의 1문단에 인터넷 내용 등급 서비스는 정보 제공자에게 정보의 신뢰성을 높여 사회적 책임을 다하도록 하고, 정보 이용자에게는 청소년 보호 장치를 제공한다는 언급이 있다.
⑤ (가)의 3문단에 인터넷 내용 등급 서비스는 청소년의 연령이나 지적 수준에 따라 정보 수용을 조절할 수 있어 학부모 및 교사들에게 교육적인 수단을 제공한다는 점에서 매우 유용하다는 언급이 있다.

1 ①   **2** ④   **3** ⑤

가 해제 | 이 글은 GDP를 긍정적으로 본 그동안의 관점을 소개하고 있다. GDP는 경제 성장 및 생활 수준 등을 나타내는 경제 지표이다. 이 글에서는 GDP로 대표되는 경제 성과가 생활 수준의 향상으로 이어지며 생활 수준의 향상은 행복도의 향상으로 이어진다고 보았다. 즉, 물질적으로 풍요로운 삶은 곧 행복한 삶이라고 본 것이다. 그렇기에 대부분의 나라들은 GDP를 증가시켜 경제 성장 및 생활 수준 향상을 이루려고 노력하는 것이다.

주제 | 한 나라의 생활 수준을 나타내는 GDP

출전 김영순 외, 「중학교 사회 교과서(동아출판)」

나 해제 | 이 글은 GDP의 한계를 지적하고 삶의 질 향상을 위해 고민해야 할 것을 주장하고 있다. 이 글에서는 GDP가 한 나라의 경제 활동 규모를 평가하는 지표이지만, 경제 복지 수준이나 삶의 질을 반영하지 못한다는 한계가 있다고 보았다. 즉, GDP가 높다고 해도 그것이 반드시 행복 지수와 일치하지는 않는 것이다. 그 근거로 우리나라의 국내 총생산 순위와 행복 지수 순위의 불일치를 제시하고 있다. 글쓴이는 삶의 만족도를 높이기 위해 GDP가 삶의 질 전체를 측정하는 기준이 될 수 없음을 인식하고, 우리가 나아가야 할 방향이 무엇인지 고민해야 함을 강조하고 있다.

주제 | 삶의 질 전체를 반영하지는 못하는 GDP

출전 「한겨레 21」, 「삶의 질, 행복이 빠졌다, 행복 조사가 말해 주는 6가지」

1 (가)의 1문단을 보면, 국민 경제 지표 중에서 한 나라의 경제 규모와 생산 능력을 파악하기 위해서 가장 많이 사용되는 것이 국내 총생산(GDP)이라고 하였다. (나)의 1문단에서도 GDP는 한 나라의 경제 활동 규모를 평가하는 데 분명 유용하다고 언급하였다. 따라서 (가), (나) 모두 경제 활동 규모 지표로서 GDP의 유용성을 인정하고 있다고 볼 수 있다.

| 오답 풀이 |

② (나)의 관점에 가까운 진술이다. (나)에서는 GDP가 국민의 경제 복지 수준이나 삶의 질을 완벽하게 반영하지는 못한다는 한계점을 지적하고, 이를 보완할 수 있는 방향에 대해 고민해 봐야 한다고 주장하고 있다.

③, ④ (가)의 관점에 가까운 진술이다. (가)에서는 GDP가 상승하여 경제 성과가 좋을수록 국민들 역시 더 행복하다고 본다고 언급하였다. 또한 경제 성장을 통해 숙련 노동자들의 실질 소득이 늘어나면 많은 사람들이 이전보다 높은 생활 수준을 누리게 된다고 하였다.

⑤ (가)와 (나) 모두 정부가 안전과 고용을 가장 중시한다는 내용은 드러나지 않는다.

2 (나)의 2문단에서 우리나라 GDP 순위와 행복 지수 순위의 차이가 많이 난다고 한 것으로 보아, GDP는 한 나라의 경제 활동 규모를 평가하는 데 유용한 지표이지만 이를 통해 행복과 관련 있는 삶의 질 전체를 측정하지는 못함을 확인할 수 있다.

| 오답 풀이 |

① (가)의 1문단에서 GDP는 한 나라의 경제 규모와 생산 능력을 파악하기 위해서 가장 많이 사용되는 것이라고 하였다.

② (가)의 1문단에서 GDP는 한 나라의 경제력, 국민들의 생활 수준 등을 종합적으로 나타내는 경제 지표라고 하였다.

③ (나)의 1문단에서 GDP는 성장을 위한 긍정적인 측면뿐만 아니라 성장 과정에서 발생하는 부정적인 측면도 긍정적인 것으로 포함한다고 언급하고 있다.

⑤ (나)의 2문단에서 우리나라의 GDP 순위와 행복 지수 순위의 차이가 많이 난다고 한 것으로 보아, GDP 순위와 행복 지수 순위는 꼭 일치하는 것이 아님을 알 수 있다.

3 〈보기〉에서 선생님은 (가)에서 주장하는 바인 GDP가 상승하면 생활 수준과 국민의 행복 지수가 상승한다는 사실을 (나)의 입장에서 비판할 때 활용할 자료에 대해 질문하였다. 이에 적절한 근거 자료로, 실질 소득 감소로 저하된 삶의 만족도(①), 성장 과정의 부정적인 측면도 긍정적인 것으로 포함시키는 GDP의 한계(②), 여가 활동이나 자원 봉사, 부실한 복지 정책 등 GDP에 포함되지 않는 공동체 의식 등(③, ④)을 제시할 수 있다. 반면, ⑤의 세계 경제 개방화 추세를 GDP가 적절하게 반영하지 못한다는 전문가의 의견은 (나)의 입장과는 관련이 없으므로 적절하지 않은 자료이다.

빠작ON⁺

빠작온플러스와 함께 독해력 플러스!

빠작ON⁺ 는
빠작 중학 국어(비문학 독해, 문학 독해)에서
제공되는 온라인 학습 서비스입니다!

온라인 학습 콘텐츠

| 빠른 채점 | 지문/작품 해제 | 배경지식 영상 | 추가 어휘 퀴즈 | 학습 이력 관리 |

내신과 수능의 빠른시작!
중학 국어 빠작 시리즈

비문학 독해 0~3단계

독해력과 어휘력을
함께 키우는
독해 기본서

문학 독해 1~3단계

필수 작품을 통해
문학 독해력을 기르는
독해 기본서

빠작ON⁺와 함께
독해력 플러스!

문학X비문학 독해 1~3단계

문학 독해력과
비문학 독해력을 함께 키우는
독해 기본서

고전 문학 독해

필수 작품을 통해
고전 문학 독해력을 기르는
독해 기본서

어휘 1~3단계

내신과 **수능의**
기초를 마련하는
중학 어휘 기본서

한자 어휘

중학 국어 필수 어휘를
배우는 한자 어휘 기본서

서술형 쓰기

유형으로 익히는
실전 TIP 중심의
서술형 실전서

첫 문법

중학 국어 문법을
쉽게 익히는 문법 입문서

문법

풍부한 문제로 문법 개념을
정리하는 문법서